브레스 브르기뇬 에코뮤지엄

1 피에르 드 브레스 성
2 피에르 드 브레스 성의 상설 전시실

크뢰조-몽소 에코뮤지엄

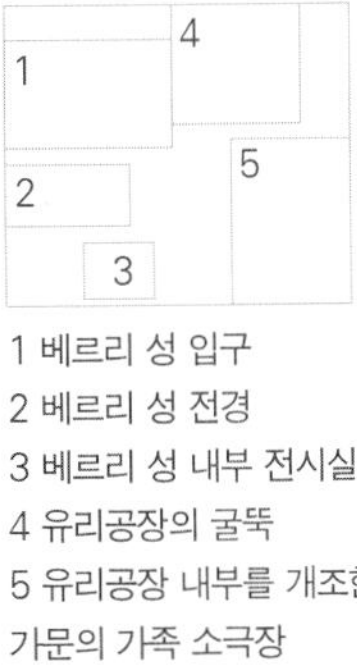

1 베르리 성 입구
2 베르리 성 전경
3 베르리 성 내부 전시실
4 유리공장의 굴뚝
5 유리공장 내부를 개조한 슈나이더
가문의 가족 소극장

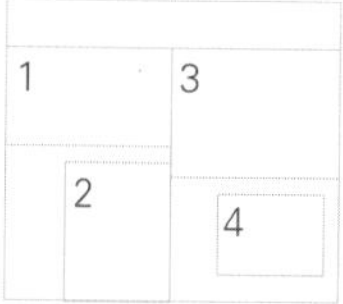

1 운하박물관 전경
2 몽소 레 민의 광산 희생자 추모비
3 벽돌공장 전경
4 벽돌공장의 전시 안내판

LA BRIQUETERIE
CIRY-LE-NOBLE
LA BRIQUETERIE
CIRY-LE-NOBLE
UN MONUMENT HISTORIQUE
STRUCTURES DU TEMPS
03.07 – 31.10.2010
BERNARD BAZILE
GEERT GOIRIS
SÉVERINE HUBARD
GUILLAUME LEBLON
RICHARD LONG

알자스 에코뮤지엄

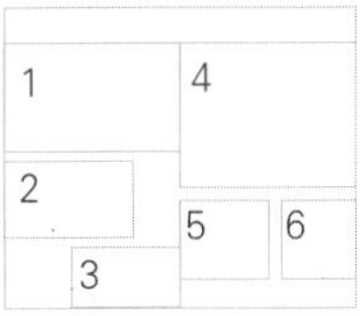

1 다시 태어난 알자스 마을
2 알자스 에코뮤지엄 입구의 그림
3 농장 체험을 하는 어린이들
4 황새가 날아든 알자스 건축물
5 알자스 고건축물을 복원하는 모습의 재현
6 복원된 알자스 건축물

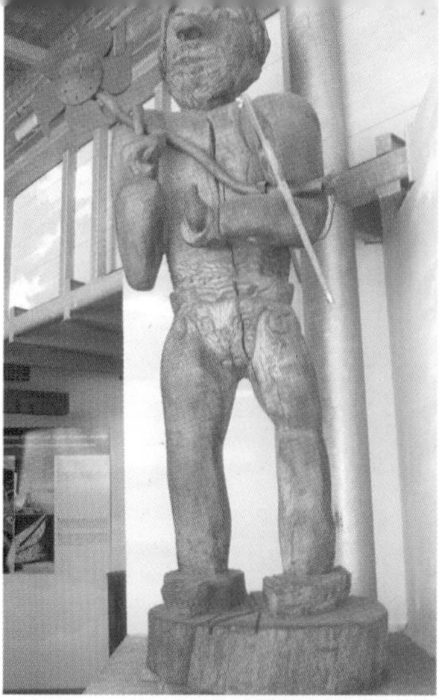

1 목수 요셉을 상징하는 목우상
2 복원 재현된 알자스 농가의 모습
3 알자스 향토음식점
4 알자스 에코뮤지엄 기념품점

문화유산경영 · 문화콘텐츠기획

에코뮤지엄

지속가능한 농촌 희망 프로젝트

문화유산경영 · 문화콘텐츠기획

에코뮤지엄

지속가능한 농촌 희망 프로젝트

2013년 2월 27일 초판 1쇄 발행
2014년 7월 10일 초판 2쇄 발행

지은이 | 배은석
펴낸이 | 이찬규
펴낸곳 | 북코리아
등록번호 | 제03-01240호
주소 | 462-807 경기도 성남시 중원구 사기막골로 45번길 14 (우림2차) A동 1007호
전화 | 02-704-7840
팩스 | 02-704-7848
이메일 | sunhaksa@korea.com
홈페이지 | www.북코리아.kr
ISBN | 978-89-6324-242-2(93060)

값 18,000원

문화유산경영 · 문화콘텐츠기획

에코뮤지엄

지속가능한 농촌 희망 프로젝트

배은석 지음

북코리아

에코뮤지엄은 생태를 의미하는 에콜로지(ecology)와 박물관을 의미하는 뮤지엄(museum)이 합쳐져서 이루어진 합성어이다. 그것은 인간을 포함하고 자연 · 생태와 산업을 포함한 문화 · 유산을 모두 아울러서 특정 유산지역을 뮤지엄의 범주로 지정하고 지역 전체가 유기적으로 구성되며 주민이 자발적으로 운영에 참여한다는 특징을 갖고 있다. 이는 1973년 조르주 앙리 리비에르(Georges Henri Rivière)가 프랑스의 지역 상황에 맞게 적용하고 지역주민의 삶과 지역민속학을 접목하여 도출한, 인간과 자연과 지역유산이 결합한 박물관의 개념이다. 다시 말해서 건물 밖으로 나온 박물관이 지역주민의 삶 속으로 찾아간 것이다.

프롤로그

건물 밖으로 나온 박물관

박물관이란 무엇인가? 현대인에게 박물관이 갖는 의미는 무엇인가? '박물관'이라고 하면 고리타분한 것들을 모아놓은 매우 재미없는 공간이라고 생각할 수 있다. 그러나 박물관은 흥미로운 이야기를 간직하고 있는 문화의 보물 창고이며, 지나온 시간을 수집해 놓은 매우 소중한 인류문화의 자산이다. 유한한 삶을 살아가는 생명체인 인류는 지나온 시간을 기억하며 다가올 미래를 가늠하면서 현재를 살아가고 있다. 박물관은 각기 출신 배경이 다른 유물들을 간직한 상태로 대중에게 인류문화의 증거물을 제시하고 있다. 박물관의 역사를 거슬러 올라가 보면 소장품은 전쟁의 승리자와 지배계층의 전유물로 시작되었으며 그것이 일반에게 공개된 것은 시민혁명과 같은 역사적인 사건을 겪으면서 비로소 가능하였다.

전통적으로 유산의 개념은 유형의 유산에 치중되어 왔으나, 최근에는 무형유산의 개념이 중요시되고 있으며, 이러한 중요성에 대한 인식이 국제적으로 확산되고 있다. 즉, 눈에 보이고 손으로 만져지는 물질이 아닌 정신적 가치나 생활양식 등 무형유산의 중요성은 이제 박물관의 소장품 개념에 대한 의문을 제기한다. 개인이 혹은 지역사회가 보유하고 있는 무형의 가치를 어떻게 박물관 안에서 보여줄 수 있을 것인가? 또는 지역의 사람들이 살고 있는 주거지와 촌락의 형체를 그대로 보존하는 것은 박물관이 아닌가? 근세기 동안 박물관은 전통적 박물관의 존재 양태와는 다른 다양한 혁신적 개념이 생성되고 다양한 형태로 진행되고 있다.

이러한 박물관의 양상은 스웨덴의 스칸센 야외박물관, 영국의 내셔널 트러스트(National Trust)를 중심으로 한 문화유산박물관(Heritage Museum), 미국을 중심으로 한 이웃박물관(Neighbour hood Museum) 운동, 라틴아메리카를 중심으로 하여 나타난 통합박물관(Integral Museum) 운동 등으로 나타난다. 또한 지역공동체 박물관(community museum)의 중요성도 높아지고 있다.[1] 이러한 박물관 현상 가운데 주목할 것은 지역문화가 박물관의 주제로 부상하고 있다는 것이다. 유럽에서는 사람들이 살아가는 생활양식과 삶의 터전인 공간 전체를 박물관으로 보고 유적, 유물, 삶의 방식, 생활의 모습, 그곳에서 살아가는 사람들의 모습 전체를 소장품 개념으로 보는 에코뮤지엄(ecomuseum) 운동이 1970년대 이후 프랑스를 중심으로 시작되었다.

에코뮤지엄은 생태를 의미하는 에콜로지(ecology)와 박물관을 의미하는 뮤지엄(museum)이 합쳐져서 이루어진 합성어이다. 그것은 인간을 포함하고 자연 · 생태와 산업을 포함한 문화 · 유산을 모두 아울러서 특정 유산지역을 뮤지엄의 범주로 지정하고 지역 전체가 유기적으로 구성되며 주민이 자발적으로 운영에 참여한다는 특징을 갖고 있다. 이는 1973년 조르주 앙리 리비에르(Georges Henri Rivière)가 프랑스의 지역상황에 맞게 적용하고 지역주민의 삶과 지역민속학을 접목하여 도출한, 인간과 자

1) 최병식, 『뉴 뮤지엄의 탄생』, 동문선, 2010, 206쪽.

연과 지역유산이 결합한 박물관의 개념이다.

에코뮤지엄은 주민을 중심으로 결성된 자치조직에 의해서 지역의 문제를 해결하는 양상으로 전개되었다. 지나간 산업시대의 폐기된 산업유산이 남아있는 지역을 살리기 위하여 프랑스 부르고뉴(Bourgogne) 지역의 르 크뢰조(Le Creusot)와 몽소 레 민(Montceau-les-Mines) 지역을 연결하여 크뢰조-몽소 에코뮤지엄(Creusot-Montceau ecomuseum)이 시작된다. 이러한 에코뮤지엄의 움직임은 프랑스에서 벨기에, 스웨덴, 캐나다, 노르웨이, 일본 등 세계로 퍼져나갔다.

에코뮤지엄은 시대적 소임이 끝나서 젊은이들이 떠나버린 산업도시, 주민이 떠나버린 농촌현장에서 지역주민의 자발적인 재건 노력으로 일구어져왔다. 우리 사회에서 농촌은 산업화와 현대화의 소용돌이 속에서 소외된 가치 가운데 하나였다. 그러나 지방자치제의 실시 이후 지역의 특산물을 비롯한 향토자원과 지역문화가 새로운 시각에서 조명되고 있다. 이에 발맞추어 정부의 농촌 활성화 사업이 다각도에서 진행되어 왔고, 지금도 진행되고 있다. 그러나 이러한 노력에도 불구하고 간과되고 있는 것은 지역문화의 주체가 주민이라는 것이다. 이 책에서는 유럽에서 발생하여 각국으로 퍼져나간 에코뮤지엄의 이론을 벼농사 전승지인 이천에 적용하여 농촌문화콘텐츠를 테마로 하는 농촌형 에코뮤지엄을 구상하고, 그 활용방안에 대해 제시하고자 한다. 그리하여 궁극적으로 지속가능한 지역유산을 문화콘텐츠로 활용할 수 있으며 자신의 삶의 터전인 지역에서 주민이 주체가 되는 농촌과 농촌문화의 발현을 모색하고자 한다.

2013년 2월

관악산 자락의 한국에코뮤지엄연구소에서 배은석 씀

감사의 글

이 책이 나오기까지 산통(産痛)을 같이 해주신 여러 스승님들께 감사를 표합니다. 프랑스 에코뮤지엄 답사를 직접 이끄시면서 영감을 주시고 용기를 주신 이재영 교수님, 이 시대 박물관인으로서 무엇을 고민해야 할지를 깨우쳐주신 배기동 총장님, 박물관학과 문화콘텐츠학을 넘나들면서 섬세하면서도 예리한 통찰력으로 조언해주시고 이끌어주신 최종호 교수님, 문화콘텐츠학의 선구자로서 학문하는 길을 가르쳐주신 임영상 교수님, 지역문화자원의 콘텐츠화 방안을 같이 고민해주신 강진갑 교수님, 어려운 고비마다 힘을 주시고 지혜를 주신 이기상 교수님께 머리 숙여 깊이 감사드리며 사랑과 존경의 마음을 전합니다.

또한 에코뮤지엄과 지역공동체문화에 대해서 토론해주신 이종오 교수님, 묵묵히 학문하는 모범을 보여주시며 늘 자상하게 조언해주신 이승용 교수님, 이천 지역자원 조사에 도움을 주신 이천시청의 고광윤 선생님, 이천시립박물관 이태호 학예사님, 부래미 마을의 이상택 총무님을 비롯한 마을 어르신들, 농촌과 쌀문화 관련 자료를 제공해주신 농업박물관의 김재균 관장님, 쌀박물관의 이제구 차장님, 농협중앙회 양곡부 김명국 차장님, 에코뮤지엄 연구에 가치를 부여하시며 추천사를 써주신 천진기 관장님께도 마음속 깊이 감사드립니다.

그리고 학예사로서의 직무와 학문을 병행할 수 있도록 지원해주신 떡박물관 윤숙자 관장님, 한국복식풍속사를 가르쳐주시며 한국전통문화에 입문하도록 이끄신 조효순 교수님, 같은 길을 가면서 서로 의지가 되어준 선배동학들, 한국전통문화에 대한 그리움과 열정을 물려주시고 평생 손에 물 마를 날 없이 헌신하신 어머니 김왕자님, 살림은 뒷전에 두고 늘 책과 씨름하는 아내를 지켜봐준 남편 박중돈과 사랑하는 두 천사 혜원, 혜진에게도 한없는 사랑과 감사의 마음을 보냅니다.

마지막으로 부족한 원고의 출판을 맡아주신 북코리아의 이찬규 사장님과 꼼꼼이 원고 교정을 해주신 김수진 선생님께도 감사의 마음을 전합니다.

목차

표 목차

그림 목차

그림 목차

ECOMUSEUM

신박물관학의 출현과 에코뮤지엄

1장. 박물관의 패러다임 변화

1. 박물관의 정체성　2. 전통적 박물관에 대한 문제제기　3. 신박물관학의 출현과 담론

2장. 에코뮤지엄의 등장과 발전

1. 에코뮤지엄의 기원과 배경　2. 에코뮤지엄의 정의와 구조　3. 에코뮤지엄의 개념 발전

4. 에코뮤지엄에 대한 국내 연구 현황　5. 에코뮤지엄과 지역사회의 연계성

3장. 에코뮤지엄의 설립 요건과 운영

1. 에코뮤지엄의 설립 요건　2. 에코뮤지엄의 운영

‘현대인에게 박물관의 의미는 무엇인가?’, ‘박물관이 누구를 위해 무엇을 해야 하는가?’란 문제는 사회적 차원에서 제기되기 시작하였다. 박물관은 사회의 변화와 지역의 문제에 반응하지 않는 것처럼 보이지만 끊임없이 사회 구조의 변화에 작용하는 양상으로 변화되어 왔다. 그동안 전통적인 박물관은 유물의 수집과 보존을 중심으로 박물관의 성격과 위상이 결정되며 유물의 보존에 열중하여 왔다. 그러나 이러한 전통적인 박물관과 그에 대한 연구에 다양한 실험과 시도가 시행되면서 신박물관학이 대두되고 있다.

1장

박물관의 패러다임 변화

1. 박물관의 정체성

1) 고대 그리스인에게서 시작된 박물관의 기원 그리고 그 변천

박물관은 고대 그리스인에게서 기원하였는데, 그리스인에게 박물관은 학문, 종교, 정신 그리고 창조의 중심이었으며, 단지 소수의 사람들만이 참여하는 일상생활로부터 벗어난 활동이었다. 우리가 사용하고 있는 뮤지엄(museum)이라는 용어는 그리스어인 뮤제이온(Mouseion)에서 온 것이다. 뮤제이온은 그리스 신화에서 학예의 신(神)인 아홉 명의 뮤즈(Muses)의 사원을 의미한다. 아홉 명의 뮤즈는 클리오(Clio, 역사), 에라토(Erato, 독창), 탈레이아(Thalie · Thalia, 희극), 멜포메네(Melpomene, 비극), 테르프시코레(Terpsichore, 합창 · 가무), 폴리힘니아(Polymnie · Polymnia, 찬가), 우라니아(Urania · Ourania, 천문), 칼리오페(Calliope, 서사시), 에우테르페(Euterpe, 서정시)로,

각각의 분야를 담당한다. 해마다 뮤즈 신전에 바치는 제례에는 각종 공연예술과 회화, 조각 등 조형예술과 역사, 철학의 학문적 성과가 바쳐진다. 이때 신전에 바쳐진 제물 가운데 공연예술을 제외하고 남겨진 조형예술품을 보관하는 창고를 회화관(Pinakothek, Pinakotheke), 조각관(Glyptothek)이라 부르기도 했다. 뮤즈의 신전에서 시작되어 박물관의 형태로 접어든 것은 기원전 3세기 헬레니즘의 전성기에 알렉산더 대왕 사후, 이집트의 왕 프톨레마이어스 필라델푸스(Ptolemy Philadelphus)가 부왕 소테르(Soter)의 뜻을 받들어 궁전 내에 철학자의 조각상, 진귀한 동물, 미술품, 파피루스 등의 서적 등을 모으고 뮤제이온(Mouseion)이라 부르게 하면서 시작된다.[1)]

그 후 기원전 2세기 고대 로마시대에 박물관은 세계를 제패한 정복지역의 미술품, 진귀한 동식물 등 각종 전쟁에서 승리한 것을 기념하고 과시하기 위하여 수집된 전리품을 가정 내 소박물관에 전시하여 자랑하는 형태로 나타난다. 닐 코틀러(Neil Kotler)와 필립 코틀러(Philip Kotler)는 인간의 역사에 대한 증거와 수집의 속성은 이때부터 로마인에 의해서 예술 형식으로 체계화되기 시작하였다고 말한다.[2)] 이 시기에 박물관기술학이 시작되었다고 보는데, 기원전 2세기경에 이르러 고대 그리스 제국이 쇠락하면서 로마의 정복자들이 헬레니즘의 미술품과 고대 유물을 약탈하였고 더 이상 약탈할 수 없는 지경에 이르자 그것을 복제하여 자신의 부(富)와 교양을 과시하려고 했던 시기부터라고 본다.[3)]

귀족이나 부호의 후원으로 예술품이 수집되던 중세 사원박물관 시기

---

1) 이난영, 『박물관학』, 삼화출판사, 2008, 3-4쪽.

2) Neil Kotler & Philip Kotler, 『박물관 미술관학: 뮤지엄 경영과 전략』, 한종훈 외 옮김, 박영사, 2008, 13쪽.

3) 최종호, 「박물관학의 이해와 앞서가는 뮤지엄 경영」, 『제11기 초 · 중등 교원 박물관 문화연수』, 경기도박물관, 2010, 21-34쪽.

를 거치고 르네상스 시대에 귀족, 부호가 독점하던 미술품이나 수집품이 소수의 예술가나 학자에게 공개된다. 특히 르네상스 시대에 후원과 수집에 가장 영향력이 있었던 가문은 이탈리아의 메디치(Medici)이다. 도시국가 피렌체의 금융 권력 가문인 메디치는 정치적 영향력을 강화시키기 위해 미술의 시각적 권위를 이용하고자 미술품의 수집에 몰두하면서, 예술 후원사업에도 기여하는데, 이 시기에 아름다운 진열공간을 만들고 소장품을 진열하여 자기만족을 추구하는 폐쇄적인 공간을 구축한다.[4)] 최종호는 이 시기인 15세기 후반부터 이탈리아 피렌체에서 박물관기술학에 대한 본격적인 관심을 기울이게 되었고, 신흥 부르주아들이 자신들의 소장품을 관리하기 위해서 저명한 미술가를 초빙하여 조언자 겸 관리인으로 고용하기 시작하였으며, 16세기경부터 이탈리아를 중심으로 미술품 수집에 대한 전문적인 논문이 나왔다는 것을 말한다.[5)]

바로크 시대에는 대중의 박물관에 대한 관심이 증가하면서 일반 대중에게 박물관을 점진적으로 공개하게 된다. 18세기에는 영국에서 대영 박물관이 세워지고, 프랑스에서는 시민혁명과 근대성의 발현으로 인하여 루브르 박물관이 대중에게 공개된다. 19세기에는 만국박람회가 개최되면서 전문박물관에 대한 관심을 환기시키게 된다.[6)]

박물관은 시대를 거치며 점차 예술품이나 수집된 유물을 보관하는 장소가 아닌 시대에 따른 유산의 가치변화와 박물관의 기능변화에 따라 예술관으로서 역할도 하게 된다. 아주 느리지만 박물관은 그 행보를 대중으로 향하여 조금씩 다가왔다.

---

4) 전진성, 『박물관의 탄생』, 살림, 2004, 13-19쪽.

5) 최종호, 앞의 글, 5쪽.

6) 이난영, 『박물관학』, 삼화출판사, 2008, 7-16쪽.

그렇다면 우리나라에서 박물관은 언제부터 존재하였는가? 우리나라 근대 박물관의 등장에 대해서는 1908년 제실박물관에서 기원을 찾으려는 이난영의 주장과 1945년 국립박물관이라는 이름으로 개관한 때를 기준으로 봐야 한다는 김원룡의 의견이 있다.[7] 한국 박물관계에서는 이난영의 주장에 따라 2009년을 한국 박물관 개관 100주년의 해로 선포하고 다양한 전시와 "한국 박물관 개관 100주년의 의미와 미래의 100년"이라는 주제로 세미나를 개최하면서 한국 박물관의 발전과 새로운 비전에 대해서 진지한 논의를 하였다. 당시 한국박물관협회장 배기동은 기조강연에서 박물관은 교과서가 없는 학교로서 사회의 모든 가치를 가르치는 교육기관으로서 창의적인 인간 양성을 위한 정책의 실현장소라고 강조하면서 시대의 흐름에 탄력 있게 적응할 수 있는 박물관 정책을 촉구한 바 있다.[8]

최종호는 한국의 박물관에 대한 연구를 총망라하여 발달사를 3단계 여섯 시기로 나누는데, 1단계는 근대박물관 이전의 단계, 2단계는 근현대박물관 단계, 3단계는 미래박물관 단계로 나누었다. 그리고 여섯 시기는 근현대박물관의 단계에서 나뉘는데, ① 여명기(1908~1945)의 박물관 발달사는 박물관제도의 도입, ② 혼란기(1946~1960)의 박물관 발달사는 정치 · 조직의 개편, ③ 안정기(1961~1973)의 박물관 발달사는 경제 · 교육의 안정(산업화와 대학박물관 설치), ④ 보급기(1974~1983)의 박물관 발달사는 문화 · 산업의 변화(유산의 보호, 도시화, 야외박물관과 전문박물관의 운영), ⑤ 확산기(1984~1999)의 박물관 발달사는 법령과 제도의 정비(법령 제정, 학회 창립, 학

---

7) 위의 책, 59쪽.

8) 배기동, 「한국 박물관의 100년의 현실과 미래박물관 정책」, 『2009 한국박물관대회』, 한국박물관협회, 2009, 13-23쪽.

회지 발간), ⑥ 번영기(2000~현재)로 보았다.[9] 한국 박물관 100년의 역사 가운데 현 시점은 박물관의 번영기로서 그 양과 질에서 단연 장족의 발전을 하고 있는 시기이다.

이제 박물관의 역사를 볼 때 과거에는 한정된 소수의 권력층에게 허락된 특권이었으나 현대로 오면서 박물관은 대중에게로 그 걸음을 옮기고 있으며, 대중 역시 박물관이 갖고 있는 다양한 콘텐츠를 누리게 된다. 오늘날 다양한 미디어와 인터넷의 발달은 오프라인에서뿐만 아니라 온라인으로도 예술품을 향유할 수 있게 하였다.

2) 박물관은 무엇인가? 어떤 역할과 기능을 하는가?

박물관은 무엇인가? 국제박물관협의회(ICCM)에 따르면 "박물관은 사회와 사회의 발전에 이바지하는 비영리의 항구적 기관으로서 공중에게 개방하고, 학습과 교육, 위락을 위해서, 인류와 인류의 환경에 관한 유형 · 무형의 유산을 수집, 보존, 연구, 교류, 전시한다."[10]고 정의되어 있다. 여기서 몇 가지 중요한 특징이 언급되고 있는데, 우선은 박물관과 사회의 관계에 있어서 '박물관은 사회와 사회의 발전에 이바지한다.'는 점이다. 박물관이 어떻게 사회에 이바지하는가의 문제는 그 방법에 있

9) 최종호, 「한국 박물관 100년과 박물관 경쟁력 강화: 근대 이전의 박물관 단계, 여명기 · 혼란기의 박물관 발달사, 박물관 경쟁력」, 『박물관학보』, 2008, 81쪽.

10) http://icom.museum/statutes.html ICOM Statutes Approved in Vienna(Austria) - August 24, 2007. Article 3 - Definition of Terms / Section 1. Museum. A museum is a non-profit, permanent institution in the service of society and its development, open to the public, which acquires, conserves, researches, communicates and exhibits the tangible and intangible heritage of humanity and its environment for the purposes of education, study and enjoyment.

어서 바로 다음에 이어지는 '학습과 교육, 위락을 위하여 인간과 인간의 환경에 대한 유형 · 무형의 유산을 수집, 보존, 연구, 교류, 전시'하는 행위를 통하여 실현된다고 볼 수 있다. 또한 박물관은 '비영리의 항구적인 기관'이라는 것이 매우 많은 의문을 갖게 한다. 박물관을 유지하기 위해서는 거대한 자본과 인원, 공간이 필요한데 그럼에도 불구하고 영리를 거부하는 '비영리의 항구적인 기관'이라는 것은 그 자체로 모순을 내포하고 있다. 그것은 정말 논리의 모순을 내포하는 이율배반적 정의인가? 이 문제에 대해서 생각해보면 박물관이 갖고 있는 '인간과 인간의 환경에 대한 유형 · 무형의 유산'은 어떤 이유에서도 이윤을 추구하기 위한 수단으로 취급되거나, 상업적인 목적에 의해서 매매나 거래의 대상이 될 수 없다는 것을 전제로 하고 있다고 해석할 수 있을 것이다. 단, 그 증거는 수집, 보존, 연구, 교류, 전시의 대상으로서 존재한다는 것이다.

현재 우리나라에서 박물관은 어떻게 정의되는가? 우리나라에서 박물관은 '박물관 및 미술관 진흥법'에서 규정되는데 그 내용은 다음과 같다.

제2조(정의) 이 법에서 사용하는 용어의 뜻은 다음과 같다.

1. "박물관"이란 문화 · 예술 · 학문의 발전과 일반 공중의 문화향유 증진에 이바지하기 위하여 역사 · 고고(考古) · 인류 · 민속 · 예술 · 동물 · 식물 · 광물 · 과학 · 기술 · 산업 등에 관한 자료를 수집 · 관리 · 보존 · 조사 · 연구 · 전시 · 교육하는 시설을 말한다.
2. "미술관"이란 문화 · 예술의 발전과 일반 공중의 문화향유 증진에 이바지하기 위하여 박물관 중에서 특히 서화 · 조각 · 공예 · 건축 · 사진 등 미술에 관한 자료를 수집 · 관리 · 보존 · 조사 · 연구 · 전시 · 교육하는 시설을 말한다.

3. "박물관 자료"란 박물관이 수집 · 관리 · 보존 · 조사 · 연구 · 전시하는 역사 · 고고 · 인류 · 민속 · 예술 · 동물 · 식물 · 광물 · 과학 · 기술 · 산업 등에 관한 인간과 환경의 유형적 · 무형적 증거물로서 학문적 · 예술적 가치가 있는 자료 중 대통령령으로 정하는 기준에 부합하는 것을 말한다.
4. "미술관 자료"란 미술관이 수집 · 관리 · 보존 · 조사 · 연구 · 전시하는 예술에 관한 자료로서 학문적 · 예술적 가치가 있는 자료를 말한다.[11]

국제박물관협의회에서는 박물관을 뮤지엄(museum)이라는 하나의 명칭으로 지칭하는 것에 반하여 우리나라의 경우는 뮤지엄을 박물관과 미술관으로 구분지어서 정의하고 있다. 또한 박물관 자료와 미술관 자료를 구분지어서 정의하고 있다. 이러한 법의 규정은 현재 우리나라의 상황에서 박물관 종사자와 미술관 종사자 간의 커다란 간극으로 나타난다. 이것은 우리나라 박물관계가 향후 극복하여야 할 커다란 과제 중에 하나이다.

또한 박물관 및 미술관 진흥법에는 이 법의 적용범위를 정하고 있는데 그 내용은 다음과 같다.

제5조(적용 범위) 이 법은 자료관, 사료관, 유물관, 전시장, 전시관, 향토관, 교육관, 문서관, 기념관, 보존소, 민속관, 민속촌, 문화관, 예술관, 문화의 집, 야외 전시 공원 및 이와 유사한 명칭과 기능을 갖는 문화시설 중 대통령령으로 정하는 바에 따라 문화체육관광부장관이 인정하는 시설에 대하여도 적용한다. 다만, 다른 법률에 따라 등록한 시설은 제외한다.[12]

---

11) 박물관 및 미술관 진흥법 [법률 제10367호, 2010.6.10, 일부개정]

12) 위의 글.

이처럼 적용 범위는 박물관과 미술관의 확장된 영역인 자료관, 사료관, 유물관, 전시장, 전시관, 향토관, 교육관, 문서관, 기념관, 보존소, 민속관, 민속촌, 문화관, 예술관, 문화의 집, 야외 전시 공원 및 이와 유사한 명칭과 기능을 갖는 문화시설 중 대통령령으로 정하는 바에 따라 문화체육관광부장관이 인정하는 시설에 대하여 모두 유효한 것으로 보고 있다.

그 외에 박물관은 다양한 네 가지 역할과 여섯 가지 기능을 갖는데, 뮤지엄은 비영리의 항구적 기관으로서 사회의 발전과 환경의 보호를 위해서 유형 · 무형 유산을 수장관리, 연구교육, 교류협력, 위락향유 네 가지 역할을 수행하고, 학습과 교육, 위락을 위해서 인류와 인류를 둘러싼 환경에 관한 유형의 자료와 무형의 정보를 수집(조사 · 발굴 · 관찰 · 기록 · 정리), 보존, 연구, 교류, 전시, 교육하는 여섯 가지 기능을 복합적으로 수행하고 있다.[13] 박물관이 사회 속에서 중요한 대중교육을 담당한다는 것은 이제 하나의 현상으로 나타나고 있다. 특히 최근에는 박물관의 교육이 너무나 강조되어서 마치 박물관이 교육만을 위해서 존재하는 기관인 것 같은 착각도 들게 한다. 이 정도로 박물관에서의 교육은 중요한데 그것은 앞서 설명한 바와 같이 국제박물관협의회의 박물관 정의에서 '박물관은 사회의 발전에 이바지하고 공중에게 개방되는 비영리의 항구적인 기관으로서 학습과 교육, 위락을 위하여 인간과 인간의 환경에 대한 유형 · 무형의 유산을 수집, 보존, 연구, 교류, 전시한다'고 함에서 그 연유를 찾을 수 있다. 즉, 박물관의 일련의 활동은 학습과 교육, 위락이라는 대전제를 위해서 진행되는 것이다. 그런데 여기서 중요한 것은 바로 이 '학습과 교육, 위락'이 이루어지는 전제로 수집, 보존, 연

13) 최종호, 「박물관학의 이해와 앞서가는 뮤지엄 경영」, 『제11기 초 · 중등 교원 박물관 문화연수』, 경기도박물관, 2010, 3쪽.

구, 교류, 전시가 요구된다는 것이다. 즉 박물관의 학습과 교육, 위락은 전혀 새로운 주제나 소재를 갖고 이루어지는 것이 아니라 박물관이 보유하고 수집하여 보존하고 있는 것에 대한 연구와 전시, 그리고 그 결과로 이루어지는 교류를 바탕으로 행해진다는 것이다. 이는 마치 동전의 앞뒷면과 같아서 서로가 서로의 필요조건이 되는 것이다.

3) 박물관의 종류와 유형

우리나라의 박물관은 운영 주체에 따라 국립 또는 공립, 시립, 지방자치단체에 의한 박물관, 사립박물관으로 나눌 수 있다. 이 또한 박물관 미술관진흥법에 근거를 두고 있다. 운영 주체가 국가일 경우는 국립중앙박물관, 국립미술관, 국립민속박물관과 지방 분관 등이 있다. 운영주체가 지방자치단체일 경우 지역사회의 박물관 자료 및 미술관 자료의 구입 · 관리 · 보존 · 전시 및 지역문화 발전과 지역주민의 문화향유권 증진을 위하여 대통령령령으로 정하는 절차와 기준에 따라 박물관과 미술관을 설립할 수 있는데, 이 경우는 공립박물관, 공립미술관이라고 한다. 또한 대학이 설립하여 운영하는 경우는 대학박물관, 대학미술관이라고 한다. 그 외에 개인이 설립하고 운영의 주체인 경우는 사립박물관, 사립미술관이라고 한다. 최근 우리나라는 매우 독특한 주제를 갖는 사립박물관들이 많이 설립되고 있는 추세이다. 떡박물관, 가회민화박물관, 북촌생활사박물관, 쇳대박물관, 영은미술관, 옹기민속박물관, 초천섬유 · 퀼트박물관, 세계장신구박물관, 한국미술박물관, 삼성출판박물관, 참소리박물관 등 다양한 사립박물관과 미술관들이 운영되고 있다. 이는 문화의 다양성과 그 발현이라고 이해할 수 있을 것이다. 또한 기업에서 설립하여 운영하는 경우는 기업박물관이라고 한다. 리움, 디아모레 뮤지엄, 코리아나 화장박물관, 농협중앙회 농업박물관, 동아일보사의 신문박물관 등이 그 예이다. 이러한 기업박물관은 기업의 홍보와 함께 기업의 이익을 사회에 환원하는 또 하나의 방안으로 운영되고 있다.

박물관은 전시주제에 따라 종합박물관, 전문박물관으로 나눌 수 있다. 전시물의 내용에 따라 여러 가지를 함께 모은 경우는 종합박물관이고, 한정된 전문 분야의 것만을 모아서 전시하는 경우는 전문박물관이라고 한다. 그러니까 전문박물관은 고고학, 역사, 미술사, 인류학, 민속학, 자연사, 과학관, 동물원, 식물원, 과학기술, 사업, 체신, 교통, 의학 등의 각 전문 분야로 세분되는 것이다. 최근의 동향은 전문박물관이 늘어나고 있는 추세이다.[14] 이것은 현대사회가 점점 전문화되고 지식이 세분화되는 것의 의미하기도 하지만 대중의 지적 호기심과 욕구가 더 새롭고 더 전문적인 것을 원한다는 것을 보여주는 것이기도 하다.

또한 전시의 공간에 따라서 옥내박물관, 야외박물관, 가상박물관으로 나눌 수 있다. 옥내박물관은 그동안 전통적으로 건물 안에 전시하는 형태의 박물관이고, 야외박물관은 전시가 박물관이라는 건물 안에 한정되지 않고 주로 야외에서 이루어지는 경우로, 이를 'field museum'이라고 하여 일반적인 박물관과 구분 짓고 있다. 대부분의 박물관에서 옥내 전시가 일반적이고 야외 전시가 부수적인데 반하여 야외박물관에서는 야외 전시가 일반적이고 옥내 전시가 부수적으로 행해진다. 야외 전시는 거석문화재, 건축문화재 등을 전시하는 방법으로 사용될 수 있다. 우리나라의 예로는 고창고인돌박물관, 제주민속박물관 등을 들 수

14) 이영진 외, 『박물관 전시의 이해』, 학문사, 2000, 14쪽.

있다. 또한 온라인상에 박물관 활동이 이루어지는 가상박물관을 들 수 있다. 이 경우는 기존의 박물관에서 온라인 박물관을 운영하면서 소장품을 온라인에서 보여주면서 관람객들과의 소통을 원활하게 하는 경우이다. 오늘날 대부분의 박물관에서 홈페이지의 기능을 넘어서는 새로운 온라인 박물관을 추구하면서 전 세계의 관람객과 함께 박물관의 전시, 체험, 교육 프로그램을 공유하고 있는 상황이다. 그 외에 박물관의 운영 자체를 온라인상에서 운영하는 경우가 있다. 온라인에서 운영하는 박물관의 사례로는 미생물학 분야의 박테리아 박물관(The Virtual Museum of Bacteria), 타이프라이터 박물관(The Typewriter Museum), 가상일본박물관(The Virtual Museum of Japanese Arts)[15] 등이 있다.

4) 박물관의 사업과 활동

한편 우리나라 박물관 미술관 및 진흥법에서는 제4조 사업이라는 분류 아래 그 기능을 다음과 같이 규정하고 있다.

제4조(사업) ① 박물관은 다음 각 호의 사업을 수행한다. 〈개정 2007.7.27〉

1. 박물관 자료의 수집 · 관리 · 보존 · 전시
2. 박물관 자료에 관한 교육 및 전문적 · 학술적인 조사 · 연구
3. 박물관 자료의 보존과 전시 등에 관한 기술적인 조사 · 연구
4. 박물관 자료에 관한 강연회 · 강습회 · 영사회(映寫會) · 연구회 · 전람회 · 전시회 · 발표회 · 감상회 · 탐사회 · 답사 등 각종 행사의 개최
5. 박물관 자료에 관한 복제와 각종 간행물의 제작과 배포

15) 최병식, 『뉴 뮤지엄의 탄생』, 동문선, 2010, 291쪽.

6. 국내외 다른 박물관 및 미술관과의 박물관 자료 · 미술관 자료 · 간행물 · 프로그램과 정보의 교환, 박물관 · 미술관 학예사 교류 등의 유기적인 협력

7. 그 밖에 박물관의 설립 목적을 달성하기 위하여 필요한 사업 등

② 미술관 사업에 관하여는 제1항을 준용한다. 이 경우 제1호부터 제5호까지의 규정 중 "박물관 자료"는 "미술관 자료"로 보며, 제6호 및 제7호 중 "박물관"은 "미술관"으로 본다.[16)]

궁극적으로 박물관은 자료를 수집, 관리, 보존, 전시하며 이를 바탕으로 교육하고, 전문적이고 학술적인 조사와 연구를 하는 곳이며, 소장품의 보존과 전시를 위한 기술적인 조사 · 연구를 하고, 이에 대한 결과를 강연회 · 강습회 · 영사회(映寫會) · 연구회 · 전람회 · 전시회 · 발표회 · 감상회 · 답사 등의 각종 행사를 통하여 대중과 사회에 발표하며, 그 과정에 결과물에 대한 자료집, 간행물을 만들고 각종 정보를 공유하고 교류하는 등 다양한 활동을 통하여 사회에 기여하는 기능을 한다는 것이다. 단일기관에서 이렇게 많은 활동을 펼치기 위해서는 다양한 분야의 다양한 전문가가 서로 협력하고 네트워킹하며 새로운 결과를 세상에 내어놓기 위해서 분투 노력해야 함을 알 수 있다. 이러한 기능을 수행하기 위해서 박물관에는 관장, 학예사, 전시 디자이너, 교육전문가, 유물보전전문가, 박물관 경영인력, 사무인력, 해설사, 업무보조인력 등 다양한 직무의 인력이 필요하다는 것도 인식할 수 있다. 그 외에 박물관의 사업과 활동으로는 전시연계 교육, 지역사회 이벤트 프로그램, 찾아가는 박물관 활동, 학교 연계활동 등이 있다. 박물관의 사업 가운데 특히 중요하게 다루어지는 것은 사회의 평생교육기관으로서 행하는 일련

---

16) 박물관 및 미술관 진흥법 [법률 제10367호, 2010.6.10, 일부개정]

의 교육활동인데, 최근 우리나라에서는 복권기금을 통해 다양한 소외계층 문화 향유 프로그램으로서 박물관의 다양한 전시와 체험 프로그램이 활용되고 있는 상황이다. 또한 교육부와 연계하여 창의인재교육 프로그램을 시행하는 단계에 있는데, 이는 박물관의 체험학습 내용을 학생의 생활기록부에 등재하여 학생의 교과 외 활동의 하나로 인정해 주는 프로그램이다. 그동안 학교 교육에서 감당하기 어려웠던 역사의 현장이나 집중적인 자료 탐구 분야에 있어서 박물관이 평생교육기관으로서의 역할과 기능을 담당하고 있으며 이에 대한 중요성과 인식이 높아지고 있음을 알 수 있다.

2. 전통적 박물관에 대한 문제제기

현대에 들어서면서 사회는 급속도로 변하고 문화 향유와 창조의 주체로서 대중이 급부상한다. 이러한 조류 가운데 박물관에 대한 다양한 변화의 흐름이 발생한다.

1) 전시 주체와 장소의 변화

먼저 전시 주체의 변화이다. 기존의 전문가에 의해 행해지던 유물 보존 · 전시의 기능을 넘어 적극적인 교육과 체험과정이 도입되고, 관람객이 직접 참여하는 입체적인 전시방법은 기존의 단순관람에 비해 높은 전시효과를 이끌어낼 수 있게 되었다. 니나 사이먼(Nina Simon)은 그의

저서에서 관람객이 참여하는 전시방법에 대해서 연구한 바 있다.[17]

다음으로 전시장소의 변화이다. 건물을 전제 조건으로 이루어지던 박물관 활동에 다른 각도의 활동이 시작된 것이다. 에코뮤지엄의 기원이라 할 수 있는 스칸센 야외박물관은 스웨덴의 각 지역의 다양한 자생 동식물과 생활문화를 야외에 전시하여 오픈 에어 뮤지엄으로 그 개념이 발전되기도 하였다. 이러한 전시방법은 기존 박물관의 영역을 넘어서는 파격적인 것이다. 또한 유산에 대한 깊이 있는 연구는 유산의 개념을 기존의 시각에서 확대된 개념을 가져온다. 이후 1971년 에코뮤지엄이란 용어가 처음으로 제기되었으며 1972년 박물관의 사회적 역할과 개념이 정립되면서 이론적인 체계가 정립되고 발전을 거듭하게 되었다.

2) 무형문화유산에 대한 인식과 소장품의 개념 변화

유형에서 무형으로 유산의 개념 확장은 새로운 개념의 박물관이 탄생하게 되는 원인이 되었다. 이러한 변화의 결과 2003년 9월 29일부터 10월 17일까지 파리에서 개최된 제32차 유네스코 총회에서 무형문화유산 보호 협약(Convention for the Safeguarding of the Intangible Cultural Heritage)이 채택된다. 이 협약의 정의에 따르면 '무형문화유산'이라 함은 공동체 · 집단과 때로는 개인이 자신의 문화유산의 일부로 보는 관습 · 표상 · 표현 · 지식 · 기능 및 이와 관련한 도구 · 물품 · 공예품 및 문화 공간을 말한다.

---

17) Nina Simon, *The Participatory Museum*, California: MUSEUM2.0, 2010.

무형유산의 보호와 박물관의 관계에 대해서 미셸 L. 스테파노(Michelle L. Stefano)는 '최근 수년간 무형유산 보호의 중요성에 대한 인식이 국제적으로 확산되면서 박물관의 참여에 대한 요구도 매우 강해졌다. 사실 이러한 관심은 상당부분 2003년에 채택되어 현재 110개국이 비준한 2003년 유네스코 무형문화유산보호협약의 직접적인 결과였다.'[18]고 말한다.

유네스코의 무형문화유산의 중요성과 보호에 대한 인식은 인류문화 증거물의 개념이 유형의 물질뿐 아니라 무형유산으로까지 개념 확장을 가져왔는데, 이러한 개념의 확장은 박물관 소장품 개념의 확장을 가져오게 된다. 그렇다면 무형의 유산을 어떻게 수장고 안에 보관할 수 있을까? 이러한 고민은 기존의 박물관을 넘어서는 새로운 박물관을 필요로 하게 된다.

3) 박물관의 기능에 대한 다양한 사회적 요구들의 발생

급변하는 사회문화의 변동과 맞물려 박물관의 기능에 대한 다양한 사회적 요구들이 발생하게 된다. 수집, 관리, 보존, 조사, 연구, 전시, 교육의 기능 이외에도 더 세분화되고 심층적인 프로그램이 요구되며, 지역사회가 안고 있는 문제에 대한 문화적 관점에서의 해결책이 요구되기도 한다. 가족 동반 또는 개인적으로 방문하여 여가를 즐기고 영감을 얻을 수 있는 장소가 되어야 한다는 내외부적인 압박도 받고 있다. 그래야 다른 여가시설로 향하는 관람객의 발길을 잡을 수 있기 때문이

---

18) 미셸 L. 스테파노(Michelle L. Stefano), 「무형유산 보호: 잉글랜드 동북부의 박물관들이 처한 다섯 가지 주요 난관」, 「국제저널 무형유산」 제4권, 2009, 87쪽.

다. 박물관과 지역의 문제에 있어서 박물관이 사회 통합의 기능을 수행하게 되는 경우도 있고, 소수민족의 보호에 관여하기도 한다. 이렇게 다양한 사회적 요구들을 반영하기 위해서 박물관은 다양한 도전과 응전을 통하여 스스로 변모하기 시작한다.

3. 신박물관학의 출현과 담론

1) 신박물관학의 출현배경

'현대인에게 박물관의 의미는 무엇인가?', '박물관이 누구를 위해 무엇을 해야 하는가?'란 문제는 사회적 차원에서 제기되기 시작하였다. 박물관은 사회의 변화와 지역의 문제에 반응하지 않는 것처럼 보이지만 끊임없이 사회구조의 변화에 작용하는 양상으로 변화되어 왔다. 그동안 전통적인 박물관은 유물의 수집과 보존을 중심으로 박물관의 성격과 위상이 결정되었으며 유물의 보존에 열중해왔다. 그러나 이러한 전통적인 박물관과 그에 대한 연구에 다양한 실험과 시도가 시행되면서 신박물관학이 대두되고 있다. 자넷 마스틴(Janet Marstine)은 박물관학의 새로운 패러다임과 실무에 관한 연구서를 편집하여 발간한 *New Museum Theory and Practice*의 서문에서 새로운 박물관에 관한 이론은 때때로 비판적인 박물관학 또는 신박물관학이라고 명명된다고 하였다. 또한 박물관 종사자들이 보편적으로 그들의 정책과 절차를 전문적인 영역에서 다루고 있지만, 그들이 소속된 기관의 내러티브(narrative) 방식에 따라 기호화된 가치 시스템의 한계에 처해있다는 점을 지적한다.[19] 그는 신박물관학에 대해서 논의하기 전에 박물관이란 무엇인가에 대한 몇 가지 담론을 제시한다.[20] 첫째, 박물관은 유물과 유적을 담고 있는 성채인데, 그 성채는 기관의 권위 선언문에 귀속된다는 것이다. 둘째, 과거의 박물관은 그들이 처해진 환경에서 순수하게 소장품을 자리매김할 수 있었지만, 오늘날 모든 박물관은 운영을 위하여 자금을 끌어와야 하는 요구를 받고 있으며, 시장의 논리에 지배당한다는 것이다. 셋째, 많은 논자들은 박물관이 선택된 민족의 분류체계에 따라 속박되어 식민지화된 공간이라고 인식한다는 것이다. 특히 유럽의 박물관들은 그들이 지배한 지역의 역사를 고스란히 보관하고 있다고 비판한다. 넷째, 포스트뮤지엄에 대한 희망이다. 포스트뮤지엄은 관람객을 더 이상 수동적인 소비자로 인식하지 않으며, 지역공동체와 함께하며, 대중과 소통하고 본질적으로 그들과 담화할 수 있는 지혜를 갖고 있는 박물관이라는 것이다. 전통적인 박물관에 대한 문제제기와 박물관이 처한 급변하는 사회의 흐름은 무엇인가 새로운 변화를 요구하고 있다. 다음은 이러한 배경을 바탕으로 형성된 신박물관 관련 이론들을 알아보도록 하겠다.

2) 신박물관학의 담론

그렇다면 신박물관학은 무엇인가? 많은 학자들이 각기 다른 관점과 주장으로 신박물관학을 논한다. 한마디로 정의하기는 어렵지만 다양한 담론들을 통하여 귀납적인 방법으로 신박물관이 무엇인가를 조사하고

---

19) Janet Marstine, *New Museum Theory and Practice*, Australia: Blackwell, 2011, 5쪽.

20) 위의 책, 8-21쪽.

자 한다.

미카엘라 지벨후센(Michaela Giebelhusen)은 박물관의 건축물이 바로 박물관이라고 말한다. 그는 박물관 건축물의 역사 유래를 조사함으로써 박물관의 건축물이 바로 박물관이라는 것을 증명하였다. 그는 박물관 건축물의 양식은 고도로 상징적이어서 그 기관의 성격을 규정짓는다고 본다. 박물관의 건축물은 성스럽고, 현대적이며, 이상적이며, 교육적이면서, 그 안에 갖고 있는 소장품에 대해서 명쾌하게 말해준다고 하였다.[21] 이는 건축물의 역사를 통해서 박물관의 시대를 규정지을 수 있다는 논리라고 해석할 수 있을 것이다. 그동안 건물 안에 놓인 전시 상태와 소장품에 대해서만 연구해왔던 박물관학의 흐름에 새로운 의문을 제기하는 발상의 전환이라고 할 수 있다.

케이티 디프웰(Katy Deepwell)은 학예사들의 업무에서 남녀평등론의 전략과 실행에 대해서 주장한다. 그동안 박물관 학예업무는 남성 중심으로 편재되어 왔고 박물관 전시는 그렇게 실현되어 왔으나, 1970년대 이후 여성 학예사들과 예술가들이 전시 업무에 관여하게 되었고, 이들은 남녀평등의 시각에서 전시를 실행하게 되었기에 전시에 새로운 변화를 가져왔다는 것이다.[22] 사실 박물관은 소장품을 전시하는 행위를 통해서 대중과 사회에 새로운 이슈를 제시하거나 연구 결과물을 보여주는 기관인데 그 안에 남성 위주의 조직과 전시 해석이 있었다는 것을 발견했다는 것은 놀라운 일이다.

레이첼 바커(Rachel Barker)와 파트리샤 스미든(Patricia Smithen)은 21세기 유물보존이 직면한 변화에 대해서 논한다. 이들은 런던의 테이트 모던 뮤

---

21) Michaela Giebelhusen,"The Architecture Is the Museum", *New Museum Theory and Practice*, Australia: Blackwell, 2011, 41-63쪽.

22) Katy Deepwell, "Feminist Curatorial Strategies and Practices Since the 1970s", *New Museum Theory and Practice*, Australia: Blackwell, 2011, 64-84쪽.

지엄에서 근무하는 유물보존전문가이다. 이들은 새로운 예술과 새로운 도전에 직면해 있다. 새로운 예술의 시도는 너무나 다양한 소재로 다양하게 시도되고, 유물보전전문가의 영역도 그만큼 다양해지고 업무량도 많아지고 있다는 것이다. 오늘날 새로운 예술은 관념적이고, 수명이 짧으며, 디지털 예술로 표현되어 너무도 연약한 것이 문제이며, 다양한 소재가 합성되어 만들어져서 다루는 데 난점을 갖고 있다. 유물보존전문가에게 끊임없이 요구되는 것은 처음과 같은 상태의 보존인데, 그것은 벅찬 상황이다. 유물보존전문가들은 이제 현대예술의 새로운 흐름과 유물보존의 문제를 토론해야 할 때라고 문제를 제기한다.[23)]

현대예술의 해체와 관람객 참여를 보여주는 전시는 다양하게 시도되고 있다. 미국 뉴욕현대미술관(The museum of modern art)에서는 다양한 현대예술 전시가 열린다. 2009년 6월 24일부터 9월 14일까지 진행된 〈Performance 4: Measuring the Universe〉라는 전시에서 슬로바키아 출신의 작가 로만 온닥(Roman Ondak)은 관람객들이 'Measuring the Universe'의 제작과 탄생에 가장 핵심적인 역할을 하게 한다. 전시가 진행되는 동안 관람객들은 흰 벽에 그들의 키와 성과 방문날짜를 검은색 마커로 표시한다. 처음에 아무것도 없던 깨끗한 흰 벽만 있던 공간이 시간이 흐름에 따라 점차적으로 수천만 명의 사람들의 흔적이 쌓임으로써 하나의 작품으로 거듭나게 된다.

〈그림 1〉은 〈Performance 4: Measuring the Universe〉의 전시 장면이다.[24)] 이 전시를 통해 작가는 작품 제작활동에 대중을 능동적 참여자로 동참하게 하여, 예술작품과 대중, 생산과 수용의 전통적 경계를 극복하

---

23) Rachel Barker & Patricia Smithen, "Conservation in the Twenty-first Century", *New Museum Theory and Practice*, Australia: Blackwell, 2011, 85-105쪽.

24) 뉴욕현대미술관, http://www.moma.org/explore/exhibitions, 검색일: 2011. 11. 12.

〈그림 1〉 Performance 4: Measuring the Universe

고자 했다. 이러한 시도는 그동안 박물관의 소장품이나 예술작품이 일정 공간에 과학적 방법으로 보존관리되면서 영구히 실체를 유지시켜야 한다는 전통적 형식의 틀을 깬 것으로 작가와 예술품이 갖는 성역을 깨는 시도라고 할 수 있다.

리안 맥타비시(Lianne McTavish)는 온라인에서 경험하는 가상박물관의 문제에 대해서 논의한다. 그는 가상박물관이 상업적으로 성공할 수 있으리라는 기대와 가상박물관이 전복될 것이라는 기대 모두를 열망하는 이율배반적인 관점에서 두 가지 모두의 가능성을 논증한다.[25)]

강인애는 스마트 박물관에 대한 논의에서 온라인과 오프라인의 간격을 모바일 기기가 연결해서 온라인과 오프라인의 공간이 통합되고, 이로 인해 언제 어디서든 학습이 이루어지며, 개인의 개별적 학습과 개인간 상호작용을 적극 지원하는 형태를 스마트 러닝이라고 볼 때, 이러한 스마트 러닝의 개념을 박물관에 적용한 경우를 스마트 박물관이라고

25) Lianne McTavish, "Visiting the Virtual Museum: Art and Experience Onine", *New Museum Theory and Practice*, Australia: Blackwell, 226-246쪽.

규정하면서, 스마트 박물관의 특징을 제시하자면 한마디로 통합의 원칙을 기반으로 설명할 수 있다고 보았다. 결국 스마트 박물관은 이전부터 이어져오던 박물관 테크놀로지의 특징, 목표 등이 완성되는 단계이며, 모든 테크놀로지가 이 자리에서 다 같이 통합적으로 작용하여 관람객의 인지적 · 사회적 · 감성적 발전을 책임져, 스마트 관람객이 될 수 있는 환경을 마련해주게 될 것이라 기대한다.[26)]

최병식은 과거와는 다르게 혁신적으로 진화된 박물관의 출현에 대해서 논의하면서 스칸디나비아를 중심으로 한 오픈 에어 뮤지엄(Open Air Museum), 프랑스의 에코뮤지엄(Ecomuseum), 영국의 내셔널 트러스트를 중심으로 한 문화유산박물관(Heritage Museum), 미국을 중심으로 한 이웃박물관(Neighbourhood Museum), 라틴아메리카를 중심으로 한 통합박물관(Integral Museum) 등에서 전통박물관과는 다른 차원의 가치를 구현하고 있음을 말한다. 그는 박물관의 변화과정을 3세대로 보았는데, 자료보존 중심의 운영시기인 제1세대, 자료공개 중심의 운영시기인 제2세대, 시민의 참여와 체험 위주로 운영되는 제3세대로 보았다.[27)]

최종호는 박물관 교육에 있어서도 신박물관학의 조류는 유효하게 적용된다고 보고 다음과 같이 기술한다.

> 1970년대 이전까지 박물관은 물품/작품 중심(object-oriented)의 전시가 주된 활동이었으나 1980년대 신박물관학이 발달한 이후로 내용 중심(content-oriented)의 교육이 주된 활동으로 확대되었다. 1990년대 중반 이후로 구미 선진 박물관에서는 프로그램 중심(program-oriented)으로 교류활동이 매우 빠르게 발전하고 있다. 프로그램 중심의 전시와 문화행사 참여활동을 높이

26) 강인애, 「박물관(미술관) 교육과 디지털 테크놀로지」, 『한국 박물관교육학』, 문음사, 2010, 193-196쪽.

27) 최병식, 『뉴 뮤지엄의 탄생』, 동문선, 2010, 206-207쪽.

> 기 위해서는 박물관 자료와 정보를 충실하게 조사 연구하여 정리 · 보존하고, 환경과 유산을 다양하게 보존하고 활용하기 위한 해석 프로그램을 적극적으로 운영해야 한다. 21세기 박물관에서 해석 프로그램은 연구를 통해서 전시를 하고 전시를 통해서 교육을 하는 일련의 과정을 포괄하는 것으로 박물관 사업과 활동을 이끌어 가는 핵심 원동력이자 추진력이 될 것이다.[28]

박물관 교육에 있어서 해석 프로그램의 중요성과 미래 중요성에 대해서 강조하고 있는 것이다.

과거 뮤즈의 신전에서 기원한 박물관은 그 탄생기에는 신에게 제사드리고 남은 재물로서의 다양한 조각상과 학술적 성과물 등을 보관하는 장소로 출발하여 권력자나 전쟁 승리자의 과시를 위해서 보여주는 기능을 하는 역할로 변모하였고, 프랑스 혁명 이후에는 대중에게 공개되어 더 많은 사람들에게 전시될 수 있는 기관으로 자리매김하였다. 최근의 추세는 박물관에서 더 많은 사람이 체험할 수 있는 방법에 대해서 고민하면서 전시 자체도 대중에게 공개되고 있는 상황이다. 현대가 직면한 다양한 사회상을 바탕으로 형성된 신박물관이 제기하는 전통박물관에 대한 비판적 성찰은 향후 미래 사회에 처해질 박물관의 향방에 대해서 많은 담론을 예견하고 있다. 그 외에 신박물관학의 담론 가운데 하나는 박물관과 지역, 환경의 문제이다. 이제 그 문제를 집중적으로 논의하면서 이 책의 주요 연구대상인 에코뮤지엄에 대해서 연구하고자 한다.

---

28) 최종호, 「우리 시대의 여가문화로서 박물관 관람과 프로그램 참여」, 『실천민속학 연구』 제13호, 실천민속학회, 2009, 113쪽.

2장

에코뮤지엄의 등장과 발전

1. 에코뮤지엄의 기원과 배경

'에코뮤지엄(Ecomuseum)'이란 본래 생태 및 주거환경을 뜻하는 '에코(eco)'에 박물관이란 뜻의 '뮤지엄(Museum)'이 결합된 단어이다. 하지만 지역의 문화특색과 환경에 따라 여러 가지 모습으로 나타나기 때문에 생태박물관, 환경박물관, 지역박물관, 민속박물관, 에코뮈제(Écomusée), 지역공동체 박물관 등의 여러 가지 이름으로 혼용되어 불리고 있다. 전통적인 박물관과는 다른 개념의 새로운 박물관으로 지역의 전통문화유산과 자연유산 그리고 그 지역에 오랫동안 유지되어온 전통과 생활양식 등을 계승하면서 이를 발굴, 보존, 조사, 연구하는 과정에 지역의 주민들이 정체성을 찾고, 지역을 찾은 관람객에게 지역의 삶을 알리고 직접 체험해볼 수 있도록 한다.

이러한 에코뮤지엄이 태동하여 용어로 정리되고 실험적 모험을 시도하여 탄생된 나라는 프랑스이다. 프랑스 박물관학자 조르주 앙리 리비에르(Georges Henri Rivière)는 1891년 개장된 세계 최초의 야외민속 · 문명사박물관인 스웨덴의 '스칸센(Skansen)'[29] 야외박물관(open air museum) 개념을 프랑스에 적용시키는 것에 대해서 고민을 하였다. 지역의 전통가옥과 지역의 생태환경과 전통까지 박물관의 영역으로 흡수할 수 있다는 생각에 기초하여 지역 전체가 박물관이 되는 것에 대한 의견을 제시하였다. 이에 프랑스 박물관학자 위그 드 바린(Hugues de Varine)이 에콜로지와 뮤지엄을 합성하여 만든 새로운 개념의 박물관이 에코뮤지엄이다. 이 용어는 1971년 제9회 국제박물관협의회(ICOM: International Council of Museums) 총회에서 발명되고 그 이념이 소개된다.[30]

에코뮤지엄 이념의 발명 배경에는 1960년대 말 프랑스의 사회적 분위기가 작용하는데, 1960년대 후반 프랑스는 급격히 도시화되고 한편으로는 농촌의 과소화가 가속되었다. 권위와 독선으로 군림해온 드골체제에 대한 반발과 전후 경제 번영이 가져온 소비 만연의 사회 풍조에 대한 거부, 인간의 존재 자체에 대한 반문 등 급진적인 사상운동이 일어난 시기이기도 하다. 1968년 5월에는 학생들에 의한 '이의제기', 이른바 5월 혁명이 일어나 기성세대의 가치에 반기를 들었는데, 당시 학생들의 슬로건은 "금지하는 것을 금지한다."였으며 그동안 일상생활에서 보이지 않는 억압으로 작용한 모든 것들로부터 벗어나려는 움직임이 강하게 작용하였다.[31] 이 시대에는 환경유산의 보전의식, 도시와 농촌의 균형관계를 유지하기 위해 루소에게 기원을 둔 자연보호사상과 반공해운동과 같은 환경보호, 자연건강법이나 동양의학과 같은 자연적

29) 스칸센 야외박물관, http://www.skansen.se On Sunday October 1891 Skansen was opened to the public, 검색일: 2011. 12. 6.

30) 오하라 가즈오키, 『마을은 보물로 가득차 있다』, 김현정 옮김, 아르케, 2008, 58쪽.

31) 서울대학교 불어문화연구소, 『프랑스 하나 그리고 여럿』, 강, 2008, 524쪽.

인 것에 대한 옹호, 원자력발전소와 같은 핵문제와 같은 기폭제 등을 배경으로 전개해왔다.[32] 이처럼 프랑스에서의 에코뮤지엄 운동은 사회적, 문화적, 정치적, 환경적 논의와 현상들이 복합적으로 작용하여 새로운 발상의 전환으로 제시되었다.

2. 에코뮤지엄의 정의와 구조

1) 에코뮤지엄이란 무엇인가?

당초 에코뮤지엄은 에코뮤지엄에 대해서 논의하는 과정에서 리비에르가 제안한 것을 바린이 명명함으로써 탄생하였다. 그들이 실험적으로 시도한 크뢰조-몽소 에코뮤지엄의 소개 글의 주요 부분을 인용함으로써 에코뮤지엄의 정의를 살펴보기 전에 궁극적인 취지와 이념을 살펴보고자 한다.

- 에코뮤지엄: 1972년 사람과 산업의 박물관이라는 이름의 예시(豫示)로 출발하여, 랑 드 가스콘느(Landes de Gascogne)와 함께 1973년 프랑스에서 최초로 시작된 에코뮤지엄이다. 사람과 산업의 박물관은 특히 18세기 말엽부터 현저하게 나타나는 지역의 중대한 산업활동인 철강업의 발전을 비롯하여, 석탄 채굴, 유리 제조업, 벽돌 제조업 등을 조사하고, 연구하고, 가치를 부여하는 사명을 갖고 있다.

32) 오하라 가즈오키, 앞의 책, 43쪽.

• 지역: 부르고뉴 광역지방에 속하는 도(道)인 샤롤레와 모르방 사이에 있는 로아르도에 위치한 크뢰조-몽소는 선사시대부터 현시대에 이르기까지 풍부한 역사 유적과 인간의 활동을 보유하고 증언하고 있다.
• 유산: 에코뮤지엄은 크뢰조-몽소 지역 유산의 상품 가치를 공유하고 나누는 것에 기꺼이 동참한다.[33)]

에코뮤지엄과 지역과 유산에 관한 가치관이 나타나는 대목이다. 즉 특정한 공간을 축으로 하여 그 지역 사람들의 산업, 역사, 유산, 유적 등을 모두 포함하는 시간의 층을 함께 아우르는 에코뮤지엄의 개념이 설명되고 있다. 또한 설립 당시에는 '사람과 산업의 박물관'이라는 지역의 산업을 테마로 한 정체성을 갖고 시작하여 점차 개념의 영역을 확장하면서 에코뮤지엄이 탄생한 것을 알 수 있다.

(1) 리비에르의 '발전적 정의'

에코뮤지엄의 정의와 내용은 명확하게 규정지을 수 없을 만큼 다양하고 지역의 특성과 상황을 배려하며 시간이 지나면서 새로운 발견이 추가되면서 정리되고 있다.

리비에르는 에코뮤지엄의 정의를 세 번에 걸쳐서 수정하였는데, 1973년, 1976년, 1980년에 걸쳐서 발전적인 정의를 발표한 바 있다. 이를 '에코뮤지엄의 발전적 정의'라고 한다. 이 정의들의 변천과정을 보면 다음과 같다.

---

33) 크뢰조-몽소 에코뮤지엄, www.ecomusee-creusot-montceau.fr, 검색일: 2011. 9. 20.

1973년 리비에르의 에코뮤지엄 정의

에코뮤지엄이란 현재의 개념에서는 본질적으로 인간과 자연의 박물관이자 생태학적인 박물관으로서 주민들이 살고 있는 지역과 주민 내에서 일어난 발생과 진화에 관련된다.

에코뮤지엄은 지역에 대한 영구적인 연구소로 주민에게 정보를 제공하고 그들이 스스로를 인식할 수 있도록 돕는 매개자의 역할을 한다.

에코뮤지엄은 시간의 박물관이다. 그 지역의 역사가 시대별로 내재된 박물관의 개념으로 전시되며, 시간이 지남에 따라 현재 주민들과 그들의 미래에 대한 조망으로 이어진다.

에코뮤지엄은 공간의 박물관이다. 그 지역과 지역주민들에 대한 박물관의 개념 아래서 겸허하게 행해지는 공간적인 차원의 표현이다.

사이트와 자연에서 채취한 샘플 혹은 고고학적인 사이트와 역사적인 기념물, 박물관 그리고 주민들의 건물들과 같은 요소들은 특별하게 여겨지는데, 그러한 요소들은 총체적이며 전문적인 관찰의 진보로 연계되며, 에코뮤지엄은 국립공원, 지방공원, 법인체 중 어디에 속하는 지에 따라서 요소들이 달리 운영된다.

1976년 리비에르의 에코뮤지엄 정의

에코뮤지엄은 기존의 박물관들과는 다르다.

에코뮤지엄은 주민들이 그들 스스로의 정체성을 인식하기 위하여 스스로를 비추어 보는 거울이며, 그것을 통해서 주민들은 자신들이 살고 있는 지역을 세대의 연속성이나 불연속성 속에서 이전 세대 주민들의 설명에 이어 연구하려고 한다. 에코뮤지엄은 이처럼 주민이 자신들을 더 알리기 위해서 그들의 일과 행동 그리고 내면에 대한 자부심을 갖고 방문자들에게 내미는 거울이다.

에코뮤지엄은 사람과 자연의 박물관이다. 인류는 그들이 둘러싸인 자연환경 속에서 해석된다. 자연은 전통적인 사회와 산업적인 사회가 그들의 관습에 자연을 맞추려는 것처럼 그 야만성으로 존재한다.

에코뮤지엄은 시간의 박물관이다. 그 시작은 인류가 나타난 때로부터 거슬러 올라가며 인간이 살았던 선사시대와 역사시대를 통해서 시간이 나뉘고 사람이 살고 있는 현대에까지 이른다. 미래를 이해하는 수단으로 에코뮤지엄은 결정기관의 역할이 아닌 비평적 분석과 정보를 제공하는 역할을 맡는다.

에코뮤지엄은 공간의 박물관이다. 그 공간은 사람들로 하여금 걸음을 멈추게 하거나 산책하고 싶게 만드는 특권적 공간이다.

에코뮤지엄은 주민들의 자연유산과 문화유산의 보존과 활용을 지원하는 보존기관이다.

에코뮤지엄은 연구소다. 주민과 그 환경에 대한 이론과 실용적인 연구를 한다.

에코뮤지엄은 학교다. 에코뮤지엄은 주민들과 그들의 환경에 대한 전문가를 형성하는 데 도움을 주며 주민 스스로 미래에 관한 여러 문제 좀 더 잘 파악할 수 있도록 촉구한다.

이러한 연구소, 보존기관, 학교는 공통 원리에서 착상되었다. 그 기관들이 증거로 내세우는 문화는 가장 넓은 의미로 이해되어야 하며, 그 기관들은 어떠한 주민 층으로부터 나온 의견이든 간에 예술적 표현이나 문화를 존중하도록 노력해야 한다. 기관들은 그 안에서만 머무르지 않고 수용하고 의미를 부여해가야 한다.

에코뮤지엄의 발전에 있어서 분명 모든 것이 유쾌하지는 않다. 그 책임자의 입장에서는 동물원의 동물들을 우리에 가두는 것과 같은 상황에 주민들을 처하게 하는 위험과 그들을 다루어야 하는 위험이 있다.

노동자 자주관리와 감독 간의 지위에 대한 동요를 일으킬 불명확함도 있으며, 점점 좋아지는 평판을 남용하는 일도 있을 것이다. 그것들은 예기치 못한 일들과 어려움이지만, 인내와 긴장이 공간과 시간의 광장이자 다양한 구성원으로 이루어진 기관의 성숙을 통해 그것들을 극복하게 도와준다.[34)]

1980년 리비에르의 에코뮤지엄 정의

에코뮤지엄은 행정당국과 주민이 같이 구상하고 만들어 활동하는 수단이다. 행정당국은 전문가와 함께 편의를 도모하고, 재원을 제공한다. 주민은 각자의 흥미에 따라서 자신들의 지식과 대처능력을 제공한다.

에코뮤지엄은 이러한 주민이 스스로를 인식하기 위해서 서로를 바라보는 거울이다. 거기에서 주민은 자신들이 살아왔고, 살고 있고, 또 살아갈 지역을 세대의 연속성이나 비연속성을 통해서 이전 세대 주민의 설명에 이어서 설명을 하려고 노력한다. 에코뮤지엄은 이처럼 주민이 자신들을 좀 더 알리기 위해서 자신의 일과 행동 그리고 내면성에 자부심을 갖고 방문자에게 내미는 거울이다.

에코뮤지엄은 사람과 자연의 표현이다. 그래서 사람은 자연적 생태의 일부로 해석된다. 그리고 자연은 전통적 사회와 산업사회가 자신들이 가지고 있는 이미지에 자연을 맞추도록 하는 그 원초상태로 해석된다.

에코뮤지엄은 시간의 표현이다. 사람이 출현한 시대 바로 이전까지 거슬러 올라가서 사람이 살았던 선사시대 · 역사시대를 통해서 확대되고, 사람이 살고 있는 현대에 이른다. 미래에도 에코뮤지엄은 결정기관의 역할을 맡으려 하지 않고, 지금과 같이 정보전달과 비평적 분석의

---

34) 크뢰조-몽소 에코뮤지엄, http://www.ecomusee-creusot-montceau.fr/fla/communaute.html 에 소개되어 있는 리비에르의 정의, 검색일: 2011. 9. 20.

역할을 맡는다.

에코뮤지엄은 공간의 해석이다. 그곳은 걸음을 멈추게 하거나, 산책하고 싶게 만드는 특권적 공간이다.

에코뮤지엄은 보존기관이다. 그 주민의 자연유산 · 문화유산의 보존과 활용을 지원한다.

에코뮤지엄은 연구소다. 외부 연구기관과도 협력하여 주민과 그 환경계의 역사적 · 동시대적 연구에 공헌하고, 이 분야의 전문가를 양성하는 것을 장려한다.

에코뮤지엄은 학교다. 주민을 연구 · 보존 활동에 참가시키거나, 주민 스스로 미래에 관한 여러 문제를 좀 더 파악할 수 있도록 촉구한다.

이러한 연구소, 보존기관, 학교는 공통 원리에서 착상되었다. 그 기관들이 증거로 내세우는 문화는 가장 넓은 의미로 이해되어야 하며, 그 기관들은 어떠한 주민층에서 나온 표명이든 간에 예술적 표현이나 문화를 존중하도록 노력해야 한다. 다양성에는 한계가 없다. 하지만 그렇게 다양화되기까지 자료는 표본마다 달라진다. 기관들은 그 안에서만 머무르지 않고 수용하고 의미를 부여해가야 한다.[35]

결론적으로 리비에르의 발전적 정의를 분석해 보면 정의가 점점 더 확장되면서 그 비중이 지역의 주민과 주민의 활동으로 옮겨지고 있음을 발견하게 된다. 전통적 박물관과의 차별성을 언급하면서 주민이 스스로 지역의 유산을 보존하고, 연구하고, 배우는 보존기관이자 연구소이며, 학교임을 명시하고 있다. 또한 주민의 예술적 표현이나 문화를 존중하도록 노력해야 하며, 그 다양성에는 한계가 없다는 것을 서술하고

35) 오하라 가즈오키, 앞의 책, 24-25쪽 참조.

있다. 여기에 한마디로 정의되지 않는 에코뮤지엄의 모호성이 있으며, 또한 끝없는 가능성이 있는 것이다.

(2) '발전적 정의'에 대한 알랭 주베르의 해석

리비에르의 발전적 정의에 대해서 알랭 주베르(Alain Joubert)는 다음과 같은 해석으로 에코뮤지엄의 특색을 설명한다.

행정과 주인이 함께 구상하고 만들어 운영해가는 도구라는 것의 의미는 행정은 전문가와 함께 수단과 자본을 제공하고, 주민은 정열을 갖고 지식과 대처능력을 제공하여, 결국 지식과 대처능력을 행정과 주민이 공유하는 것이라는 이념이라는 것이다.

주민이 자기 자신을 인식하기 위해 투영하는 거울이라는 것은, 단절된 시간을 세대 간의 연결을 통해서 지역을 설명하려는 것이다. 즉 주민에게 정확한 지식을 환원한다는 이념이다.

보다 잘 이해하도록 주민이 방문자에게 제공하는 거울은 호응한다는 것과 상호 존중한다는 이념이다.

인간과 자연의 표현은 강조하는 기본이념 중 하나로, 즉 생태학자들은 '인류가 접하지 않은' 자연의 반대편에 인간이 있다고 보는 경향이 있지만, 프랑스에서는 농경지를 포함한 모든 자연이 인간에 의해 만들어진 것으로 보고 있다. 그것은 문화적 구축물이다.

시간의 표현에서 리비에르에 의해서 완성된 또 하나의 기본적 이념은 미래로 열려 있다는 이념이다. 에코뮤지엄은 스스로를 결정하는 기관이 아니라 객관적인 분석자, 정보제공자가 되는 것이다.

특권적 공간의 해석 · 이해에서 시간의 해석은 에코뮤지엄의 중심이 되는 장소로, 그리고 공간의 해석 · 이해는 안테나라는 형태로 표현된다.

연구소라는 것은 전문가 육성과 영역, 주민, 환경에 대한 연구를 목적으로 한다.

보존기관이라는 것은 자연환경과 문화환경의 보호와 활용을 보장한다.

학교라는 것은 미래를 좀 더 잘 이해할 수 있도록 주민이 지역을 스스로 연구하고 보고하게 만드는 계기를 만든다.

공통원리라는 것은 문화를 최대한 넓은 의미로 파악하는데, 유산 속에 있는 문화, 고고, 건축, 기념비, 자연, 민족, 가구, 물질 등 문화로 바꿀 수 있는 모든 유산, 영역에 관계하는 끝없는 다양성으로, 외부로 개방하는 것이지 내부에 머무는 것이 아니다.[36] 이상의 내용을 정리하면 결국 에코뮤지엄은 특정한 공간, 즉 지역에서 일어난 문화, 고고, 건축, 기념비, 자연, 민족, 가구, 물질 등 모든 문화와 인간 삶의 총체적인 산물이며 이에 대해서 수집, 보존, 연구, 학습하면서 미래를 향해 열려 있는 곳이다. 리비에르의 정의에 대한 다양한 해석은 지금 이 순간에도 세계 각국의 지역에서 해석되고 연구되고 실현되고 있다고 보아야 할 것이다.

(3) 르네 리바르의 정의

르네 리바르(René Rivard)는 에코뮤지엄과 전통박물관에 대한 비교 그림을 통해서 에코뮤지엄을 정의하고 있다.[37] 〈그림 2〉의 전통박물관은 건물과 소장품, 전문가, 특정한 기술로 구성되어 정의된다.

이는 전통적 박물관이 건물을 전제로 하여 관장을 비롯한 전문가 집

36) 위의 책, 22-23쪽.

37) Peter Davis, *Ecomuseums A Sence of Place,* Continuum, 2011. 82-83쪽.

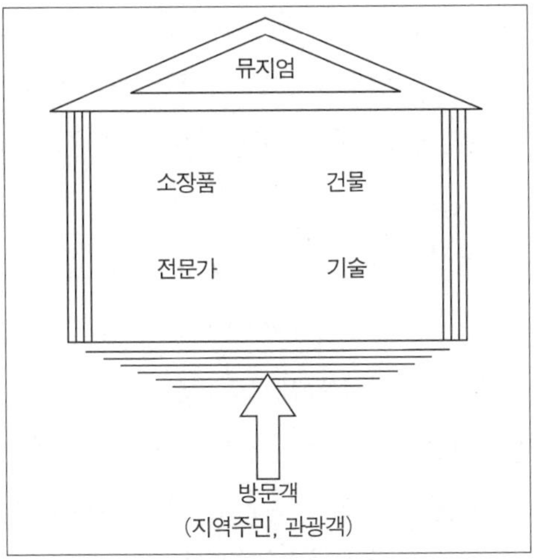

〈그림 2〉 전통박물관 개념도(René Rivard, 2011)

단인 큐레이터, 에듀케이터, 전시 디자이너, 보존전문가 등에 의해서 전시와 교육 프로그램이 기획되고 진행되며, 소장품이 매우 정교하게 관리되고 지역의 주민이나 관광객으로 구성되는 관람객은 단지 방문자로 박물관을 찾는 것으로 표현된다. 반면 이와 대별되는 지점에 있는 에코뮤지엄은 일정한 지역에 거주 또는 체류하는 주민을 주인으로, 그들 스

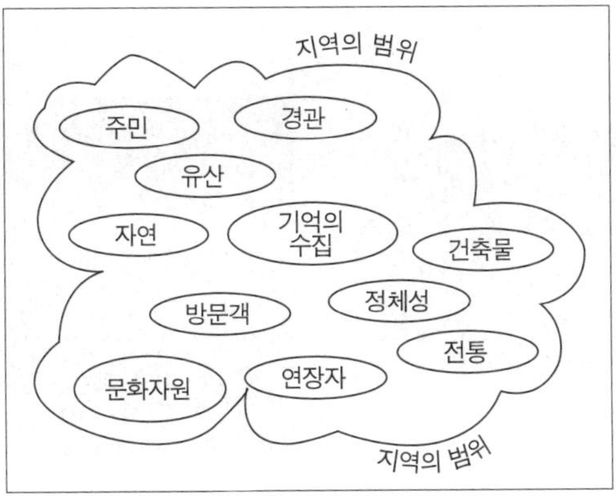

〈그림 3〉 에코뮤지엄 개념도(René Rivard, 2011)

스로 지역의 유산을 발굴하고, 조사하고, 연구하고, 기획하고 실행하면서 지역 전문가로서의 소양을 축적시켜가는 과정에 의미가 있다는 것을 말하는 것이다. 〈그림 3〉의 에코뮤지엄은 지역, 유산, 기억의 수집, 주민, 자연, 정체성, 건축물, 전통, 방문객, 연장자, 사이트, 경관, 문화자원, 주민 등으로 이루어진다고 정의 내리고 있다. 그는 또한 에코뮤지엄과 자연사박물관, 생태박물관은 구별되는 개념임을 강조한다.

위의 내용을 분석하면서, 1973년 리비에르가 규정한 에코뮤지엄의 정의를 연결하면 중요한 개념이 발견되는데 그는 '에코뮤지엄은 시간의 박물관이다. … 에코뮤지엄은 공간의 박물관이다'라는 표현을 하였다. 이를 숙고해보면 에코뮤지엄은 공간의 축을 바탕으로 시간을 연결하는 모든 요소들을 소장품의 개념으로 보는 것으로 해석될 것이다. 삶의 터전인 지역을 축으로 하여 인간과 자연과 그 땅에서 이루어진 모든 역사를 하나의 시간 층이 마치 지층처럼 쌓인 것이 에코뮤지엄이라고 볼 수 있다. 이것을 그림으로 나타내면 〈그림 4〉와 같다.

이것은 특정한 시간대에 지역이라는 한정된 공간의 축에 벌어진 모든 현상들을 하나의 판으로 보고 이것이 마치 지층처럼 쌓인 모습을 상상한

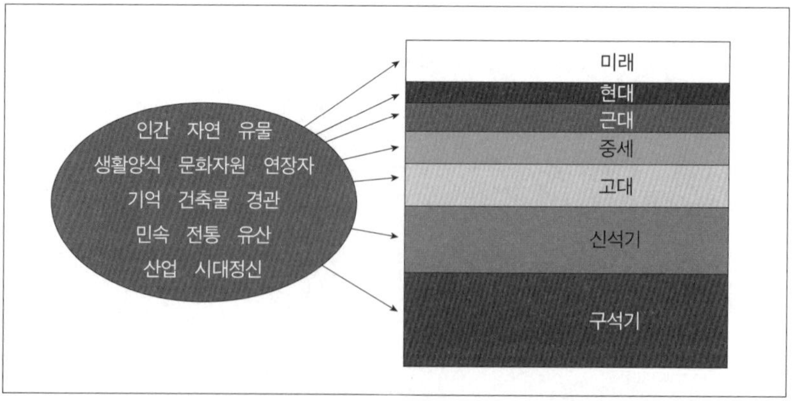

〈그림 4〉 공간을 축으로 형성된 시간층의 에코뮤지엄 개념도

것이다. 궁극적으로 리비에르가 주창한 에코뮤지엄의 시간적 배경은 '선사시대부터 현시대에 이르기까지 풍부한 역사 유적과 인간의 활동을 보유하고 증언하고 있다'는 사상에 입각하여 개념을 표현한 것이다.

2) 에코뮤지엄의 구조

(1) 에코뮤지엄 세 가지 구성 요소

에코뮤지엄 이념에서 우선 중요한 것은 어느 특정의 '지역(territory)'을 중요한 대상으로 지정한다는 점이다. 그 위에 지역의 유산의 보존(Heritage), 주민의 참여(Participation), 박물관 활동(Museum)의 세 가지 요소가 이상적인 구조로 상호작용할 때 에코뮤지엄이 유지되는 것이다. 그렇다면 지역의 유산은 무엇을 의미하는가? 그것은 지역의 자연환경, 문화유산, 산업유산, 기억의 수집 등을 현지보존하는 것이다. 다음으로 주민참여는 주민 스스로 정체성을 발견하면서 능동적으로 참여하는 것이다. 마지막으로 박물관 활동은 발굴, 전시, 보존, 조사, 연구 등의 일련의 활동이다. 이 세 가지 요소가 균형이 잘 맞고, 밀접한 네트워크가 짜여 있는 것이 가장 이상적인 모습이다.

〈그림 5〉와 같이 다양한 상황에 대한 분석이 성립된다. 예를 들어 인천에 배다리 마을의 오래된 골목과 주거지를 보존하려는 주민운동이 있는데, 이 마을의 사례를 살펴보면 오래된 골목과 주거지의 보존이 H(유산보존)이고, 주민들의 적극적인 참여와 운동이 P(주민참여)가 되는 것이다. 따라서 이 마을에 박물관학(museology)으로서의 활동이 더해지면 바로 에코뮤지엄이 될 수 있다. 또한 P(주민참여)와 M(박물관 활동)이 교차하는

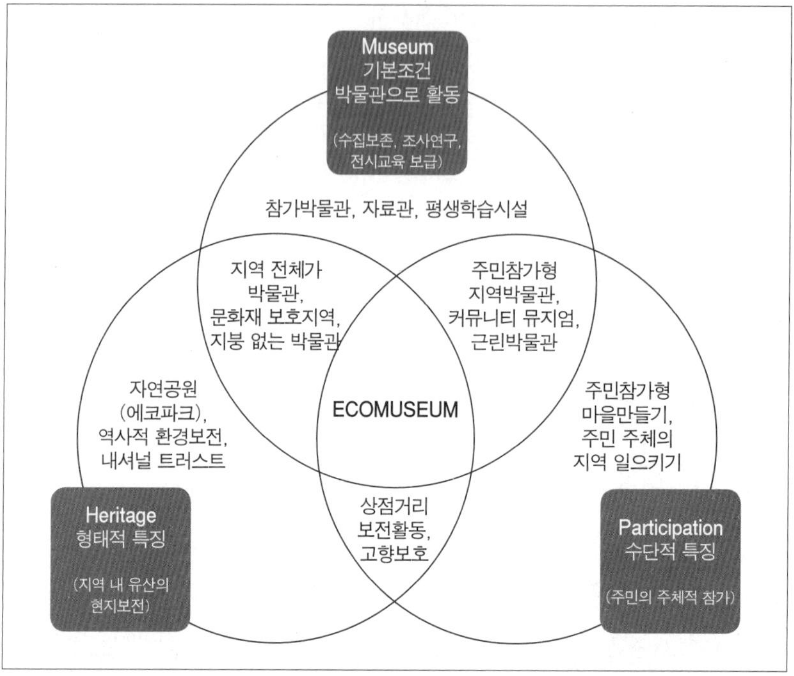

〈그림 5〉 에코뮤지엄 개념(오하라 가즈오키大原一興, 1996)

부분에는 지역주민의 정체성을 확인하기 위한 박물관 활동을 적극적으로 시행하여 주민참가에 의한 조사, 전시 등을 시도하고 있는 박물관의 실제 사례가 있어서, 이 활동이 지역의 자연과 문화유산 등의 현지보존 활동과 결합하게 된다면 에코뮤지엄이라고 할 수 있다.

또한 M(박물관 활동)과 H(유산보존)의 교차 부분에는 지역에 있는 역사유산이나 산업유산, 박물관 등의 네트워크를 짜고 있는 지역도 있다. 서울역사박물관을 중심으로 해마다 진행되는 새문길 박물관길 축제[38]의 경우 지역의 박물관과 지역의 근대 건축물을 중심으로 한 발견의 길 걷기

38) 새문길박물관길축제, http://www.saemungil.seoul.kr/festival/outline.asp, 검색일: 2011. 11. 12. 새문길은 신문로와 정동 일대를 지칭하는 표현이다.

행사 등이 마련되어 시행되는데 이미 에코뮤지엄의 전형적인 형태는 갖추어져 있는 것이므로, 각 지역에 놓여 있는 사이트(site)[39]를 주민참가에 의해서 운영하고 지속적으로 관리해간다면 이것이 에코뮤지엄의 요건을 충족시키는 것이 되는 것이다.

(2) 에코뮤지엄의 중핵박물관과 위성박물관의 구조

에코뮤지엄의 세 가지 요소, 즉 유산, 주민의 참여, 박물관 활동의 세 가지 요소가 이상적인 구조로 상호작용하는 것에 대한 네트워크하는 모형의 구조도를 그릴 수 있다.

최재희는 유산, 주민의 참여, 박물관 활동의 세 가지 요소를 모두 갖춘 것을 중핵박물관으로 보고 세 가지 요소 중에 한 가지 요소가 결핍될 경우 위성박물관으로 보았는데, 이들이 시간과 공간의 축을 연결하는 네트워크를 형성하면서 지역의 삶을 보여준다고 해석하였다. 또한 중핵과 위성으로 이어지는 각 사이트들을 연결하는 길을 발견의 길로 보았다. 이를 그림으로 표현하면 〈그림 6〉과 같다. 에코뮤지엄의 구조에 관한 논의를 크뢰조-몽소 에코뮤지엄의 사례를 통하여 살펴보고자 한다.

크뢰조-몽소 에코뮤지엄은 본격적인 형식을 갖추고 출범한 실험적 에코뮤지엄의 초기 사례로,[40] 초기에는 하나의 중핵박물관과 네 개의 위성박물관으로 구성되어 시작되었다. 즉 베르리 성의 '사람과 산업박물관'이 중핵적인 역할을 하면서 나머지 관들과 유기적으로 연관되었

---

39) 에코뮤지엄을 구성하는 지역의 위성박물관으로 안테나, 새틀라이트 등으로 불린다.

40) 크뢰조-몽소 에코뮤지엄, http://www.ecomusee-creusot-montceau.fr/fla/communaute.html, 검색일: 2011. 9. 20.

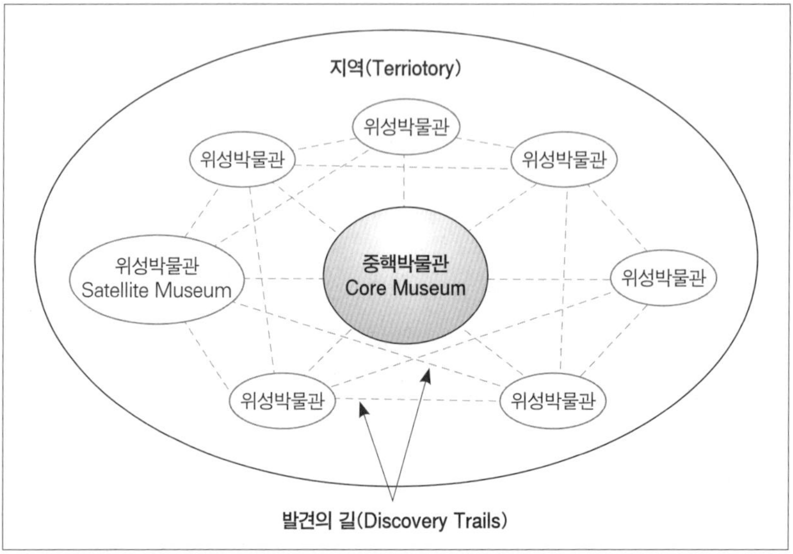

〈그림 6〉 에코뮤지엄의 구조도(최재희, 2002)

는데, 오늘날은 르 크뢰조(Le Creusot)에 위치한 베르리 성, 에퀴스(Ecuisses)에 위치한 운하박물관(musée du canal), 몽소(Montceau)의 블랑지(Blanzy)에 위치한 광산박물관, 몽소의 학교박물관, 시리 르 노블(Ciry-le-Noble)의 벽돌공장(La Briqueterie) 등이 각기 고유한 활동을 통하여 대등한 관계로 연합하여 다양한 활동을 벌이고 있다.

〈그림 7〉은 크뢰조-몽소 에코뮤지엄의 다섯 개의 사이트를 지도에 표시한 것으로, 에코뮤지엄의 브로셔에 나타난 모습이다. 초기에는 중핵박물관인 베르리 성을 중심으로 운영되었다. 최근에는 중핵박물관과 위성박물관의 구조가 아니라 각각이 중핵박물관으로서의 요건을 갖추고 동등하게 활동하는 양상으로 나타나고 있다. 각 박물관은 서로 동등하게 연결되어 있으며, 그들을 연결하는 발견의 길이 각 관을 서로서로 연결하고 있다. 발견의 길을 따라서 만나게 되는 지역의 모든 문화, 유산, 자연, 사람, 생활양식 등이 에코뮤지엄을 이루게 하는 요소인 것이다. 부르

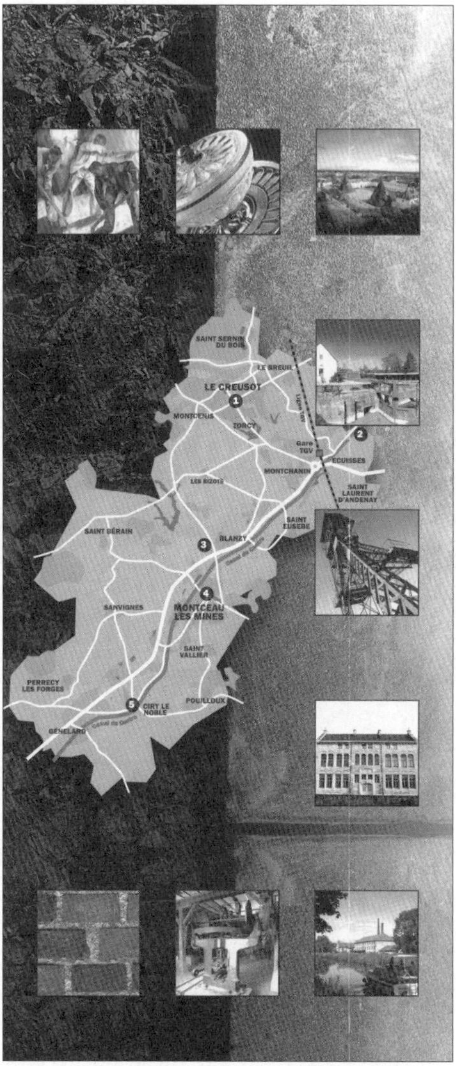

〈그림 7〉 크뢰조-몽소 에코뮤지엄의 브로셔

고뉴 지역의 르 크뢰조, 몽소 레 민, 시리 르 노블 지역을 잇는 이 지역은 주요 산업활동이 유리 제조업, 벽돌 제조업 등에서 광산에서의 석탄 채굴, 철강산업 등으로 이어지면서 집중적으로 발달되었으나 현대에

〈그림 8〉 몽소 레 민의 광산 희생자 추모비

와서는 관련 산업이 사양산업으로 전락하면서 지역 전체가 침체의 위기를 맞은 곳이다. 그러나 지역의 주민들은 과거의 산업유산을 폐기하지 않고 그대로 보존하면서 광산과 철강산업의 거점도시였기에 지역의 정체성과 특수성을 살리기 위해 연구하면서, 노력과 새로운 시도로 지역을 차별화하는 데 성공하였다.

몽소 레 민 시가지에 있는 기념물은 1905년 광산 희생자들을 추모하고자 모은 주민들의 기부금으로 세워졌다. 주민들은 자신들의 조상과 가족들이 광산에서 일했다는 것을 잊지 않고 있으며, 광산으로 생업을 유지해온 것을 자랑스럽게 기억한다. 이러한 지역적인 특성을 배경으로 크뢰조-몽소 에코뮤지엄은 시작된다. 이제부터 각 사이트들의 특징을 살펴보고자 한다.

베르리 성(château de la verrerie)

설립 초기 중핵박물관의 역할을 했던 에코뮤지엄의 중심핵은 베르리 성이었다. 성에는 크뢰조의 산업과 사람들을 포함하여 건물에 대한 역사를 전시할 수 있다. 이 건물은 1786년부터 1832년까지는 유리 제조 공장이었고, 1837년부터 당시 철강산업을 이끌었던 슈나이더(Schneider) 가문의 저택으로 사용되었다. 그러나 철강산업의 쇠퇴로 슈나이더 가문은 쇠락의 길을 걷게 된다. 그러다가 1969년 르 크뢰조에서 이 건물을 사게 되고, 에코뮤지엄이라는 새로운 시도로 1973년 대중에게 공개된 것이다. 성 안에는 가장 중앙에 슈나이더 가문의 저택으로 사용되었던 흰 외벽의 3층 건물이 길게 있고, 원래 유리 공장의 굴뚝이었던 원추형 건물이 두 개 있으며, 별채에 철강산업을 주제로 한 단층 규모의 전시장 건물이 있다.

〈그림 9〉 베르리 성의 전시물이 전하는 지역의 역사

〈그림 9〉의 첫 번째 그림은 슈나이더 가문의 저택이었던 건물의 모습이다. 이곳은 중핵박물관의 역할을 수행하면서 크뢰조-몽소 에코뮤지엄의 중심 역할을 수행하여 왔다. 두 번째 있는 그림은 슈나이더 가문의 저택으로 사용되기 전의 모습으로 '왕비의 크리스탈 제조공장으로 지정된 크뢰조의 전경'이라는 제목이 표기되어 있다. 그 외에 광산 노동자를 묘사한 그림과 슈나이더 가(家)의 초상화, 유리 공예품 등이 전시된 것을 보여주고 있다. 슈나이더 가문의 생활사를 엿볼 수 있는 가구 및 거실이 재현된 공간도 있다. 전시실은 과거의 저택을 그대로 보존한 상태로 전시공간으로 활용되고 있다. 전시물의 범위는 19세기 이후 르 크뢰조 지역과 주민의 역사를 그림, 판화, 사진, 유물, 기록, 마을 디오라마, 건축물을 통해서 보여주고 있는 것이다.

〈그림 10〉은 당초에는 유리 공장의 굴뚝이었으나, 슈나이더 가문의 가족 공연장으로 활용된 소극장이 있는 원추형 건물이다. 1층은 화려한 인테리어를 그대로 보존하고 있는 소극장이 있다. 무대와 천장 벽화, 은

〈그림 10〉 유리 공장의 굴뚝에서 슈나이더 가문의 소극장으로 활용되었던 건물의 외관과 내부

〈그림 11〉 별채 전시장 외관과 광산업 관련 유물

은한 조명과 슈나이더 부부의 지정 좌석이 있다. 지하로 내려가면 유리 제조 공장 시설의 공장 내부를 연결하는 통로가 있는데, 바닥에 레일이 있어서 운반을 용이하게 하기 위한 장치로 활용된 것을 알 수 있다.

그리고 별채는 프랑소와 부르동 아카데미라는 제목이 있는 공간에 전시장이 있다. 건물 입구 양쪽에 강철로 된 사람의 동상이 있다. 철을 녹여서 산업에 활용할 수 있는 기계를 만드는 인간의 모습을 상징한다고 할 수 있을 것이다. 전시 제목은 〈강철, 기계 그리고 사람들〉인데, 증기기관차 모형을 비롯하여 다양한 철강산업 유물들이 전시되어 있다. 패널에는 광산 갱도의 구조도 및 철강산업의 발전사 등이 기록되어 있다. 철강산업의 중흥기 역사와 그곳에 살아간 평범한 광부들의 삶을 하나도 놓치지 않고 전시하려는 듯한 의도가 보이는 전시이다.

운하박물관(musée du canal)

에퀴스(Ecuisses)에 위치한 운하박물관(musée du canal)은 손(Saone) 강과 루아르(Loire) 강을 연결하는 18세기 말엽에 건축된 운하를 보존하고, 상설전시로 이 지역의 산업 발달에 기여한 운하를 주제로 한 역사 및 기억을 보여주고 있다. 1990년에 이 지역 주민들에 의하여 자발적으로 '중부지역운하협회(le Canal du centre association)'가 결성되어 크뢰조-몽소 에코뮤지

〈그림 12〉 에퀴스의 마을 모습과 운하박물관의 모습

엄에 합류하였다. 〈그림 12〉는 에퀴스의 마을 모습과 운하박물관의 모습이다.

체험 프로그램으로는 배를 타고 강을 돌면서 지역을 유람하는 프로그램이 있는데, 1994년에 협회는 60인승 배를 구입하여 강을 타고 수문들을 통과하면서 유람할 수 있도록 하였다. 처음에는 협회의 자원봉사자들이 이 배를 조종했으나 현재는 배의 조종 및 조수 역할을 위한 직원을 고용하고 있으며, 박물관에도 직원을 두어 관리를 도모하고 있다. 에코뮤지엄의 요건 가운데 가장 중요한 주민의 자발적인 참여로 이루어진 박물관이라 할 수 있다. 지역을 가장 잘 이해하는 주민들의 힘이 있었기에 방문객이 지나간 시대의 중요한 운송과 교통수단인 운하를 타고 마을을 관광하는 체험을 할 수 있는 프로그램이 발현된 것으로 보인다.

광산박물관(musée de la mine)

몽소(Montceau)의 블랑지(Blanzy)에 위치한 광산박물관에는 16세기부터 석탄을 채굴하면서 살아온 지역민의 삶과 산업 현장의 자취를 볼 수 있다. 이곳에는 탄광촌의 삶을 주제로 한 상설전시가 준비되어 있다. 광산박물관은 '광산과 사람들(l'association La Mine et les Hommes)'이라는 고고학 연구협회와 블랑지 시가 결연을 맺고 활발한 활동을 추진했다. '탄광과 사람들' 협회의 노력으로 블랑지의 탄광을 허락받아 사닥다리와 90명의 광부가 일했던 광산의 작업현장인 채굴물 집적장 등의 시설을 되찾았다. 건물로 들어가면 먼저 탄광산업을 이해할 수 있는 설명과 비디오 등의 영상자료를 볼 수 있고, 광산 안으로 들어가는 체험을 할 수 있다. 소장품은 크리스탈 결정, 1881년의 사진 앨범, 세고드(Segaud)의 데생, 뒤프티(Dupetit)의 데생, 회화류, 안전에 관한 벽보, 세라믹 등이 있다. 광산박물관 설명글에는 '주민들이 이 석탄 광산 유적지에서 발견하고자 하는 가치는 무엇일까? 그것은 고된 노동과 갱내의 가연성 가스, 희생자들, 그뿐만 아니라 여러 축제들, 석탄 광부들 간의 동지애와 연대감, 탄광촌 경영자의 가족적인 경영을 기억하는 자손들'이라고 표현되어 있다. 국가적인 경제에 중요한 일면의 당사자들이었던 광부의 자손들은 1810년부터 2000년까지 2억 톤의 석탄을 블랑지의 광산에서 채굴했다고 기록되어 있다. 과연 다음 세대에도 이러한 활동이 계속될까? 그들은 스스로 자문하고 대답한다. 지금은 물론 나중에도 찾아볼 수 없을 것이다. 마지막 수직갱도는 1992년에 문을 닫았고, 석탄 채굴은 2000년에 그 생을 마감했다. 그러한 현실을 잘 알고 있기에 에코뮤지엄은 이러한 지역의 역사를 통해 자신을 비추어 보는 거울의 역할을 해주는 것이다. 그리고 그들은 이 거울로 관람객에게도 비추어볼 수 있도록 허락하는 것이다.

〈그림 13〉 학교 건물 책자

공립학교(maison d'école)

〈그림 13〉은 크뢰조-몽소 에코뮤지엄에서 2010년 간행된 출판물로서 어떤 건물과 관련

된 내용을 다루고 있다. 이 건물은 1880년 몽소의 소녀들을 수용하기 위한 공립학교로 건축가 뒤락(Dulac)에 의해서 설계되었다. 학교 박물관은 1988년 역사적 건축물 리스트에 등재되었다. 다섯 개의 교실 중 두 개는 19세기 말에서 1950년대의 교실 모습을 재현하여 전시되어 있다. 그 외에 현재는 20세기 전문적인 학교 교육과 교사에 대한 기획전시가 진행되고 있으며[41] 다양한 박물관의 활동으로 출판과 전시가 진행됨을 알 수 있다.

벽돌 공장(La Briqueterie)

〈그림 14〉는 크뢰조-몽소 에코뮤지엄의 벽돌 공장(La Briqueterie)의 모습으로 시리 르 노블에 위치하고 있다. 19세기 말엽부터 20세기 초에 이 지역의 실재 특산품으로 배레 바토(Vairet-Baudot) 공장에서 만들었던 철분이 들어간 흑벽돌(brique noire de fer)이 거푸집에 담기고 완제품이 되기까지의 수공과정 시연을 볼 수 있다.

지금까지 크뢰조-몽소 에코뮤지엄을 구성하고 있는 박물관들의 전시

〈그림 14〉 벽돌 공장의 모습과 안내판

---

41) 크뢰조-몽소 에코뮤지엄, www.ecomusee-creusot-montceau.fr, 검색일: 2011. 9. 20.

및 활동 내용을 알아보았다. 이밖에도 다양한 기획전시와 출판물 간행, 지역의 교육 프로그램 개발 및 참여 등이 이루어지면서 지역과 유기적으로 연합하고 주민이 자발적으로 만들어가는 진정한 에코뮤지엄의 사례라고 할 수 있을 것이다. 이러한 에코뮤지엄의 근본적인 사상은 타인을 위한 보존과 활용이 아니라 주민 스스로 자신을 거울로 비춰보기 위한 일련의 과정으로 협력하고 새로운 모험을 시도한다는 것에 있다.

김건희는 프랑스의 크리조-몽소 에코뮤지엄의 사례를 통하여 '에코뮤지엄'을 규정하는 핵심개념을 몇 가지로 정리하였다. 첫째, 에코뮤지엄이 지역의 '개발'을 위한 도구로 선택되었다는 점이다. 둘째, 에코뮤지엄은 산업시설을 포함한 문화유산만이 아닌 한 지역의 자연환경까지 대상으로 한다는 점이다. 셋째, 에코뮤지엄은 필연적으로 지역 특유의 정체성을 표출한다는 점이다. 넷째, 지역공동체가 활동의 주체가 된다는 점이다. 다섯째, 협력망 구축을 들 수 있다. 자연자원과 산업시설까지 포함한 문화자원을 보유하고 있는 시설과 연구단체, 지역자치단체 등이 협력망을 구축하여 특정 지역의 부가가치를 높인다는 점이다.[42]

크리조-몽소 에코뮤지엄을 비롯한 프랑스 에코뮤지엄은 커뮤니티의 결성을 통한 지역주민의 자발적 설립, 지역적 연계를 통한 지역 활성화, 지역문화유산의 보존 및 재해석, 지역 내 교육기관과의 연계, 근대 산업화 관련 시설의 보존 등을 주요한 특징으로 한다.

42) 김건희, 「열린 박물관과 열린 사회: 에코뮤제와 지속가능성」, 『문화예술경영, 이론과 실제』 제1권, 문화예술경영학회, 2008, 196-197쪽.

3. 에코뮤지엄의 개념 발전

에코뮤지엄은 프랑스어권에서 스페인어권, 포르투갈어권, 이탈리아어권 등 라틴계 나라들로 퍼져나가는 경향이 있으며 전 세계로 에코뮤지엄의 이념이 퍼져서 최근에 남아메리카와 아프리카의 여러 나라 그리고 오세아니아, 아시아에도 보급되고 있다. 영국에서는 에코뮤지엄이라는 표현은 쓰지 않고 내셔널 트러스트(national trust), 시빅 트러스트(civic trust), 그라운드워크 트러스트(groundwork trust) 등이 활발히 기능하고 있다. 에코뮤지엄의 개념은 전 세계로 퍼져나갔고 그 과정에서 개념도 발전하게 된다. 신현요는 「에코뮤지엄의 발전과 개념적 특징에 관한 연구」에서 전통적인 박물관에서 에코뮤지엄의 개념으로 발전하는 과정을 정리한 바 있는데, 이를 보완 정리하면 〈표 1〉과 같다.

에코뮤지엄의 개념 발전과정은 먼저 에코뮤지엄의 전신이라고 할 수 있는 19세기 후반 스웨덴, 이탈리아, 노르웨이의 야외박물관에서 시작된다고 볼 수 있다. 1946년 박물관 전문인들의 모임인 국제박물관협의회가 창설되는데 이때 초대 회장으로 리비에르가 선임되었다. 주지하는 바와 같이 리비에르는 에코뮤지엄의 이상을 먼저 제안한 사람으로 바린과 함께 에코뮤지엄을 실현하는 데 공헌한 사람이다. 1950년대에서 70년대에 이르면서 새로운 박물관학이 대두되기 시작하는데 이 과정에 박물관의 경영과 전시, 교육을 관람객과 소통하는 것에 대한 모색이 진행된다.

1971년 프랑스에서 개최된 ICOM 총회에서 에코뮤지엄의 용어 제안이 수용되었고, 1972년 스웨덴에서 개최된 ICOM 세미나에서 에코뮤지엄의 개념과 용어가 공인되었다. 또한 같은 해 칠레 산티아고 선언에서 유산의 주민과 함께 지역사회에 기여, 박물관의 새로운 역할을 선포하

〈표 1〉 에코뮤지엄의 개념 발전과 특징

박물관 변천	시기	주요국가	명칭		특징
에코뮤지엄의 전신 (pre-ecomuseums)	1873	스웨덴	노르디스카(Nordiska)		지역의 문화와 생활양식 전시
	1891	스웨덴	스칸센 야외뮤지엄 (Skansen, Freilichtmuseum)		최초의 야외박물관
	1894	이탈리아	피에트레(Museo Pitr)		지역주민의 생활도구와 문화 전시
	1895	노르웨이	노르스크(Norsk Folkemuseums)		노르웨이 국가 정체성
대중교육박물관 (open museum)	1914 1918	독일	하이마트 박물관(heimatmuseum)		주민과 지역문화 정치적 홍보
	1935	프랑스	대중문화예술 박물관 (Musée d'Arts et Traditions populaire)		대중문화예술
국제박물관협의회 창설(Organization of ICOM)	1946	프랑스	국제박물관협의회(ICOM) 창설		리비에르 초대 회장 선임
새로운 박물관학 (Towards the New Museology)	1950	미국	민속박물관 (folklife museums)	재미-노르웨이 민속박물관 (Norwegian-American Folklife Museum)	소수민족문화 보존
	1960	덴마크	체험박물관 (atelier museum)	엠플린 (muse enpleine air)	체험박물관의 시초
				덴마크 박물관 (Denmark museums)	
	1967	미국	애너코스티아 박물관 (Anacostia Neighborhood Museum)		미국 흑인 생활문화
	1970	미국 영국	지역사박물관 (small museums, industrial and rural history)		지역의 역사와 산업
	1970 년대	영국	새로운 박물관학 (Nouvelle Muséologie)		전문가와 관람객의 경영 참여, 유산 개념의 재인식과 재해석
에코뮤지엄 용어의 제안(Ecomuseum, Word Proposal)	1971	프랑스	프랑스 ICOM 회의 (ICOM conference in France)		박물관의 정의의 변화 에코뮤지엄의 발명과 이념의 소개

(계속)

박물관 변천	시기	주요국가	명칭	특징
에코뮤지엄 용어의 공인(Recognition of Word, Ecomuseum)	1972	스웨덴	스웨덴 ICOM 세미나 (International Seminar of ICOM)	환경문제 해결, 자연과 인간 환경, 에코뮤지엄의 정의
유산의 개념 정립 (Change of Heritage concept)	1972	칠레	산티아고 선언(Santiago Declaration)	주민과 함께 지역사회에 기여, 박물관의 새로운 역할
에코뮤지엄 탄생 (Realization of Ecomuseum)	1973	프랑스	르 크뢰조-몽소(Le Creusot-Montceau)	최초의 에코뮤지엄
		영국	랑 드 가스콘느(Landes de Gascogne)	지역사회와 자연환경을 이용한 세계화
시대 변화를 반영한 에코뮤지엄 (Contemporaneous ecomuseums)	1980		환경예술 모임(Common Ground)	사람과 장소로 연계된 환경예술
	1980년대	프랑스	우송 농촌박물관 (Usson en Fores Rural Museum)	지역사 보존 및 지역의 전통, 건물, 일상생활 관련 유물로 구성
			렌느 에코뮤지엄 (Écomusée du Pays de Rennes)	
		이탈리아	산마르티노(San Martino di Bentivoglio)	
		스웨덴	베르그슬라겐 에코뮤지엄 (Bergslagen Ecomuseum)	지역사회와 지자체 간의 협조를 바탕으로 한 포괄적 개념
			컴토이즈(Musées des Techniques et Cultures Comp-tolses)	
		프랑스	알자스 에코뮤지엄(Écomusée d'Alsace)	알자스 주민의 삶과 생활문화, 건축물
		네덜란드	조이데르 뮤지엄(Zuiderzee Museum)	어촌에서 농촌마을로 변화로 에코뮤지엄 도입
		프랑스	방데 에코뮤지엄 (Écomusée Départemental de Vendée)	관광경영 시스템 도입
		캐나다	피에몽드 에코뮤지엄 (Écomusée du Fier Monde)	도시노동자와 마을 주민의 지역 만들기
	1984	포르투갈	새로운 박물관학을 위한 국제운동 (MINOM. International Movement for a New Museology)	주민참여, 지역사회에서 박물관의 역할
지역 활성화의 개념발전 (Ecomuseum for Regional Activation)	1988	프랑스	프랑스 에코뮤지엄협회 (Fédération des Écomusées et des musées de société)	지역발전과 관광발전 접근방법으로의 에코뮤지엄

(계속)

박물관 변천	시기	주요국가	명칭	특징
글로벌 시대의 에코뮤지엄 (Ecomuseums in the era of globalisation)	1990	이탈리아	지역경제연구소 IRES(Istituto Ricerche Economico Social)	지역문화에 대한 연구
	1995	일본	일본 에코뮤지엄협회 (Japan Ecomuseum Society)	본격적인 에코뮤지엄 계획 시작
	1997	스칸디나비아	스칸디나비아 네트워크 (Scandinavia network)	박물관 간의 협력, 교육활동 증가, 에코뮤지엄의 전문화
		프랑스	프랑스 에코뮤지엄협회 발전 (French Federation)	에코뮤지엄의 전문화, 수적 증가
유럽 에코뮤지엄 네트워크(Europe ecomuseum network)	2004 ~	유럽	유럽 에코뮤지엄 네트워크 (Long Term Ecological Research Network)	에코뮤지엄의 유럽 네트워크화로 협력계획 실행

게 된다.

1973년 프랑스에서 최초로 에코뮤지엄이 실행되게 되는데 크뢰조-몽소 에코뮤지엄과 랑 드 가스콘느 에코뮤지엄이다. 특히 크뢰조-몽소 에코뮤지엄은 산업시대의 잔유물이며 사양산업이 된 석탄산업 지역을 에코뮤지엄으로 지정하면서 계속되는 모험적 시도를 시행하여 '크뢰조의 모험'이라 칭해진다.

1980년에 이르러서는 프랑스, 이탈리아, 스웨덴, 네덜란드, 캐나다 등의 국가에서 다양한 에코뮤지엄이 발현되는 시기이다. 1984년 새로운 박물관학을 위한 국제운동에서는 박물관 활동에 주민참여와 지역사회에서 박물관의 역할에 대한 논의가 이루어진다. 1988년 프랑스에서 에코뮤지엄협회가 발족되어 지역발전과 더불어 관광발전에 대한 접근이 시도된 에코뮤지엄이 등장하기 시작한다. 이탈리아는 1990년 지역경제연구소가 설립되어 지역문화에 대한 연구가 활발하게 진행되기 시작한다. 일본에는 1995년 에코뮤지엄협회가 창설되면서 마을만들기와 지역 활성화의 일환으로 에코뮤지엄이 계획되고 실행된다. 1997년에는 스칸디나비아 네트워크가 조직되고 에코뮤지엄이 전문화되고 박물관 간의 협력과 교육활동이 증가한다. 이 무렵 프랑스의 에코뮤지엄 협회 가입회원도 증가하면서 더욱 활성화하는 양상을 보인다. 2004년에 유럽 내의 에코뮤지엄 간 네트워크가 조직되고 협력적인 계획이 실행된다.

이러한 발전과정을 거친 에코뮤지엄은 새로운 박물관학에 대한 시대적인 요구와 글로벌 시대에 부응하여 지역의 힘이 주민 자신의 힘으로 결집되어 세계로 향할 수 있는 가능성을 보여주고 있다. 문화가 사회적 · 지역적 · 역사적 맥락에 있음에 대해 『문화의 세계화』에서 장-피에르 바르니에는 말한다. "문화는 한 사회의 구성원인 인간이 취득한 규범, 습관 그리고 행동과 표상 지침으로 이루어진 복잡한 총체이다. 모든 문화는 특수한 것이고 지역적 · 사회적으로 구분되면 주어진 한 언어 안에서의 담론의 표현 대상이고, 집단과 개인들에게는 정체성과 다른 사람에 대한 차이를 만드는 요소이며, 사회 성원들이 서로에 대해 그리고 그들의 환경에 대해 가지는 방향 지시의 요소이다. 모든 문화는 역사적 맥락에 따라 재구성된 전통들을 통해 전달된다."[43] 문화의 특수성과 정체성을 논하기에는 너무도 작고 사소하고 심지어 보잘 것없다고 여겨질 수밖에 없었던 평범한 사람들의 일상과 고달픈 삶, 그들이 살고 있는 평범한 농촌마을 또는 모두가 떠나버린 광산마을이 세계 박물관의 역사 속으로 들어와 세계인의 주목을 받을 수 있는 시대가 에코뮤지엄의 힘을 통해서 열린 것이다.

그렇다면 이러한 에코뮤지엄의 시대에 우리나라의 소외된 공간, 모두 다 떠나버린 공간에도 에코뮤지엄의 이상을 실현시킬 수 있는 가능

43) 장-피에르 바르니에, 『문화의 세계화』, 주형일 옮김, 한울, 2000, 25쪽.

성은 없는 것인가? 이에 대한 논의의 장으로 이 시대 한국의 농촌을 에코뮤지엄의 대상으로 보고자 한다. 도시화와 산업화에 밀려 내어주고, 버리고 모두가 떠난 현장에 대해서 다시 한 번 돌이키고 지나간 세월과 역사의 현장을 증명하고 다시 농촌의 주민들이 주인공이 되고 지역의 자연과 전통을 되살려 현실에서 가능한 대안을 모색하고자 한다.

4. 에코뮤지엄에 대한 국내 연구 현황

에코뮤지엄에 대한 연구가 우리나라에서 논의되기 시작한 것은 2000년대 초부터였다. 에코뮤지엄에 대한 선행연구의 양상은 대체로 네 가지로 분류된다. 첫째는 에코뮤지엄의 개념에 대한 연구이다. 둘째는 에코뮤지엄의 발전과정에 대한 연구이다. 셋째는 프랑스, 일본 등 에코뮤지엄을 운영하고 있는 다른 나라의 사례 및 특징에 대한 연구이다. 넷째는 에코뮤지엄의 국내 적용에 관한 연구이다. 연구자들이 에코뮤지엄에 대해 관심을 갖는 부분은 지역, 주민, 주제 등 다양한 시각에서의 접근이 시도되고 있다. 그동안 우리나라에서 전개된 에코뮤지엄 관련 연구는 다음과 같다.

첫째, 에코뮤지엄의 개념에 대한 연구이다. 최효준은 「서양미술제도사에서 '에코뮤지엄' 개념의 전개와 그 현재적 의미」에서 서양미술제도사의 새로운 움직임의 하나로 등장한 에코뮤지엄이 갖는 현재적 의미에 대한 모색으로 그동안 우리나라에서 시도된 에코뮤지엄 유사사례들을 논의하였다. 젊은 건축가들이 주축이 되어 강원도 태백시 철암 지역을 살리기 위한 '철암 지역 건축도시작업팀'의 '철암 빌리지움'의 사례와 충북 청주시에서는 청주역사자료관의 건립 방침을 위한 청주대학교의 연구 성과 등을 주시하였다. 물적 · 인적 · 가치적 요소가 현실이라는 토양 속에 융합되어 자각과 자성을 촉발하여 개별적 · 공동체적 차원에서 변화를 일으키는 '거울'로서 에코뮤지엄에 대해서 논하면서 현대의 거대화되며 지구화되는 포스트모던 뮤지엄식 발전 모델의 사각지대인 농촌과 산촌에도 생태적 미술관은 만들어질 수 있음을 발견하였다. 또한 지구화가 아닌 지역화, 소외가 아닌 참여로 여는 장(場)으로서 향후 미술관이 나아갈 비전에 대한 가능성을 제시하였다.[44] 에코뮤지엄의 도입에 대한 연구를 통하여 미술과 지역의 문제를 심도 있게 고민하면서 미술이 지역주민의 삶을 풍요롭게 할 수 있다는 것에 대한 연구이다.

이재영은 「프랑스 에코뮤지엄 개념의 형성과 발전과정 연구」에서 프랑스 에코뮤지엄 개념의 기원에 대해서 사상과 철학에 관련지어 개념의 탄생과 형성배경, 정의에 관한 논쟁, 정체성의 속성 등에 대해 성찰하였다. 에코뮤지엄은 사라져가는 지역문화를 보존하려는 목적과 함께 전통박물관의 개념을 바꿔보고자 "주민들 스스로가 인식하려는 노력이며, 이전 세대뿐만 아니라 인간과 자연환경과의 관계를 탐색하는 거울이 된다. 또한 그것은 지역주민의 직업, 풍습, 특성에 대한 이해를 촉진하기 위해 방문객에게 제공된 이미지이기도 하다."고 표현하고 있다. 특히 리비에르가 말하는 '거울'에 대해서는 다음과 같이 서술하고 있다.

> 여기서 '거울'의 의미는 박물관에 대하여 수동적인 시각을 가졌던 주민(또는 방문객)의 반성 또는 자각의 의미로 사용되며, 주민들 스스로가 자기가 살고 있는 지역에 대해 자긍심을 느끼고 정체성을 고취하는 것이다. 이러

---

44) 최효준, 「서양미술제도사에서 '에코뮤지엄' 개념의 전개와 그 현재적 의미」, 『예술경영연구』 제1집, 2001.

한 거울의 개념은 에코뮤지엄 용어의 탄생배경에서 매우 중요하다.[45]

바로 이 점이 프랑스의 에코뮤지엄이 독일과 북유럽의 '문화적 정체성의 박물관'과는 다른 점임을 주목한다. 프랑스 에코뮤지엄의 궁극적인 목적은 특정지역 주민의 자기이해를 심화시키는 데 있다는 것이다. 즉, "전통박물관이 가지고 있었던 거울 이미지의 형이상학뿐만 아니라, 모든 사람이 소유는 하고 있지만 좀처럼 의식하지 않고 있는 문화적 지혜를 이끌어내는 소크라테스적 문답식 과정에도 참여한다고 보았다."[46] 이는 에코뮤지엄이 태동하여 탄생되기까지 프랑스인들이 중요하게 발견한 가치가 무엇인가를 발견하는 단초를 제공한다. 결국 어느 지역에서 어떤 형태로든 발생하고 전개될 수 있는 에코뮤지엄의 다양성과 함께 결코 간과해서는 안 되는 주민의 자기이해의 문제를 강하게 제기하였다.

둘째, 에코뮤지엄의 발전과정에 대한 연구이다. 신현요는 「에코뮤지엄의 발전과정에 대한 연구」에서 에코뮤지엄의 개념 변화에 대해 여섯 가지로 요약하였다. 장소 보존과 연계된 야외박물관으로서의 특징, 에코뮤지엄이 사회적 변화와 요구에 능동적인 진화의 개념을 갖는다는 것, 복합적인 학문 성격의 지역사회와의 지속가능한 발전을 위한 관광자원 발굴에 유용한 도구로 사용된다는 점, 커뮤니티의 보존과 주민 주도적 운영으로 지역사회와 밀접한 관계성을 갖는다는 점, 관람객이 직접 참여하는 체험전시의 방식을 취하고 있다는 점과 이로 인한 다양한 교육 프로그램의 발전, 에코뮤지엄이 갖는 장소의 보존성이 그것이다.

---

45) 이재영 외, 「프랑스 에코뮤지엄 개념의 형성과 발전과정 연구」, 『EU연구』 제28호, 한국외국어대학교 EU연구소, 2011, 230-231쪽.

46) 위의 글, 244쪽.

특히 유산으로서 장소는 건축, 생활풍습, 언어, 직업, 물질적인 것과 비물질적인 것이 전통적인 것과 현재의 환경적인 것과 함께 정의된다는 것을 말한다.[47] 에코뮤지엄의 발전과정을 일목요연하게 정리하면서 세계로 전파된 시기를 정리한 연구이다.

여경진은 「일본 에코뮤지엄의 형성과 목적」의 연구에서 일본에 있어서 에코뮤지엄의 형성과 목적은 새로운 지역개발을 모색하고 있는 지방 자치단체와 그러한 모색을 지도 또는 협력하는 입장에 있는 학회, 협회 및 컨설턴트 회사 등이 에코뮤지엄에 대해서 큰 관심을 가져온 것에 기인한다고 보았다. 따라서 일본의 지역에 있어서 에코뮤지엄은 박물관이라기보다는 지역개발을 위한 새로운 수단의 하나로서 파악할 수 있다고 파악하였다.[48] 일본에서 에코뮤지엄이 어떻게 받아들여져서 마을만들기에 적용되었는지를 보여주는 연구이다.

셋째, 프랑스, 일본 등 에코뮤지엄을 운영하고 있는 다른 나라의 사례 및 특징에 대한 연구이다. 이민경은 「지역 활성화를 위한 농촌마을간 네트워크 방안 연구: 일본 아산 라이브 뮤지엄을 대상으로」에서 일본 아산 라이브 뮤지엄의 사례 분석을 통하여 지역 간 네트워크를 통한 에코뮤지엄 구현의 필요성을 주장한다. 연구자는 산업화와 도시로의 인구집중에 의해 우리의 옛 삶의 터전인 농촌이 소외당하는 사회적 문제점에 대한 대책으로 정부에서 지금까지 농촌지역 활성화를 위해 많은 사업들을 추진해왔으나 이러한 사업들은 도시적인 편리성에서는 만족할 만한 성과를 이루어낸 반면에 농촌의 고유한 환경을 파괴하는 문제를 야기하였음을 지적하면서, 경제적인 측면에 초점을 두고 있는 농촌관광이나, 그린 투어리즘, 장소판촉과는 구별되는 에코뮤지엄 개념의

---

47) 신현요, 「에코뮤지엄의 발전과정에 대한 연구」, 『청주대학교 대학원 우암논총』 제28집, 2006.

48) 여경진 외, 「일본 에코뮤지엄의 형성과 목적」, 『농촌관광연구』 제14권 1호, 2007.

도입을 주장한다. 이러한 취지 아래 지역의 강력한 네트워크를 통해서 농촌이 협력적인 관계로 공생하는 방안을 제시하면서, 그 모델 사례로 일본의 아산 라이브 뮤지엄을 분석한다.

1990년 일본 본토에서 도쿠시마 현을 연결하는 아카시대교를 건립하면서 이 대교가 1998년 개통될 때, 그 위치상으로 잘못하면 주변의 대규모 도시인 오사카나 고베에 경제적 · 정신적 · 문화적으로 예속되어 지역 정체성이 모호해질 것에 대한 우려로 인근 마을과 협의하여 아카시대교와 이 지역의 마을들을 진흥시킬 방법을 연구하게 되었다. 이타노, 가미타, 도나리의 세 개 마을의 주민들과 행정기관, 대학, 연구소 등의 전문가 등이 함께 수없는 토론과 시행착오 끝에 '지역 특색과 독특함', '구체적인', '전례에 없는', 그리고 '주민들이 주인공'이라는 매우 중요한 키워드를 이끌어내어 이를 정리해 1992년 '에코뮤지엄' 개념을 도입한 마을 발전방안을 수립하였다. 이 세 개 마을은 옛날부터 여러 행태로 연계되어 왔으며, 현재는 도쿠시마 현 북부의 중심기능을 담당하고 있다.

이 사례연구를 통해 지역 활성화를 위한 농촌마을 간의 네트워크를 추진할 때 고려할 조건들을 도출한다. 먼저, 각 마을 간의 공통된 주제를 발굴하여 연계시키도록 한다. 마을 간의 연계는 하나의 시발점으로 공통된 주제를 찾도록 한다. 다음으로, 네트워크화된 마을의 공통된 테마를 바탕으로 각 마을만이 지니고 있는 독특한 특색 등의 정체성과 고유성을 발굴하여 다른 지역과 차별시키고 지역의 특정 체험활동을 활성화시키도록 한다. 세 번째로, 마을의 위치가 가능한 인접해 있거나 전용 교통수단을 이용하여 하나의 루트로 연계시킬 수 있도록 한다. 끝으로, 마을의 주인은 주민이고, 주민들의 주도 없이는 지역 자체의 활성화는 기대할 수 없으므로 지역주민의 자발적이고 적극적인 참여가 이루어져야 하는 것은 가장 중요한 일이다. 지역유산을 활용하여 우리의 농촌마을을 활성화시키자는 사업이 다양하게 추진되고 있고, 지역주민들도 예전의 소극적인 자세에서 적극적인 모습으로 변해가고 있는 시점에 위 사례의 시사점을 반영하여 마을의 네트워크 방안을 모색하고 연구를 계속적으로 진행해나간다면 농촌다움을 잃지 않으면서도 우리 농촌의 여러 마을 또는 지역의 활성화에 도움을 주는 방안이 될 수 있을 것으로 본다.[49] 일본의 지역 네트워크 에코뮤지엄 사례를 연구한 것은 의미가 있는 연구라고 본다. 우리나라에도 적용 가능한 모델이 도출될 수 있을 것이라고 보고 이러한 연구를 바탕으로 적용에 관한 연구가 이루어져야 할 것이다.

박정연은 「영국의 오픈 에어 뮤지엄(Open-Air Museum)과 프랑스 에코뮤지엄(Eco museum)의 특징 비교연구」를 통하여 오픈 에어 뮤지엄과 에코뮤지엄의 인식 차이를 규명하고 있다. 지역 내의 일정한 공간에 뮤지엄마을을 구성하는 경우가 많은 오픈 에어 뮤지엄의 경우 다른 곳에 있는 건물을 해체한 후 뮤지엄 부지에 다시 설립하는 경우가 많다. 한편 지역 전체를 뮤지엄으로 인식하는 에코뮤지엄은 대부분 지역 내의 건물을 그대로 보존하고 있다는 것을 비롯한 양자의 차이점에 대해서 논하였다.[50] 영국과 프랑스의 각기 비슷하면서도 다른 의미의 야외박물관 형태인 오픈 에어 뮤지엄과 에코뮤지엄에 대해서 논하고 있다.

마지막으로 우리나라에서의 현실에 에코뮤지엄을 적용하는 것에 대한 연구이다. 방한영은 「농촌 활성화 정책과 지역 통째로 박물관, 에코뮤지엄」에서 농촌 활성화 사업 가운데 행정자치부에서 진행한 '아름마

---

49) 이민경 외, 「지역 활성화를 위한 농촌마을 간 네트워크 방안 연구: 일본 아산 라이브 뮤지엄을 대상으로」, 『한국농촌건축학회 논문집』 제6권 1호(통권16호), 2004.

50) 박정연, 「영국 오픈 에에 뮤지엄(Open-Air Museum)과 프랑스 에코뮤지엄(Ecomuseum)의 특징 비교연구」, 경희대학교 대학원 미술학과 석사학위논문, 2010.

을 가꾸기 사업'과 농림수산식품부의 '그린 투어리즘' 사업에 대한 검토를 통해 사업의 계획과 진행과정에 농촌 현장의 농민이 소외된다는 것과 가시적인 결과물과 소득 증대에만 치우쳐서는 진정한 농촌 활성화를 이룰 수 없음을 발견한다. 진정한 농촌 활성화를 이루기 위한 대안으로 에코뮤지엄의 모델을 적용할 것을 제시하고 있으며, 그 과정에 일본의 농촌마을의 사례로 아사히마치 에코뮤지엄과 아산 라이브 뮤지엄을 검토하고 있다. 그 결과 농촌 활성화 사업들이 성공하기 위해서는 계획 수립과 사업 진행에 있어서 몇 가지 전제가 있어야 한다는 점을 도출한다. 먼저, 계획에서 건설까지 모든 부분에 있어서 주민참여의 수준을 뛰어넘어 주민이 주도하는 계획이 이루어져야 한다. 다음은 농촌지역 활성화의 궁극적인 목표를 소득 증대에만 두지 말고, 지역주민의 자긍심을 높이도록 해야 한다. 끝으로 짧은 기간에 수립된 사업기간이나 계획에만 의존하여 이미 계획된 틀에 맞추어 예산을 사용하는 데 집중하는 것보다 사업의 진행 중에도 지속적으로 주민의 토론과 부분수정을 할 수 있으면 수정을 하면서 진행해야 한다. 회계연도 1년을 기준으로 하지 말고, 장기적인 계획이 요구되며 가시적인 성과를 도출하기보다 농촌지역 활성화에 중점을 두어야 한다는 것을 주장한다.[51] 농촌의 현실이 안고 있는 문제점을 잘 진단하였고, 그 문제점에 대한 대안으로 농촌형 에코뮤지엄의 사례인 일본의 아사히마치 에코뮤지엄과 아산 라이브 뮤지엄을 검토한 좋은 연구라고 본다. 다만 정부에서 하는 사업에 에코뮤지엄의 이상을 실현하려는 발상이 논리적으로 충돌함을 발견할 수 있다. 이미 정부가 주도권을 갖고 있으면서 정부에서 제시한 사업의 제안에 주민의 의견이 반영되어서는 주민의 역할이 끼워 맞추

---

51) 방한영 외, 「농촌 활성화 정책과 지역 통째로 박물관, 에코뮤지엄」, 『한국농촌건축학회 논문집』 제4권 3호(통권12호), 2002.

기식으로 들어가는 정도밖에는 될 수 없기 때문이다.

최재희는 「에코뮤지엄(Ecomuseum) 개념을 도입한 공예박물관 연구」에서 삶과 예술의 분리에 대한 비판으로 등장한 에코뮤지엄의 특징인 일상 속의 예술, 자연환경의 보존, 지역주민의 참여 등에 대해 논하면서 공예와의 본질적인 특성 면에서 접점을 모색하였다. 그 결과 새로운 박물관의 전형이 될 수 있는 에코뮤지엄의 개념을 도자문화의 특성이 강한 경기도 이천 일대에 적용시키는 방안에 대해 논하였다.[52] 이천에 대한 이해를 바탕으로 도자기 공예 특화지역으로 보았으나 지역과 유산의 관계, 주민의 적극적 참여에 대한 고려가 나타나지 않는다.

김수미는 「에코뮤지엄 실현을 위한 청주 시민의 지역유산에 대한 보전의식 고찰」에서 에코뮤지엄과 전통적 박물관의 차이점을 두 가지로 보았다. 하나는 지역사회와 주민과의 일체화, 즉 '주민의 주체적 참가'이고 다른 하나는 지역 내 '지역유산의 현지보존'이라는 점이다. 이러한 에코뮤지엄의 관점에서 청주 시민의 지역유산에 대한 주민의식을 조사하였다. 그 결과 청주에코뮤지엄이 가능하기 위하여 청주 시민의 지역유산에 대한 관심과 접근 가능성이 요구된다고 보았으며, 시민대표, 전문가, 연구자, 행정으로 구성된 지역 만들기가 촉구됨을 논하였다.[53] 에코뮤지엄에서 가장 중요한 요소인 주민의 적극적 참여를 모색하는 연구로 볼 수 있다.

최효승은 「에코뮤지엄 개념의 농촌계획 적용가능성에 대한 연구」에서 에코뮤지엄의 형태적 특징은 문화유산에 주로 국한되었던 지역유산 개념을 확대하여 역사문화유산은 물론 자연유산과 산업유산까지 개

52) 최재희, 「에코뮤지엄(Ecomuseum) 개념을 도입한 공예박물관 연구」, 경희대학교 경영대학원 문화예술경영학과 석사학위논문, 2002.

53) 김수미 외, 「에코뮤지엄 실현을 위한 청주 시민의 지역유산에 대한 보전의식 고찰」, 『대한건축학회』 제21권 1호, 2005.

념을 확대하고 그것을 현지보전하는 것이라고 보았다. 이러한 에코뮤지엄의 형태적 특징이 농촌마을 종합계획 수립 등에 적극적으로 수용되고 있다고 보았다. 그러나 에코뮤지엄의 또 다른 특징인 '주민의 주도적 참여'라는 수법적 특징은 이러한 정부의 농촌마을 활성화 관련 계획 수립에 아직 반영되지 못하고 있는데, 이런 현상이 지속되는 원인은 '주민의 주도적 참여'가 어려운 것이 현실의 한계라고 문제를 제기한다. 이러한 상황을 배경으로 농촌지역인 금산군을 대상으로 지역 전체를 에코뮤지엄으로 하는 기본계획을 구상하여 진정한 상향식 계획에 의한 지역 가꾸기의 모델로 제시하는 것을 목적으로 하여 연구한 바 있다. 뜻은 있으되 그 뜻을 실현하는 방법과 기술 면에서 서툰 주민들의 생각을 끌어내고 주민이 직접 만들어가는 과정에 전문가나 행정의 도움이 필요하다는 것과 주민도 자신이 속한 생활환경에 대해 깊이 성찰하고 이해하는 것이 필요하다는 것을 발견하였다. 또한 주민의 주도적 참여에 의한 상향식 계획의 수립은 장시간이 소요되지만 가능하다는 결론을 도출하였다.[54] 지역의 주민과 그 지역에 애착을 갖는 외부인도 주민의 영역으로 끌어들여서 지역의 문제를 토론하고 함께 고민하는 과정에 지역의 미래상이 도출될 수 있다는 점과 시간이 걸려도 주민을 일깨우는 과정이 필요하다는 것을 주장하고 있다.

김춘식은 「에코뮤지엄의 개념을 도입한 지역박물관의 활성화 방안: 부평역사박물관을 중심으로」에서 일상 속에서 지역주민과 문화예술, 산업, 환경과의 소통을 이루며 지역문화의 보존과 지역박물관의 활성화를 더 나아가 지역의 활성화를 이루고 있는 유럽의 에코뮤지엄 개념

---

54) 최효승, 「에코뮤지엄 개념의 농촌계획 적용가능성에 대한 연구」, 『청주대학교 산업과학연구』 제24권 2호, 2007.

을 부평역사박물관에 도입하는 방안을 제안하고자 하였다.[55] 그러나 부평역사박물관이라는 중핵박물관 외에는 지역의 다른 유산 개념이나 위성박물관을 이끌어내지 못한 한계점을 보인다.

최경희는 「한국형 에코뮤지엄 정착 연구: 북촌 마을을 중심으로」에서 역사와 문화 마을인 북촌 한옥마을을 도시형 에코뮤지엄으로 제안하면서 북촌 주민의 삶의 질 제고와 유산의 가치상승 등을 이룰 수 있도록 지역의 정체성 확보 및 주민과 행정, 전문가의 협력 구축이 요구됨을 주장한 바 있다. 이를 위해 주민 커뮤니티센터 설립과 활동, 북촌 보존과 테마별 투어 코스, 축제 개발, 한옥 체험 등 활용에 대한 프로그램의 촉구, 그 외에 인사동, 삼청동과의 연계 등을 방안으로 제시하였다.[56] 그러나 지역의 유산을 어떻게 에코뮤지엄의 구조로 끌어낼지에 대한 구체적인 작업, 즉 중핵박물관과 위성박물관에 대한 구조가 제시되지 않았다. 또한 에코뮤지엄이 성립되기 위해서 가장 중요한 요건인 지역주민의 자치적인 움직임이 있는지 동향이 어떠한지에 대한 연구가 이루어지지 않은 한계를 보인다.

윤재웅은 「에코뮤지엄으로서의 미당시문학관의 발전가능성에 대한 고찰」을 통하여 지역과 문학이 결합한 에코뮤지엄을 논하였다. 그는 문학의 성채인 '책'의 몰락에 대하여 논하면서 다음과 같이 말한다.

> 문학은 이제 단순히 '읽는 대상'이 아니라 '소통하고 향유하는 대상'으로 발전해가고 있다. '소통과 향유'의 가장 극적인 방식은 리터러시 주체들이 책-제국의 신민이라는 직분으로부터 해방되는 것이다. 문자와 기호들

---

55) 김춘식, 「에코뮤지엄의 개념을 도입한 지역박물관의 활성화 방안: 부평역사박물관을 중심으로」, 명지대학교 문화예술대학원 박물관학과 석사학위논문, 2008.

56) 최경희, 「한국형 에코뮤지엄 정착 연구: 북촌 마을을 중심으로」, 홍익대학교 미술대학원 석사학위논문, 2009.

은 음성이나 영상으로 훌륭하게 대체되며, 3차원 펄프 위에 고착되는 것이 아니라 전자기 신호로 변신해 시간과 공간을 자유롭게 넘나들며 존재한다. …… 즉 '읽기 리터러시'에서 '보기 리터러시'로, '지각의 대상'에서 '감각의 대상'으로, '문자 텍스트'에서 '다양한 컨버전스의 복합 텍스트'로 힘의 균형이 이동하게 될 것이다. 이것이 소통과 향유의 대상으로서 문자 텍스트가 미구에 맞이하게 되는 운명이다.[57]

그는 문학에 근거한 문화체험으로서의 관광지의 개념을 적용하면 시인의 고향마을이야말로 '활동형 텍스트'로서 최적지라고 보았다. 미당시문학관은 미당 서정주 시인의 생가와 묘지와 기념관이 한데 어우러져 있으며, 한국문화의 주요한 원형을 다루고 있는 『질마재 신화』의 실제 무대라는 점에서 풍성한 파생콘텐츠를 개발할 수 있는 곳이기도 함을 논하였다. 또한 미당시문학관은 선운사, 고인돌 군락 등과 연계하여 '가장 한국적인 내러티브'를 생성시킬 수 있는 최상의 문화콘텐츠로서 손색이 없는 것을 주목한다. 결론적으로 시인의 문학적 배경이 된 지역과 생태환경에 더하여 주민의 참여를 적극적으로 끌어낸다면 미당시문학관의 에코뮤지엄으로서의 가능성이 있다고 보았다. 그러나 윤재웅의 연구에는 주민참여를 어떻게 도출할지 또는 현재 주민의 참여가 어느 정도인지에 대한 논의가 없다. 그럼에도 불구하고 주목할 점은 문학작품의 배경이 된 마을에 장소적 가치를 부여한 점이다. 이는 주베르가 분류한 에코뮤지엄의 설립목적에 따른 분류 가운데 네 번째 유형인 문화사업형(문화사업을 주로 하는 에코뮤지엄)에 해당한다고 볼 수 있다. 문화사업형 에코뮤지엄은 지역에서의 유형 · 무형 문화를 보전하는 것이 중심과

57) 윤재웅, 「에코뮤지엄으로서의 미당시문학관의 발전가능성에 대한 고찰」, 『한국문학연구』 제36집, 2009, 439쪽.

제인 유형이다.

송주희는 「지역 활성화를 위한 에코뮤지엄 조성방안 연구: 강원도 영월군 주천면 술빛고을 에코뮤지엄을 중심으로」에서 자연과 문화유산을 있는 그대로 보존하고 지역주민 참여를 유도하고, 거점 박물관과 전문가의 참여를 통한 지역 활성화를 도모할 수 있는 에코뮤지엄의 특징을 바탕으로 강원도 영월군 주천면을 기반으로 한 에코뮤지엄 조성 수립을 제안하였다. 거점박물관으로 술빛박물관을 조성하고, 지역자원으로 주천면의 유래가 담긴 자연유산 술샘을 공원으로 조성하고, 쌍섶다리, 다하누 광장, 주천초등학교, 제천방앗간 등을 위성박물관으로 개발하여 활용하는 다양한 방안에 대해 논의하였다.[58] 영월의 술빛고을 에코뮤지엄은 지역의 유산과 연결된 연구대상이 에코뮤지엄의 요건을 충족시키고 있다. 그러나 영월은 지붕 없는 박물관 고을을 표방하면서 지역에 산재해 있는 박물관들과 지역유산들에 관심을 갖고 다양한 행보를 하고 있는 도시라는 점에서 좀 더 거시적인 시각에서 영월에 대한 접근이 이루어지지 않은 것이 아쉬움으로 남는다.

그동안의 국내연구 분석을 통하여 에코뮤지엄의 연구 동향을 살펴본 바에 따르면 각기 다른 전공의 연구자들이 에코뮤지엄에 대해 연구하면서 유럽과 일본에서의 사례를 우리나라에 도입하려는 연구태도를 보이고 있다. 이러한 선행 연구들을 토대로 하여 현실에 적용이 가능하며, 새로운 박물관의 전형을 제시하고, 농촌에 산재하였으나 방치된 농경문화의 유산들을 새롭게 조명하면서 진정으로 주민이 주인이 되는 농촌에 대한 성찰을 진행하고자 한다.

---

58) 송주희, 「지역 활성화를 위한 에코뮤지엄 조성방안 연구: 강원도 영월군 주천면 술빛고을 에코뮤지엄을 중심으로」, 한국외국어대학교대학원 글로벌문화콘텐츠학과 석사학위논문, 2010.

5. 에코뮤지엄과 지역사회의 연계성

과거의 박물관은 굳이 사회의 문제를 고민하지 않아도 되는 기관으로서 인간 환경의 문제와도 별개의 방식으로 존재하였다. 그러나 유럽의 박물관을 중심으로 박물관이 지역사회에 대한 관심과 그 필요성에 대한 의식이 제고되는 가운데 지역사회의 문제를 박물관에서 해결을 찾으려는 운동이 일어났는데, 그 가운데 하나가 에코뮤지엄이다. 피터 데이비스(Peter Davis)는 〈그림 15〉에서 박물관과 지역사회, 환경의 관계를 표시하였다.[59)]

이는 전통적 박물관과 지역사회와 환경의 관계도이다. 전통적 박물관에서 박물관은 지역사회와 환경으로부터 떨어져서 서로의 관계성이 보이지 않는 구조로 있다. 이 단계의 박물관은 유물의 수집, 관리, 보존, 조사, 연구, 전시, 교육의 기능 등 고유의 영역에 충실하면서 인류문화에 기여하고 있다.

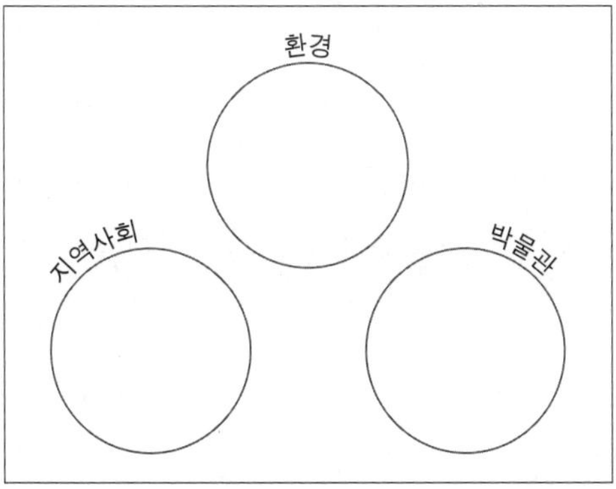

〈그림 15〉 전통적 박물관과 지역사회와 환경의 관계도(Peter Davis, 2011)

59) Peter Davis, *Ecomuseums A Sense of Place*, Continuum, 2011, 88-89쪽.

그러나 다양한 사회 변화와 사회적 요구들이 박물관의 영역으로 들어오게 되면서 새로운 박물관이 대두되기 시작하는데 가장 두드러진 특징은 유물과 유산의 개념에 변화이다. 그동안은 별로 중요하게 다루어지지 않던 생활유산과 장소적 의미로서 지역의 생활터전인 삶의 현장이, 즉 산업시대의 탄광이나 농사를 지어서 가루 빻던 방앗간이나 도로가 발달하기 전에 이용되던 운하 등 지역의 유산, 경관, 연장자의 기억, 자연유산, 전통 등이 전통적 박물관에서의 소장품 개념으로 등장하고, 건물이 있어야만 성립되던 박물관의 개념이 지역사회의 일정한 구역 전체로 확장되는 등의 변화를 겪게 된다. 이러한 현상은 스웨덴의 스칸센 야외박물관을 필두로 하여 영국의 오픈 에어 뮤지엄, 프랑스의 에코뮤지엄 운동 등의 전개로 이어진다. 이 가운데 에코뮤지엄은 특히 지역사회와 환경의 문제에 깊이 관계하면서 유럽의 벨기에, 스웨덴, 노르웨이 등으로 전해지고 캐나다, 일본 등으로 퍼져나가게 된다. 그 중심적인 에너지는 새로운 박물관에 대한 사회적 요구와 사회적 문제들을 박물관의 관점에서 재편성하려는 시도가 만나서 이루어진 결과라고 할 수 있을 것이다. 이것은 박물관이 시설이나 물건에 집중하는 하드웨어적인 성격을 갖는 한계점을 극복하고, 인간과 자연과 지역의 유산 등에 가치를 발견하고 이를 수용하면서 이것들을 연결하여 의미를 부여하는 소프트웨어적인 성격으로 변해가고 있음을 예시한다고 할 수 있을 것이다.

피터 데이비스는 박물관이 지역사회와 지역의 환경문제에 대해 관계를 맺고 기여해야 한다고 주장하는데 이를 〈그림 16〉의 개념으로 설명한다. 박물관과 지역사회와 환경이 서로 만나는 지점이 생기는 것이다. 이러한 박물관의 형태가 바로 에코뮤지엄인데 만나는 교차점이 더 넓어질수록 이상적이라고 본다.

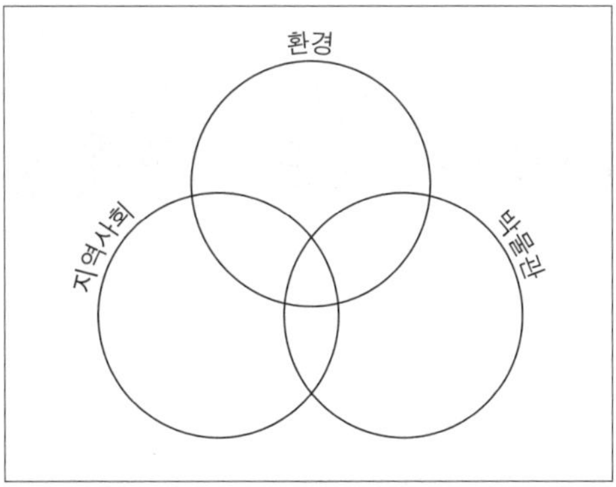

〈그림 16〉 에코뮤지엄과 지역사회와 환경의 관계도(Peter Davis, 2011)

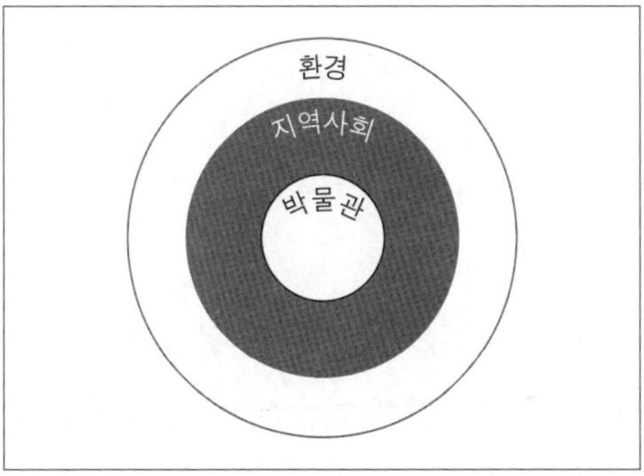

〈그림 17〉 지역사회와 환경의 관계에서 이상적인 에코뮤지엄 모델(Peter Davis, 2011)

〈그림 17〉은 가장 이상적인 에코뮤지엄의 모델이다. 박물관이 지역사회 안에 놓여 있고, 지역사회가 지역의 환경 가운데 놓여 있는 형태이다. 그러나 현실에서 다수를 차지하는 전통박물관은 〈그림 15〉의 상태에 있고, 에코뮤지엄의 경우에 〈그림 16〉의 상태에 있다고 할 수 있을 것이다. 그렇다면 과연 에코뮤지엄은 무엇이고, 어떠한 파급효과를 갖고 있는가? 유럽과 일본에서 이미 받아들이고 있으나 아직 우리나라에 존재하지 않는 에코뮤지엄의 개념에 대해서 연구하겠다.

3장

에코뮤지엄의 설립 요건과 운영

1. 에코뮤지엄의 설립 요건

에코뮤지엄은 세 가지 요소, 즉 박물관 활동, 주민의 참여, 유산의 보존을 설립 요건으로 한다는 것은 전술한 바 있다. 이러한 에코뮤지엄의 설립과 운영에 대해서 정확히 규정내릴 수 없는 면이 있는데 이것은 각 지역의 상황에 따라 적용 가능한 범위 내에서 다양한 양상으로 나타나고 있는 매우 가변적인 특징 때문이다. 그럼에도 불구하고 에코뮤지엄의 가장 큰 특징은 지역의 의미 있는 장소들을 연결하고 지역의 자원을 연결하는 네트워크를 갖는 특징이 있다.

피터 데이비스는 이러한 에코뮤지엄의 특징을 보석을 꿰는 실이라고 보았다. 그는 목걸이를 만드는 것은 진주가 아니라 실이라고 보았고, 그의 이러한 생각을 제인 브라운(Jane Brown)이 〈그림 18〉의 목걸이 모델로 표현하였다. 에코뮤지엄이란 한정된 지역 내에서 지역의 경관, 각 사이트, 지역, 기억, 자연, 전통, 유산, 지역공동체 등이 서로 유기적으로 연

〈그림 18〉 에코뮤지엄의 목걸이 모델(Peter Davis & Jane Brown, 2011)

결될 수 있도록 기여하는 실과 같은 것이다. 이 원리는 지역의 각 사이트를 연결하여 서로 유기적으로 활동할 수 있도록 하는 것에도 적용이 된다. 즉 지역의 중핵박물관, 위성박물관, 또는 의미 있는 사이트들을 연결하는 구조 그 자체가 에코뮤지엄을 성립시키는 요건이 되는 것이다. 우리나라 속담에 구슬이 서 말이라도 꿰어야 보배라는 표현이 있는데, 에코뮤지엄은 지역에 흩어져 있는 자원들을 꿰는 행위를 통해서 구현되는 것이다. 즉, 특정 지역사회 내에 있는 유산들을 그 장소에서 보존되어야 한다고 하는 생각에 기반을 두고, 지역공동체가 지역사회 발전과 지속성에 기여하기 위해 네트워크를 통해 실현하는 과정 속에 에코뮤지엄의 설립 요건이 있다고 할 수 있다. 에코뮤지엄은 지역을 기반으로 한 네트워크를 연결하는 소프트웨어적인 요소를 갖고 있다.

2. 에코뮤지엄의 운영

1) 에코뮤지엄의 운영 주체와 조직

에코뮤지엄에 있어서 운영 주체는 궁극적으로 주민으로 형성된 주민공동체이다. 알랭 주베르는 리비에르의 발전적 정의를 해석하는 과정에 에코뮤지엄은 행정과 주민이 함께 만들어가는 도구라는 표현을 한 바 있다. 행정은 전문가와 함께 수단과 자본을 제공하는 역할을 하고 주민은 지역의 지식을 제공하면서 주체적으로 활동하는 역할을 한다. 이 과정에 주민은 단절된 시간을 연결하고 세대 간을 연결하면서 스스로를 투영하는 거울로서 에코뮤지엄을 인식하게 된다. 또한 지역을 찾은 방문객에서 자신들의 모습을 보여주는 수단으로도 활용될 수 있는 것이다.[60] 위그 드 바린은 리비에르의 발전적 정의를 바탕으로 에코뮤지엄의 중요한 네 가지 요점을 도출하는데 첫째는 지역사회를 위한 개체 및 데이터 은행의 역할이며, 둘째는 변화의 전망대 역할을 한다는 것이고, 셋째는 회의, 토론하고 새로운 계획을 위한 실험실의 기능을 하고, 넷째는 방문자에게 지역사회와 지역을 공개하는 전시장과 같은 역

60) 오하라 가즈오키, 앞의 책, 23쪽.

할을 한다고 규정한다. 중요한 것은 주민의 활동에 지자체나 정부의 지원과 전문가의 조언이 요구된다고 보았다.[61] 종합적으로 에코뮤지엄의 운영 주체는 지역의 주민공동체이고, 그 주민공동체를 돕는 역할로 행정부, 전문가가 기여할 수 있다는 것을 밝히고 있다. 또한 지역을 찾은 방문객도 주민공동체의 활동에 기여한다고 할 수 있다.

결국 에코뮤지엄의 운영 주체는 주민공동체와 행정가, 전문가, 마을을 찾은 방문객 모두가 각기 다른 영역의 역할을 수행하면서 이루어진다고 할 수 있다. 피터 데이비스가 에코뮤지엄의 특징을 보석을 꿰는 실이라고 보면서, 지역의 자원인 경관, 각 사이트, 지역, 기억, 자연, 전통, 유산, 지역공동체 등이 서로 유기적으로 연결될 수 있도록 기여하는 실과 같은 것이라고 보았다. 이 원리는 지역의 각 사이트를 연결하여 서로 유기적으로 활동할 수 있도록 하는 것에도 적용이 된다고 본 것은 사람들의 관계에도 적용이 된다. 에코뮤지엄은 사람과 사람 간을 연결하는 연결고리인 것이다. 이 연결고리가 운영의 주체가 되어 에코뮤지엄을 이끌게 되는 것이다.

2) 에코뮤지엄의 운영방식

다양성과 진화를 계속하여 정의내리기도 힘들다고 여겨지는 에코뮤지엄의 운영방식을 도출하는 것은 어려운 일이다. 그러나 에코뮤지엄의 설립 목적과 주요 테마를 살펴보면 각각의 운영방식에 접근할 수 있다.

---

61) Peter Davis, 앞의 책, 83-84쪽.

주베르는 프랑스의 에코뮤지엄 서른한 곳을 조사하고 이를 바탕으로 에코뮤지엄의 설립목적에 따라 여섯 개의 유형으로 분류하고 있다. 그것은 연구베이스형, 보전베이스형, 커뮤니티형, 문화사업형, 영역활동형, 지역경제형 등이다. 연구베이스형은 학술사업이 주제가 되는 에코뮤지엄으로서 영역 내에 중심이 되는 연구시설은 있지만, 안테나를 갖지 않는 경우로 산칸탄 안 이브리누 등이 해당된다고 보았다. 보전베이스형은 주로 자연환경의 보호, 지역보전을 중심으로 한 자연공원형 에코뮤지엄으로 종 로제르 등이다. 커뮤니티형은 커뮤니티 사업을 우선시하여 커뮤니티의 활성화를 중요시하는 것으로 라르작, 크뢰조-몽소레 민 등의 사례가 여기에 속한다고 보았다. 문화사업형은 문화사업을 중시하며 지역의 유형 · 무형 문화를 보전하는 것이 중심 과제인 에코뮤지엄으로 마르제라도 에코뮤지엄 등이 속한다고 보았다. 영역활동형은 일정한 영역에 있는 자연환경이나 문화유산 등을 정비하고, 보전해가는 분산형 박물관 유형으로 바스 세누 등이 속한다. 지역경제형은 지역경제 사업이 기초가 되는 에코뮤지엄으로 그 지방의 고유의 산업, 지역경제의 활성화를 목적으로 설립된 지방도시들의 활동이 이에 해당하며 푸르미 트렐롱이 해당한다고 보았다.[62)]

르네 리바르는 에코뮤지엄의 정체성에 대해서 논의하면서 사회적 요구에 부응하는 양상에 따라 에코뮤지엄을 네 가지 범주로 나누었다. 첫째는 발견형 에코뮤지엄(discovery ecomuseum)으로 이것은 프랑스 지역 공원에서 만든 것과 유사한 것으로 자연과 문화 사이의 상호 작용을 탐구하는 전통적이고 전체적인 모델이다. 둘째는 발전 · 개발형 에코뮤지엄(development ecomuseum)으로 지역사회와 지역의 문화정체성, 경제 재생 및

62) 오하라 가즈오키, 앞의 책, 62-64쪽.

명시된 정치적 목표에 더 많은 관심을 갖는다. 셋째는 전문형 에코뮤지엄(specialist ecomusuems)으로 미네랄이나 숲, 물 같은 특정 천연자원의 혜택을 갖고 있는 지역의 특정 산업들을 다루는 형태이다. 넷째는 전투형 에코뮤지엄(combat ecomuseums)은 주로 도시지역에 위치하고 과거와 현재 지역사회 내에서 사회문제에 대응하는 것에 가치를 두는 에코뮤지엄이라고 할 수 있다.[63]

에코뮤지엄의 성립과 운영에 있어서 공통적으로 나타나는 양상은 먼저 지역의 주민들이 자각하는 과정이 필요하고, 지역의 하드웨어적인 요소를 발굴하고 파악하여서 그 가운데 지역의 정체성을 보여주는 요소를 갖고 있는 사이트를 선별하는 것이다. 그렇게 형성된 사이트를 바탕으로 네트워크가 형성되고 주민들은 자신의 모습을 방문객에게 보여줄 수 있는 단계까지 발전하는 것이다.

이것을 세 가지 단계로 나누어서 생각할 수 있다. 1단계는 태동기로 지역공동체의 가치 발견과 사람 간의 네트워크를 형성하는 것으로 능동적 지역공동체의 자각이 이루어지면서 지역주민이 지역의 자원을 조사, 발굴하면서 지역의 정체성을 찾고 지역민으로서 자긍심을 갖는 단계이다. 2단계는 형성기로 지역의 사람과 자원이 연합하는 과정으로 지역공동체와 지역자원의 네트워크를 형성하면서 지속적으로 학습하는 단계이다. 3단계는 성숙기로 에코뮤지엄이 외부와 관계 맺기를 하는 과정이다. 지역을 찾은 방문객 또는 각국에 존재하는 에코뮤지엄협회에 회원으로 가입하거나 같은 취지를 갖는 단체들과 연합하면서 활동을 하는 등 외부와의 네트워크를 형성하는 단계이다. 이 세 가지 단계의 전제조건은 주민과 지역공동체가 에코뮤지엄을 설립하여 살기 좋은 지

63) Peter Davis, 앞의 책, 83쪽.

〈표 2〉 에코뮤지엄의 단계별 운영 특징

단계	명칭	운영 특징
1단계	태동기	지역공동체의 가치 발견과 사람 간의 네트워크를 형성하는 것으로 능동적 지역공동체의 자각이 이루어지면서 지역주민이 지역의 자원을 조사, 발굴하면서 지역의 정체성을 찾고 지역민으로서 자긍심을 갖는 단계
2단계	형성기	발굴된 자원의 가치 부여를 통하여 자원 간의 네트워크를 형성하면서 사람과 자원이 연합하는 과정으로 지역공동체와 지역자원의 네트워크를 형성하면서 지속적으로 학습하는 단계
3단계	성숙기	에코뮤지엄이 외부와 관계 맺기를 하는 과정으로, 지역을 찾은 방문객 또는 각국에 존재하는 에코뮤지엄협회에 회원으로 가입하거나 같은 취지를 갖는 단체들과 연합하면서 활동을 하는 등 외부와의 네트워크를 형성하는 단계

역을 만들고자 하는 수단으로 정하였을 때 성립되는 것이다. 이를 정리하면 〈표 2〉와 같다.

〈표 2〉의 태동기, 형성기, 성숙기를 거치면서 에코뮤지엄이 생명력을 갖고 운영될 수 있는 것이다. 본 연구에서는 에코뮤지엄의 설립 취지와 목적에 따라 운영방식이 달라질 수 있다는 것에 주목하여 현지조사 또는 문헌자료 분석 및 각 기관의 홈페이지에 나타난 온라인 자료에 근거하여 각기 다른 설립 취지를 갖고 있는 에코뮤지엄의 사례에 따른 운영방식을 앞서 제시한 세 가지 단계로 나누어서 살펴보고자 한다. 에코뮤지엄의 설립 취지나 주요 테마에 따라서 운영방식을 분석하는 것은 어찌 보면 매우 어려운 작업일 수 있다. 왜냐하면 그 영역과 개념의 분류가 사실상 중첩적이고 매우 복합적인 양상을 보이기 때문이다. 그럼에도 불구하고 가장 특징적인 요소를 축출하여 농촌형 에코뮤지엄, 산업유산형 에코뮤지엄, 자연환경형 에코뮤지엄, 역사문화형 에코뮤지엄, 테마파크형 에코뮤지엄의 다섯 가지로 나누어서 각각의 사례에 따라 운영방식을 앞서 언급한 세 가지 단계로 살펴보고자 한다.

(1) 농촌형 에코뮤지엄

농촌형 에코뮤지엄은 농촌의 지속가능한 발전을 추구하는 에코뮤지엄이다. 여기서 농촌은 농산어촌을 모두 포함하는 의미로 도시와 구별되는 개념이다. 즉 지역의 농업, 어업, 임업 등을 기초로 한 1차 산업과 지역특산물을 활용한 가공업의 지속가능한 발전을 통한 지역 활성화를 목표로 한다. 사례로는 일본의 아사히마치 에코뮤지엄을 들 수 있는데, 이는 일본에 설립된 에코뮤지엄의 첫 번째 사례이면서 모범적인 사례로 분류된다. 아사히마치 에코뮤지엄이 위치한 야마가타 현은 일본의 고도성장의 문제점을 드러낸 곳이다. 고도성장은 도쿄-나고야-오사카를 축으로 하는 태평양 벨트에 거점을 형성하였는데, 야마가타는 계속 사람들이 도시로 이동하여 과소화 현상이 나타난 지역이다.[64)]

여경진은 「일본 에코뮤지엄의 형성과 목적」에서 일본의 에코뮤지엄이 어떻게 형성되어 왔는가와 일본의 에코뮤지엄은 어떤 목적에 의해서 설립, 운영되고 있는가를 고찰하는 것을 목적으로 연구를 진행한 결과 몇 가지 결론을 도출한다. 첫 번째로, 일본의 에코뮤지엄은 박물관의 성격보다는 지역개발의 성격을 많이 가지고 있다. 두 번째로, 일본의 에코뮤지엄은 환경교육의 이념을 구체화하는 것이고 에코뮤지엄을 그 전개방법으로 활용한다. 그 외에도 일본의 에코뮤지엄은 천연기념물의 보호를 주목적으로 하고 있다. 세 번째로, 에코뮤지엄은 지역발전의 도구로서 활용되는데, 농산촌지역의 활성화와 밀접한 관계가 있다. 네 번째로, 에코뮤지엄은 생애학습의 수단이다. 에코뮤지엄을 실시할 경우 지역에 관한 연구와 조사가 필요하기 때문에, 지역주민은 지역에 관한

---

64) 양기호 외, 『일본 지역연구(下): 야마가타(山形) · 홋카이도(北海道) 지방을 중심으로』, 소화, 2004, 18쪽.

연구와 조사에 참가해서 지역에 관해 종합적으로 학습한다는 사실에 주목하였다.[65]

아사히마치는 야마가타 현의 중앙부에 위치하며, 반다이아사히 국립공원(磐梯朝日国立公園) 아사히 연봉의 지역 서쪽에 위치한다. 면적은 200km^2, 인구는 8,600명인 풍부한 자연을 가진 중산간 지역으로, 지역 중심부를 어머니 강인 모가미 강(最上川)이 유유히 흐르고 있다. 모가미 강의 하안단구에는 비옥한 농지가 펼쳐져 있어, 일본에서 제일 맛있다고 알려져 있는 사과의 생산지로서도 유명하다. 문화재인 '사타케가 주택(佐竹家住宅)' 등도 있어 역사적으로도 문화적으로도 풍요로운 매우 매력 넘치는 지역으로 바로 이 지역에서 일본 첫 에코뮤지엄이 탄생했다.

아사히마치에서 에코뮤지엄을 진행하게 된 계기는, 환경과 결합한 지역 만들기 일환으로 아사히자연관을 건설한 것에서 시작된다. 이는 지역의 자연을 살려 인간과 공생할 수 있는 관광지 만들기를 지향하기 시작한 1988년의 일이다. 이때 아사히 산록 가족 여행촌은 아사히자연관을 건설하였는데, 이 자연관은 여름에는 너도밤나무 숲을 체험할 수 있는 캠프장과 오두막 촌이 있고, 겨울에는 스키장을 운영하여 많은 사람들이 찾고 있었다. 그러던 중 지역 만들기를 행정에만 맡겨두는 것이 아니라 지역민 스스로도 참여하여 무언가 협력하려는 분위기가 형성되어 세계에서도 그 유례를 찾아보기 힘든 공기신사를 건설하게 되면서 '친지구적인 지역선언'을 발표하고 UN 환경의 날인 6월 5일을 공기의 날로 제정하고 매년 6월 5일에 공기에 감사하는 행사를 진행하고 있다. 이러한 움직임 속에서 에코뮤지엄 구상이 지역의 종합개발 기본구상에 도입되게 되었다. 그렇다면 이들이 이해한 에코뮤지엄은 어떤 개념인

65) 여경진 외, 「일본 에코뮤지엄의 형성과 목적」, 『농촌관광연구』 제14권 1호, 2007.

가? 다음에 소개된 글을 통하여 알 수 있을 것이다.

> 에코뮤지엄은 1970년대 국제박물관학회의 회장이었던 프랑스의 앙리 리비에르 씨에 의해서 제창된 새로운 박물관학의 생각이다. 에코뮤지엄의 에코는 생태학을 의미하는 에콜로지, 뮤지엄은 박물관을 의미한다. 이 두 개의 말을 합친 조어로 지금까지의 박물관과 같이 물건을 모아서 건물 속에 보존하는 것이 아니라 유산과 문화재, 자연물을 그 자리 현장에 보존하여 그것을 보여주는 박물관이다. 이에 '지붕 없는 박물관'이나 '지역 전체가 박물관'이라 불리게 되었다. 에코뮤지엄이란 주민과 행정이 일체가 되어 지역의 생활, 자연, 문화 등을 역사적으로 연구하여 현지에 보존, 육성하는 것으로 지역의 발전에 기여하는 박물관이라고 정의된다.[66]

앞의 인용 글을 보며 정확하게 이해하고 있으며 그 취지에 동감하고 있다는 것을 알 수 있다. 단지 처음 시작된 계기가 프랑스와 다른 것은 순수 박물관학적인 입장이 아니라 환경과 지역 만들기를 함께 고민하고 있다는 것이다. 1989년부터 2년간 마을에서 선출된 18명의 위원과 38명의 전문위원들로 구성된 '종합개발기본구상책정위원회'에서 60회 이상의 토론을 거쳐 자연과 인간의 공생을 근본으로 하는 '즐거운 생활환경관(生活環境觀), 에코뮤지엄의 마을' 만들기 계획을 구상하게 되었다. 이렇게 에코뮤지엄으로의 행보가 시작되어 1990년 5월에는 기본구상위원회를 발족하였고, 지역 전체를 하나의 박물관처럼 운영하면서, 아사히마치의 장점이 최대한 살아있는 자연경관 및 지역 특산물을 활용한 중핵시설을 새로 만들어 이들에 대한 연결망을 구축하였다.

---

66) 아사히마치 에코뮤지엄, http://asahi-ecom.jp/, 검색일: 2011. 9. 29.

1단계 태동기

1단계는 지역공동체의 가치 발견과 사람 간의 네트워크를 형성하는 것으로 능동적 지역공동체의 자각이 이루어지면서 지역주민이 지역의 자원을 조사, 발굴하고 가치 부여를 통하여 자원 간의 네트워크를 형성하는 단계이다. 일본의 농촌지역 개발에 있어서 과거에는 정부의 주도하에 거대자본에 의한 관광개발이 추진되어 왔고, 그때에 주민의 참여는 제한되었다. 지역개발에 있어서 경제적 활성화만이 개발의 목적이 되었고, 이런 과정에서 지역개발에 대한 지역주민의 요구가 제대로 반영되지 못했다. 그 결과 지역의 특성을 활용하지 못한 지역개발이 행해졌고, 그와 같은 개발은 환경적 · 사회적으로 지속가능하지 못하였고, 많은 사회적 비용을 초래하게 되었다. 이와 같은 사회적 비용을 감소시키기 위해서는 개발 단계에 있어서의 주민의 주체적인 참여가 필요하다. 그런 점에서 주민의 주체적인 참여에 대한 방법을 제시하고 있는 에코뮤지엄은 지속가능한 개발이라는 관점에서 하나의 유효한 수단이 될 수 있다.

아사히마치에서는 이 뮤지엄 구상을 도입하여 '제3차 종합개발기본구상'을 만들었다. 그 가운데 '우리 지역에 사는 사람들 자신이 이 지역의 문화, 자연, 생활에 긍지를 가지고, 이를 살려가면서 즐겁게 생생하게 살아가는 생활 스타일 확립을 목표로 한다'고 되어 있다. 이는 주민 자신의 정체성 확립을 목표로 한다는 것으로 에코뮤지엄의 기본 철학과 일치하는 것이다. 이 종합개발 기본구상을 받아 1991년에 아사히마치의 독자적인 에코뮤지엄 기본구상을 정리했다. 이 구상에서 "에코뮤지엄은 아사히마치의 주민이 견학자인 동시에 출연자이며, 지역은 통째로 박물관이 되어, 주민은 누구든지 학예원이 된다."고 되어 있다. 지역민이 지역을 잘 알고, 이에 의해 긍지를 가지고 생활할 수 있는 지역

만들기를 제안한 것이다.

2단계 형성기

이 과정에 지역주민이 지역의 자원을 발굴하고 가치 부여를 통하여 자원 간의 네트워크를 형성하는 단계이다. 하드웨어적인 개발이 아니라 소프트웨어적인 개발이란 점이다. 지역에 있어서 그 동안 시설 위주의 개발이 많이 행해졌고, 그 결과 지역의 문화, 환경 등의 고유성은 고려되지 않았다. 에코뮤지엄은 지역에 이미 존재하는 지역의 문화, 자연, 산업 유산을 활용하는 지역개발 방식이기 때문에 지역의 고유성을 파괴하지 않는다. 주민들은 주도적이고 자발적인 활동으로 지역의 자원을 수집하면서, 다음 세대에게 남길 아사히마치의 보물, 즉 자연과 문화, 역사 등 여러 분야의 유형과 무형의 자료를 항상 모집하고 있다. 현재 약 1,000점의 보물이 보고되어 있는데, 이 보물은 에코뮤지엄 조사자료로서 활용되고 있으며 향토학습과 관광산업 만들기의 단서가 되기도 한다. 보물 보고서는 에코룸에서 열람할 수 있다. 이러한 지역의 보물 가운데 대표적인 장소를 지정하여 지역 에코뮤지엄의 중핵박물관과 위성박물관의 개념을 도입하였다.

〈그림 19〉[67]는 아사히마치 에코뮤지엄의 구조를 보여준다. 위성박물관은 사과를 테마로 한 세계의 사과원, 아사히마치 와인성과 계단식 논지역 등 1차 산업과 관련된 지역군과 사다케가 주택을 비롯한 호류신사 지역 등 역사문화유적군, 아사히 연봉 지역과 아사히 강 지역 등의 자연환경 지역군 등으로 구성되어 있다.

형성기는 지역의 사람과 자원이 연합하는 과정으로 지역공동체와 지

67) 아사히마치 에코뮤지엄, http://asahi-ecom.jp/, 검색일: 2011. 9. 29.

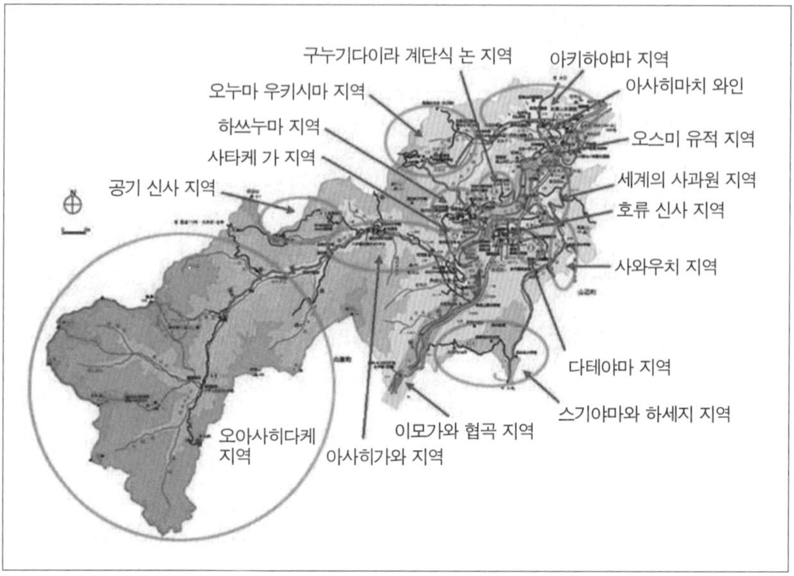

〈그림 19〉 아사히마치 에코뮤지엄 지도

역 자원의 네트워크를 형성하면서 지속적인 학습활동이 이루어진다. 이 단계에서 에코뮤지엄의 요건이 갖추어진다고 볼 수 있다. 에코뮤지엄의 소프트웨어적인 개발은 지역에 있어서의 주민의 사회적 관계성을 풍부하게 만들어준다. 이와 같은 개발은 주민의 주체성을 유지하고 지역개발을 지속가능하게 하기 위한 필수불가결한 활동이라고 할 수 있다. 에코뮤지엄을 실시할 때에 지역에 관한 연구와 조사가 필요하기 때문에, 지역주민이 지역에 대한 종합적인 학습이 이루어진다. 그와 같은 학습을 통해서 지역주민은 지역과 자신에 대한 정체성을 확인하게 된다. 고도 정보화 사회에 있어서 개인 존재의 균질화가 진행되어 자신과 자기 지역에 대한 정체성이 희박해진 현재에 있어서 정체성을 확인하는 수단으로서 에코뮤지엄이 유효하다고 할 수 있다. 그 외에도 지역주민을 위한 다양한 프로그램이 마련되어 있어 주민의 학습장으로서의 역할도 하고 있다. 각종 연구회와 심포지엄, 보물찾기, 전시회, 추억 말하기, 강연회, 견학회, 고향 미니기행 등 지역의 정체성과 유산을 찾기 위한 주민들의 끊임없는 다양한 활동들은 에코뮤지엄을 계획하고 설립, 운영하는 데 있어서 가장 큰 원동력이 되었다. 이러한 일련의 활동은 주민과 지역자원이 서로 연결되어 네트워크를 형성하는 데 필요불가결한 과정이다. 에코뮤지엄의 요소 중 주민의 활동(P)와 유산보전(H), 박물관 활동(M)이 모두 만나는 지점에 아사히마치 에코뮤지엄이 있는 것이다.

3단계 성숙기

이 단계는 에코뮤지엄이 외부와 관계 맺기를 하는 과정으로 지역을 찾은 방문객에게 지역의 주민으로서 자긍심을 갖고서 지역을 소개하면서 외부인과 관계를 갖게 되는 것이다. 아사히마치 에코뮤지엄의 경우 지역의 자원을 그 성격과 특징에 따라 연계성을 구축하여 하나의 유기체로서 작용할 수 있도록 상세하게 분류하고 있다.

NPO 법인 아사히마치 에코뮤지엄은 지역의 산업과 자연, 문화자원, 공공시설을 모두 발굴하여 네트워킹하고 있으며 지역의 방문객을 맞이할 준비로는 에코뮤지엄을 안내하는 지역 안내원 제도를 갖고 있다. 이처럼 지역의 주민 안내원 제도가 있어서 일정 기간 전에 예약한 방문객은 주민의 안내를 받을 수 있다. 코어센터인 소유칸에서는 위성박물관을 방문하려는 방문객들의 상담을 받고 있다. 또 병설된 에코뮤지엄 코너에서는 아사히마치에 대한 전시나 아사히마치의 개요와 보물에 대해서 알 수 있다. 에코뮤지엄 룸의 관리 · 운영은 NPO 법인 아사히마치 에코뮤지엄협회가, 아사히마치로부터 위탁받은 예산 안에서 실시하고 있다. 아사히마치 에코뮤지엄 안내인회에는 지역민이 학예원이 되어

〈그림 20〉 QR코드 안내

아사히마치의 역사와 문화, 자연, 산업 등에 대해 자신들의 경험과 지식을 바탕으로 가이드하고 있다. 안내를 희망하는 사람은 에코뮤지엄 룸에 1주 전까지 신청하면 된다. 이는 에코뮤지엄에서 주민이 학예사가 되어 마을을 안내한다는 정신을 충실하게 실천하는 모습이다. 단, 안내인이 해설을 할 경우 장소 위성박물관 내에서 한 곳에 2,000엔을 지불한다. 주민은 충실한 안내를 하되 자신이 할애한 시간만큼의 대가를 받는 것을 원칙으로 한다.

또한 휴대전화를 활용하여 지역을 안내받을 수 있는 시스템으로 QR코드를 활용할 수 있다. 이것은 매체를 활용한 문화콘텐츠적인 홍보 시스템이라고 볼 수 있다. 주민의 유료 안내, QR코드 활용 등 안내체계를 갖고 있는 것은 이 마을의 주민들이 자신들의 유산을 적극적으로 활용하고 있음을 증명한다고 하겠다. 또한 에코뮤지엄의 형태에서 스마트뮤지엄의 면모를 보이고 있다고 할 수 있겠다.

방한영은 일본 아사히마치의 에코뮤지엄 센터에 대한 분석을 통하여 지역에 대한 주민의 자긍심 고취를 위해 어린아이를 대상으로 지역의 문화, 자연, 산업유산에 대해 즐거운 게임 형태로 교육을 실시하고 있으며, 이 어린아이들이 자라서 자신이 태어나고 자란 지역에 대해 애착과 자긍심을 갖게 되도록 지속적으로 교육하고 있다는 점에 대해서 높게 평가하면서 에코뮤지엄의 개념을 적용한 마을만들기는 주민의 삶을 풍요롭게 하면서, 그 가치를 높이는 데 있다고 보았다. 마을이 갖고 있는 특색이나 정체성 등을 발굴하고, 조사 분석하여 기존에 갖고 있는 의미보다 더 심층적인 의미를 발견하며 이를 통해 지역주민이 마을에 대해 자긍심을 느끼고, 마을을 찾는 방문객들에게 자신 있게 설명할 수 있도록 하는 데 그 목적이 있다고 보았다.[68] 이상과 같이 농촌에 위치하고 있으면서 농산물 콘텐츠로 활용하고 가공산업과 함께 자연 친화적인 환경을 유지하면서 농촌의 지속적인 발전을 도모하고 있는 아사히마치 에코뮤지엄의 사례를 통하여 각 단계별 운영방식을 연구하였다.

(2) 산업유산형 에코뮤지엄

산업유산형 에코뮤지엄은 지역의 지나간 시대의 산업유산과 관련된 지역자원을 복원하고 재생하는 것을 목적으로 하면서 지역의 활성화를 위해 운영되는 방식의 에코뮤지엄이다. 이러한 예로는 크뢰조-몽소 에코뮤지엄을 들 수 있는데 크뢰조의 철강산업을 배경으로 한 슈나이더 가문의 베르리 성을 중핵박물관으로 하고 석탄 채굴과 탄광산업이 발달한 레 민의 각 사이트를 연결하여 지역민의 자긍심을 갖게 하고 방문객에게 자신들의 과거로부터 오늘에 이르기까지의 모습을 보여줄 수 있도록 하는 취지를 갖고 있다.

---

68) 방한영, 「농촌 활성화를 위한 지역유산 활용 및 마을만들기에 대한 연구」, 청주대학교 대학원 박사학위논문, 2003, 165쪽.

1단계 태동기

1단계는 크뢰조-몽소의 경우는 리비에르와 바린이 에코뮤지엄이라는 이상적 모델을 만들면서 지역에 도입하는 시도를 함으로써 태동하게 되는데 이 과정에 이 지역의 산업유산에 대해서 깊이 연구하고 고민하면서 시작된다. 초기에 크뢰조 지역의 주민들은 네트워크를 형성하면서 지역공동체의 가치를 발견하는데, 관심의 대상은 사양산업이 되어버렸으나 과거 이 지역의 핵심적 산업활동이었던 철강산업, 크리스털 제조, 벽돌이나 타일 생산 등으로 이와 관련된 지역의 유산을 조사하고, 연구하고, 지속적으로 수집하면서 시작되었다. 철강산업의 쇠퇴로 슈나이더 가문이 쇠락의 길을 걷게 되면서 대저택을 포기하게 되자 이를 사들이면서 1973년 사람과 산업의 박물관이라는 이름으로 베르리 성을 중핵으로 에코뮤지엄이 시작된다. 이 과정에 지역의 정체성을 찾고 지역민으로서 자긍심을 갖게 되었다고 볼 수 있다.

2단계 형성기

2단계는 발굴된 자원의 가치 부여를 통하여 중핵박물관과 위성박물관의 네트워크를 형성하면서 주민과 각 사이트가 연합하는 과정을 갖는다. 시간이 지나면서 당초 크뢰조의 베르리 성이 중심이었으나 몽소의 블랑지에 있는 광산박물관, 학교박물관, 시리 르 노블의 벽돌공장, 에퀴스의 운하박물관 등이 각각의 중심적인 역할을 하면서 독립적인 역할을 할 수 있는 단계로 성장한다. 이 과정에 주민들은 자발적으로 협회를 조직하고 자치단체를 설득하여 에코뮤지엄의 영역을 확보하고 자원봉사자들의 활동으로 에코뮤지엄이 운영되는 단계를 맞는다. 에코뮤지엄이 지역의 연구자들과 연계하여 학술적인 활동을 지속적으로 하고, 지역의 예술가들과 연계하면서 출판물을 발간하고 시즌별로 기획

전시를 시행하면서 박물관 활동을 적극적으로 하게 된다.

3단계 성숙기

3단계는 에코뮤지엄이 외부와 관계 맺기를 하는 과정인데, 크뢰조-몽소의 경우 프랑스 에코뮤지엄협회에 가입하여 활동하고 있으며 새로운 시도를 통하여 세계적인 관심을 모으며 에코뮤지엄의 활동을 계속하고 있다. 또한 기획전시와 출판물을 통하여 방문객과 소통하고 있으며, 에코뮤지엄의 취지와 활동을 자세하게 홈페이지에 소개하고 있다. 이 외에도 세계 여러 나라에 크뢰조-몽소의 사례가 소개되어 퍼져나가고 있다.

(3) 자연환경형 에코뮤지엄

자연환경형 에코뮤지엄은 지역의 자연환경 보존을 목적으로 하여 지역의 자연과 그에 관련된 역사, 문화를 연구하는 에코뮤지엄이다. 사례로는 일본 시키(しき) 시의 '시키 통째로 박물관, 갓파[69]의 보물상자'를 들 수 있겠다. 시키 시는 동경에서 가까운 위치에 있는 사이타마현에 위치하고 있는 좋은 조건 때문에 주택도시 · 상업도시로서 발전해왔다. 또한 자연과 전원풍경도 많이 남아 있어서 세계에서 한 그루밖에 없는 벚나무인 쵸쇼인하타자쿠라가 있으며, 갓파 전설이 전해지는 지역이기도 하다.[70] '시키 통째로 박물관, 갓파의 보물상자'는 NPO

---

69) 갓파(かっぱ)는 일본의 요괴로, 옛날 야나세가와에 살고 있던 갓파가 말에게 장난을 치려고 하다 상처를 입고 약해져 있는 것을 호도지의 승려가 구했다. 시키 통째로 박물관 계획 사업 '갓파의 보물상자' 프로젝트에서는 갓파를 명예관장으로 삼았다.

70) 시키 시티 가이드맵, 'ようこそ志木へ~S(어서오세요, 시키로~)'

법인 에코 시티 시키[71]의 활동 중의 하나이다.

1단계 태동기

1단계는 지역공동체의 가치 발견과 사람 간의 네트워크를 형성하는 것으로 능동적 지역공동체의 자각이 이루어지면서 지역주민이 지역의 자원을 조사, 발굴하면서 지역의 정체성을 찾고 지역민으로서 자긍심을 갖는 단계로, 대표 아마타 마코토(天田眞)는 2000년부터 지역의 '물과 관련된 자연과 문화'의 보존에 대해서 관심을 갖고 지역의 자연환경을 관찰하여 자료를 수집하면서 관심을 같이하는 사람들과 연구를 하여 왔다.

2단계 형성기

2단계는 형성기인데 NPO 법인 에코시티 시키는 물과 관련된 자연과 문화의 '시키 통째로 박물관화 계획'을 통하여 에코뮤지엄의 취지와 활동내용을 밝힌다.

'시키 통째로 박물관, 갓파의 보물상자' 소개글

시키 통째로 박물관, 갓파의 보물상자에 잘 오셨습니다.

본 박물관은 전시를 위한 전용시설이 아닙니다.

사이타마 현 시키 시와 그 주변을 통째로 박물관으로서 인식하여 '물과 관련된 자연과 문화'를 테마로 활동하고 있습니다.

---

71) NPO 법인 에코시티는 순환형 지역사회를 목표로 녹지 보전, 외래생물 구제, 동식물 · 수질 조사, 자연관찰회 개최, 초등 · 중학교의 환경교육 협력, 자연과 역사 등 지역 자산의 즐거움을 전하는 '시키 통째로 박물관, 갓파의 보물상자' 활동 등을 하고 있다.
NPO 법인 인증일은 2003년 8월 23일이고, 회원은 60명이다. 활동일시는 토 · 일요일, 부정기적으로 모인다. 대표는 아마타 마코토(天田眞)이고, 전화는 048-471-1338, 메일은 eco-shiki@ff.e-mansion.com, 홈페이지는 http://kappa-no.net이다.

주운으로 번영한 히키마타 숲의 역사와 노히도메 용수, 에도 · 쇼와 · 헤이세이의 각 시대에 만들어진 3대 제방, 미즈카[72], 그리고 은어와 물총새 등…….

지역을 상징하는 이들 강과 물에 관련된 자연 · 문화를 '보물'로 생각하고 조사 · 연구하여 현지에서 즐기는 것, 그 매력을 알기 쉽게 전달하여 지역의 미래를 생각하는 에코뮤지엄입니다.[73]

시키 통째로 박물관, 갓파의 보물상자팀은 자신이 살고 있는 지역의 보물을 발견해서 그 장소를 함께 지키고 자긍심을 갖는 것, 유물 · 유적뿐만이 아니라 사람들 간의 관계를 중요시하는 것, 그것이 통째로 박물관이라고 생각한다.

〈그림 21〉은 ①번이 강물의 범람을 막기 위하여 처음 만든 제방이다. ②번이 좀 더 높게 만든 두 번째 제방이고, ③번이 강물의 흐름을 빠르게 하기 위하여 직선으로 더 높게 만든 세 번째 제방이다. ④번은 강물의 범람으로부터 중요한 재산을 지키기 위하여 만든 미즈카이다. ⑤번은 강물에서 노니는 물총새의 모습이고, ⑥번은 이를 설명하는 안내판이다. 바로 이것들이 주요한 연구와 보존의 대상인 것이다. 따로 건물을 짓거나 조직을 갖고 있지 않으며 NPO 법인 에코시티 시키의 활동을 통하여 구현된다.

---

72) 미즈카는 별채로 만든 저장 공간인데, 강물의 범람이 있을 때 집안의 중요한 재산을 지키기 위하여 본채 건물보다 높게 올렸다. 아래층에는 주로 쌀, 곡식, 미소장 등을 보관하였고, 2층에는 기모노, 주요한 공예품 등을 보관하여 강물의 범람과 싸워온 이 지역의 특징적 주생활 문화이다. 최근에 지어진 집에는 미즈카가 없지만 마을의 곳곳에 미즈카가 있는 집들이 아직도 남아있다. 마당에 큰 나무가 있는 집은 역사가 오래된 집으로 이러한 집에는 미즈카가 잘 보존되어 있다.

73) 志木まるごと博物館化計画、志木まるごと博物館河童のつづらプロジェクトチーム、NPO法人エコシティ志木(시키 통째로 박물관화 계획, '시키 통째로 박물관, 갓파의 보물상자' 안내 브로셔 자료), 번역자 권윤경.

〈그림 21〉 시키 통째로 박물관, 갓파의 보물상자의 보물들

주요사업 가운데 하나는, 현지조사와 구술자료 조사활동이다. 이것은 '보물의 속삭임을 듣는다'라고 표현한다. 둘째, 지역자원과 지역주민을 네트워크하는 활동이다. 시키 지역 답사(훑적 산보)와 자연 관찰회, 강좌, 출판, 홈페이지 등을 통해 연구와 조사를 발표하고 홍보하는 '보물을 자랑한다'가 있다. 셋째, 이벤트로는 재미있게 교류할 수 있는 이벤트를 진행하거나 다른 곳에서 개최하는 이벤트에 참가한다.[74]

이들의 활동은 자원봉사자 조직과 함께 이루어지는데 마을 곳곳을 다니면서 연구한 것을 자료화하여 2011년 3월 31일에는 『미즈카의 문화지(水塚の文化誌)』를 출판한 바 있다.

3단계 성숙기

3단계는 성숙기로서의 활동이 두드러지게 나타나지는 않고 있다. 일본 에코뮤지엄협회에 가입하지 않았으며, 앞으로도 가입할 의사는 없

74) 시키 마을 통째로 박물관, 갓파의 보물상자, http://kappa-no.net, 검색일: 2011. 11. 20.

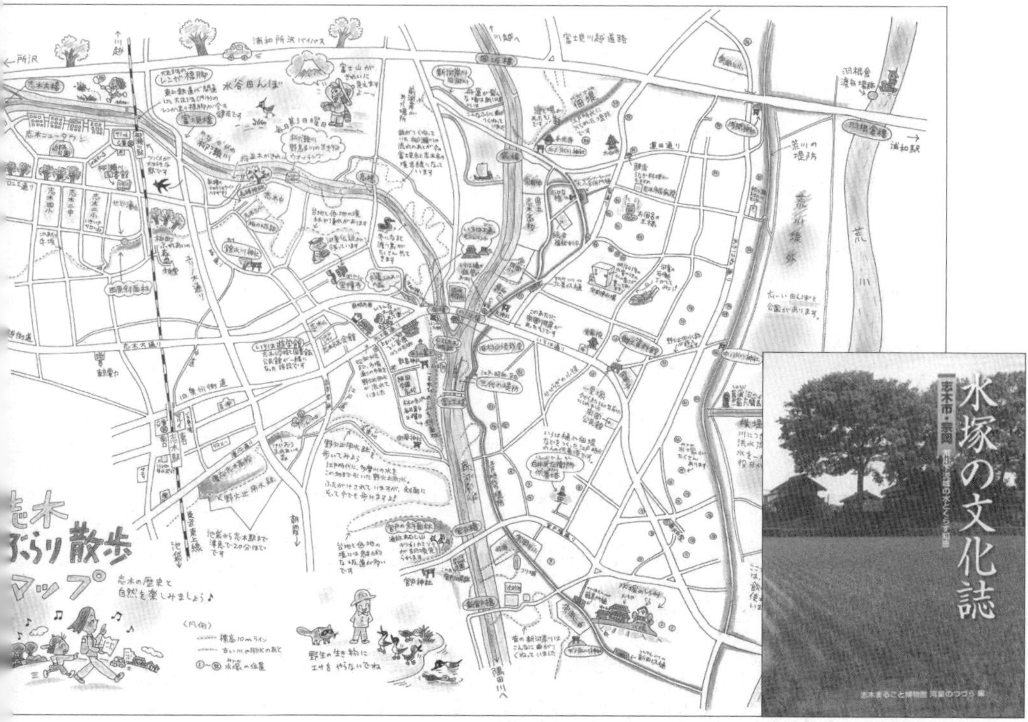

〈그림 22〉 시키 훌쩍 산보 지도와 『미즈카의 문화지』

다고 한다. 지금 자신들이 하고 있는 방식이 바로 에코뮤지엄의 이상을 실현한 것이고, 마을에 남아 있는 물의 역사와 자연을 지키는 것이라고 생각하기 때문이다. 그러나 관련 환경조직과는 이전에도 그랬고 앞으로도 교류할 계획이라고 한다.[75] 시키 마을 통째로 박물관 계획과 일련의 활동은 지역의 자원과 지역의 주민을 연결하는 네트워크만으로 유지되면서 보존과 연구, 조사, 출판 등의 활동을 꾸준하게 하면서 지역의 미래를 생각하는 자연환경 보존형 마을만들기가 확장된 사례라고 할 수 있다.

75) NPO 법인 에코시티 대표로서 시키 통째로 박물관을 실현한 아마타 마코토(天田眞) 인터뷰, 2011. 11. 14.

(4) 역사문화유산형 에코뮤지엄

역사문화유산형 에코뮤지엄은 전통과 역사를 간직한 지역에서 대대로 이어져 오는 역사, 문화자원을 보존하고 그 가치를 발견하는 데 목적이 있다. 이에 해당하는 사례로는 일본의 오사카 시 남동부에 있는 히라노 에코뮤지엄이다. 히라노는 헤이안 시대로부터 시작된 역사적 유서가 깊은 지역이다.[76]

1단계 태동기

1단계는 지역의 변화에 저항하는 지역주민들의 모임이 결성되면서 시작되었다고 볼 수 있는데, 1980년 9월 지하철 다니마치선의 개통에 따라, 구전철선이 폐지되고 역사(驛舍)인 남해평야역사 건물이 철거될 것을 막기 위하여 일어난 재생운동이 그 시발점이다. '히라노의 중심이 사라진다'고 하는 포스터를 자주적으로 배포하였고, 이 주민운동을 계기로 '히라노 마을 만들기를 생각하는 모임'이 결성되었다. 결국 역사는 철거되었지만 모임은 지속되어서 1983년에는 지역의 많은 주민에게 낡은 사진을 제공받으면서, 역사적 경관을 지키는 '경관협약 운동'으로서의 서명활동을 하기도 하였다. 또한 주민에게 현지의 좋은 점을 더 알리기 위해 '마을 한 바퀴 투어'도 시행했다. 이 모임은 1986에는 교토대학의 교수와 함께 상점가의 종합조사를 행해 연구 리포트를 작성한 바 있다.

이 모임의 중심인물은 센코우지 사원의 주지이고, 모임의 세 가지 원

76) 乾幸司, 「平野のまちづくり__町ぐるみ博物館」, 『まちづくりと創造都市』 第13章, 晃洋書房刊, 2008, 1쪽. 히라노 에코뮤지엄의 사례분석은 본 원고를 토대로 검토 및 분석하였음을 밝히는 바이다.

칙은 '회장 없음 · 회칙 없음 · 회비 없음'이다. 또한 행정기구와는 거리를 두어, 큰 조직에도 속하지 않고 보조금도 받지 않고 모임을 유지하는 것에 자부심을 갖는다. 활동의 이념은 '재미있는 것을 적당히 알맞게 한다'를 모토로 하는데, 스스로가 정말로 흥미를 가지고 임할 수 있는 테마를 엄선해, 한 사람 한 사람이 지속가능한 에너지 배분으로 임할 수 있도록 서로 유의하고 있다는 것이다. 지역민이 서로 조화롭게 네트워크를 형성하면서 스스로 지역민으로서 자긍심을 느끼는 것을 확인할 수 있다.

2단계 형성기

2단계 형성기의 특징으로는 전문가와 지역의 주민이 연계하는 양상을 보이는데 1986년에 상가 종합조사 리포트를 작성한 교토대학의 교수는 "히라노고우는 마을 그 자체가 박물관이다"라고 판단하였다. 거기서 아이디어를 얻은 중심인물인 센코우지 사원의 주지는 '마을만들기를 생각하는 모임'에서 민간시설인 개인의 상점이나 주택을 무료로 개방하고, 박물관에 의한 상점가 보존을 제안했다. '마을 전체가 박물관'이란, 마을이나 가게의 한 채 한 채가 관장으로서, 각각의 전시물을 준비해, 그대로 박물관이 되는 시도라는 것이다. 마을 전체가 박물관에서는, 점재(點在)하고 있는 개개의 역사 건축물을 박물관으로 간주하고, 각각을 제휴시켜 네트워크를 구성하는 것으로써 마을 전체를 박물관이라고 부른다는 발상이다. 이것은 에코뮤지엄이 갖는 가장 중요한 특성인 네트워크를 통한 지역의 자원과 지역의 사람이 연계하는 과정을 보여주는 것이다. 주민들은 지역에 대해 학습하는 스터디 그룹을 개최해, 지역을 돌면서 박물관 활동에 참여할 관을 모으는 활동을 실행했다. 마침내 1993년, '마을 전체가 박물관'은 지역의 일곱 개 관을 모은 상태로 오픈을 하게 된다. 최초의 일곱 개 관은 개인적으로 모으고 있던 장난감을 전시한 막과자가게 박물관, 신문 판매점의 신문가게 박물관, 히라노 영상자료관, 다이넨부츠지(대념불사)의 수많은 유령의 족자가 있는 유령박물관[77] 등이었다. 막과자 박물관은 센코우지(절)의 경내에 있는데 이 절은 쇼토쿠 태자에 의해서 약사당이 지어져 거기에서 마을이 만들어졌다고 전해지는데 경내의 일각에 있는 박물관에는, 쇼와 20~30년대에 막과자가게에 줄지어 있던 장난감이 전시되고 있다. 신문가게 박물관은 고바야시 신문점포로서 메이지 22년에 창업한 오사카 시내에서 가장 낡은 신문 판매점이다. 모던한 아치형의 창을 가지는 다이쇼풍의 판매점을 이용한 박물관에서는 옛 신문이나 호외 등 그때그때의 시세(時勢)를 느끼게 하는 희귀한 자료를 볼 수 있다. 히라노 영상자료관은 150년 전에 지어졌다고 전해지는 포목 전반을 취급하는 가게이다. 점주인 마츠무라 나가지로우 씨가 40년 이상에 걸쳐 기록한 히라노의 풍물이나 행사를 영상과 사진으로 소개하고 있다. 세계에서 한 대밖에 없다고 하는 희귀한 활동환등기도 볼 수 있다.

마을 전체가 박물관은, 시설이나 전시물을 정비하는 것이 목적이 아니기 때문에, 상가 · 사찰 가리지 않고 기본적으로 각각의 관이 개인으로 전개, 주민이 관장이 되어 방문자와의 만남을 통해서 주민 자신이 즐기면서 지역을 재발견하고, 지역에의 애착이 깊어지는 것을 목표로 하고 있는 것이다. 현재 상설관은 일부의 박물관을 제외하고는 매월 넷째 일요일에 개관한다. 하지만 상점 일정이 각기 다르므로 자유로운 개관일을 허용한다. 다만 매년 8월의 넷째 일요일은, '보물 발견 스페셜 마을 전체가 박물관'을 개최해, 상설 박물관 이외에 유령 박물관과 거

---

77) 대념불사는 융통염불종의 총본산이며, 본당은 오사카부의 최대 목조 건축물이다. 유령이 남기고 갔다고 하는 '망녀의 편수'를 비롯해 유령의 족자가 있다.

〈그림 23〉 히라노 마을 전체 박물관 지도

리에 늘어선 특별전시관을 포함해 30~40관이 한꺼번에 오픈한다.

히라노의 '마을 전체가 박물관'은 민간에 의해 출발해, 한 달에 1회, 전관 무료에, 보조 없이 유지되고 있다. 처음부터 총회 없이 운영되고 사무국이 생겼던 것은 지도 작성 때뿐이다. 지도는 회원이 디자인하는 것을 원칙으로 하고 있다. 즉 불필요한 행정조직을 만들지 않고 주민 스스로 해결하면서 즐기는 것이다. 그러나 조금 짓궂은 것은 근처 역에도 안내, 간판, 코스 안내가 없기 때문에 방문자가 헤매게 된다는 것이다. 이는 히라노 박물관이 의도하는 것으로, 헤매던 방문객이 목적지를 찾기 위해서 결과적으로는 현지 사람과의 대화가 생겨나게 될 것이라는 것을 염두에 두고 있다.

박물관을 한 달에 한 번이라도 공개하는 것은 사실상 번거로운 일이고 무료로 운영하기 때문에 경제적 이익이 목적이라면 계속할 수 없다. 그러므로 힘들어지면 그만두는 것을 원칙으로 한다. 왜냐하면 이 박물관의 활동 이념은 알맞게 적당히 하는 것이 모임의 모토이기 때문이다. 그러므로 박물관 운영에 참가한 관장은 현재 상태 지금의 박물관 활동을 즐기면서 운영하고 있다는 것을 증명하는 것이다.

3단계 성숙기

3단계는 에코뮤지엄이 외부와 관계 맺기를 하는 과정이다. 히라노 '마을 전체가 박물관'의 최대 특징은, 방문객과 관장의 소통이다. 이로부터 상냥하고 따스함이 있는 거리의 분위기를 만끽하게 되는데, 박물관 하나하나는 작지만 한 바퀴 걸으면 거리의 역사와 옛날 모습이 남아 있어, 마을 그 자체가 박물관이라고 하는 매력을 풍기는 것이다.

히라노에서는 행정이나 전문가의 주도가 아닌, 주민 스스로 1년에 걸친 앙케이트 · 사진 취재 등을 통해 2000년에 '상점가 가이드라인'을 만들었다. 또한 행정기구가 지구 내의 역사경관을 파괴하거나 신축건물을 만들고자 할 때는 주민 스스로 자정할 수 있는 힘을 갖고 협의하고 토론하는 과정을 갖기도 하면서 행정과 맞서 지역의 미래를 지키려는 노력도 같이하고 있다. 이 또한 지역의 자원과 주민이 서로 네트워크를 형성하여 에코뮤지엄을 이루어가는 사례로 그들이 목적으로 하는 것은 지역의 역사문화자원을 보존하면서 그 안에서 현재의 그들이 행복하고 미래에도 행복할 것을 추구하는 것이다.

(5) 테마파크형 에코뮤지엄

테마파크형 에코뮤지엄은 소멸위기에 있는 지역의 생활양식, 풍습,

의식주 문화 등을 이전하여 복원하거나 재건하여 과거의 모습을 재현함으로써 지역문화를 보존하려는 주민들의 노력으로 탄생한 에코뮤지엄이다. 이러한 사례로는 프랑스의 알자스 에코뮤지엄(Écomusée d'Alsace)을 들 수 있다.

알자스 에코뮤지엄은 프랑스 알자스(Alsace) 지방 오랭(Haut-Rhin) 도의 뮐루즈(Mulhouse)에 소재하고 있다. 프랑스 알자스 지방 가옥 등 고건축물 70여 채를 해체, 복원해서 실제 알자스 마을을 재현하여 탄생한 에코뮤지엄이다.

1단계 태동기

18세기 이후 빠른 산업화가 이루어짐에 따라 점차 사라져가고 있는 알자스의 전통문화와 아름다운 자연환경을 보호하고 널리 알리자는 취지에서 만들어졌다. 이 과정에 알자스 사람들의 자원봉사가 계속하여 이루어졌다. 주택과 가게, 학교, 농장, 제재소 등 알자스 지역의 전통건물들을 재현하였다.

이러한 자원봉사자들의 움직임은 1971년경부터 꾸준한 준비작업을 거쳐 1984년 '알자스 에코뮤지엄'이란 이름으로 대중들에게 처음 문을 열었다. 이 마을은 24만 3,000여m^2의 들판과 강이 흐르는 숲의 한가운데 있다. 〈그림 24〉는 이들이 마을을 옮겨서 재건하는 과정을 보여주는 패널자료이다. 네 번째 사진은 이들이 매우 소중하게 생각하는 위대한 목신이다. 알자스 사람들은 위대한 목신상을 소중히 여겼는데 이는 예수의 아버지 요셉이 목수인 것에 대한 경외감 때문이다.[78)]

---

78) 알자스 에코뮤지엄 패널 자료.

〈그림 24〉 알자스 에코뮤지엄의 건설과정 기록 패널

2단계 형성기

알자스 사람들은 에코뮤지엄의 개관 이후에도 꾸준하게 마을을 복원하는 작업을 진행하여서 그들이 소중하게 간직한 마음속의 알자스 마을을 복원하고 이를 찾는 방문객들에게 보여주고 홍보한다.

〈그림 25〉는 알자스 에코뮤지엄의 모습이다. 도자기 장인이 시연하는 도자기 공방, 그들이 살았던 주택과 그 위에 앉아 있는 황새, 1909년에 만들어져 마을의 상징이 된 '에덴 팔라디움(Eden Palladium)'이라는 회전놀이기구의 모습이다. 알자스 마을에는 지붕에 황새가 산다고 한다. 이렇게 마을을 복원하였는데 그 마을에 황새가 와서 산다는 것은 마을이 완벽하게 복원되었다는 의미로 받아들일 수 있을 것이다.

건물은 알자스 사람들이 생활했던 모습을 그대로 유지하고 있으며, 건물에 살았던 사람들의 이야기는 패널 자료로 기록되어서 방문객에게 그들의 역사를 말해준다. 좁지만 그곳에 모여 살았던 가족들의 사진과 부엌의 살림살이들이 그대로 보존되어 있다. 그 이외에도 짐수레 제작

〈그림 25〉 알자스 에코뮤지엄의 모습

자, 도공, 제분기술자, 구두기술자, 마구기술자, 석공, 목수, 대장장이 등 장인들의 공방이 있다. 마을 곳곳에는 염소, 돼지, 오리, 닭 등 알자스 사람들이 키웠던 가축들도 있다.

3단계 성숙기

2010년에 알자스 에코뮤지엄은 가장 유명한 세계여행 안내서인 론리 플래닛(Lonely Planet)이 꼽은 '여행객이 꼭 가야 하는 세계의 지역'에 꼽히기도 했다. 알자스 에코뮤지엄에는 가족 단위의 부모와 어린이, 학생들, 혹은 혼자 오는 모두를 충족시킬 다양한 체험 프로그램을 운영하면서 방문객과 소통하고 있다. 또한 홈페이지에는 다양한 체험 프로그램과 전시, 이벤트 등이 업데이트 되어서 방문객의 편의를 돕는다. 다양한 전시와 생일파티, 농촌 체험 프로그램, 교육 프로그램 등이 운영되면서 끊임없이 외부와의 소통을 하고 있다. 알자스 에코뮤지엄은 살아 있는 그들의 부단한 노력으로 알자스의 민속과 생활양식을 보존하고 상품화하여 관광상품으로 만들었다. 주민들이 그 공간에서 실제로 살고 있지는 않지만 그 공간에 살아 있는 알자스의 정신이 에코뮤지엄의 요건을 충분히 만족시키는 것이라 생각한다.

지금까지 에코뮤지엄의 설립목적에 따른 사례를 통하여 운영방식에 대하여 연구하였다. 다음 장에서는 농촌형 에코뮤지엄에 대해서 더욱 심도 있게 연구하도록 하겠다.

II

ECOMUSEUM

지속가능한 농촌 발전을 위한 에코뮤지엄 모델

현대인에게 농업과 농촌은 지속가능한 유산인가? 인류는 계속 농사를 지으면서 살아갈 것인가? 모두가 산업화 · 정보화의 인력으로 투입된다면 농촌은 어떻게 될 것인가? 인류는 농사를 짓지 않고도 생존을 영위할 수 있을 것인가? 이제 지속가능한 지역유산으로서 농촌에 대한 발견을 하고자 한다.

4장

지역자원으로서 농업의 발견

1. 지역의 문화유산, 농업

1) 농사의 기원과 벼농사의 역사

인류의 환경과 식량에 대한 논의는 지속가능한 미래에 대해서 농업의 중요성을 강조하고 있다. 그동안 인류의 식량정책과 경제정책은 생산성 극대화를 위해 달려 왔고, 지난 수십 년간 구축된 농업체계는 빈곤 완화와 생활수준 상승에 크게 기여했다. 이 체계는 어느 정도 자기 목적을 달성했다. 인류가 직면한 새로운 현실은 기술만큼 인간에 대해서도, 생산만큼 자원에 대해서도, 단기적인 관점만큼 장기적인 관점에 대해서도 초점을 맞추는 농업체계를 요구하고 있다.[1] 오직 이러한 체계만이 미래의 도전에 맞설 수 있다. 농업은 지역의 토양과 기후, 자연환

1) 세계환경발전위원회, 『우리 공동의 미래』, 조형준 · 홍성태 옮김, 새물결, 2005, 223쪽.

경에 적응하면서 경작하여 살아온 인간지혜의 산물이며 전통이 집적되어 전수된 지역문화유산이다.

지역문화란 오늘날 많이 일컬어지는 향토문화와 유사하지만 차이점을 갖고 있다. 권영옥은 '향토문화'란 인간이 일정한 지역에서 오랫동안 정착하여 사회를 이루고, 역사를 가지면서 살아가는 동안에 형성된 그 지역의 고유한 문화를 일컫는다고 보았는데, 공간의 범위로서 향토는 한민족의 구성원이 태어나서 문화화 과정을 거친 공간을 가리키는 말로, 조선시대의 고을에서 이어진 현재의 시 · 군 · 구를 그 대상으로 한다. 시간의 범위는 한민족의 구성원이 문화화 과정을 거친 행정적인 공간 단위인 조선시대 고을에서 이어진 현재의 시 · 군 · 구에서 지역적 특성이 강력한 문화를 가리킨다. 따라서 향토문화의 자료는 전통시기의 문화유산과 근현대 이후의 삶의 양상을 모두 포함한다.[2)]

향토문화가 지역문화와 차이를 갖는 것은 공간과 시간의 개념이다. 당초 에코뮤지엄의 정의에서 리비에르가 규정한 공간의 범위는 지역이라는 개념으로 시 · 군 · 구와 같은 행정적인 개념에 의해서 규정되는 것이 아니라 사람들의 관습과 생활방식을 중심으로 연합할 수 있는 공간 개념이다. 또한 시간의 개념에 있어서도 차이를 보이는데 향토문화가 조선시대로부터 현재에 이어지는 것이라면 지역문화에 있어서 시간은 에코뮤지엄의 시간적 개념을 수용하여 '선사시대부터 현시대에 이르기까지 풍부한 역사 유적과 인간의 활동을 보유하고 증언'하는 시간의 개념이다. 본고에서는 지역문화의 개념을 후자의 개념으로 보고자 한다.

인류가 농사를 시작한 것은 원시농경에서 그 기원을 찾을 수 있다.

---

2) 권영옥 외, 「향토문화 분류체계와 전자대전 항목구성체계의 접합 방안」, 『인문콘텐츠』 제9호, 인문콘텐츠학회, 2007, 13쪽.

이를 신석기혁명(新石器革命: Neolithic Revolution)이라 하는데, 이것은 인류가 식량을 규칙적으로 생산하고 확보할 수 있는 단계로 자연환경을 이용하여 집단생활하는 것이 가능하게 됨을 의미한다.[3] 이러한 농업의 발전단계는 원시농업에서 농경지에 불을 내서 타고 난 후 식물의 재를 비료로 하여 작물을 재배하여 수확하는 화전농업(火田農業)의 단계에서 집약농업(集約農業)의 단계로 발전하였다. 화전농업은 식물의 재를 비료로 하여 이루어지는 농업이기 때문에 처음 몇 년은 토지가 비옥하지만 시간이 지나면 지력이 떨어져서 이동을 하여 농사를 지어야 하는 특징이 있다. 이 때문에 화전농업은 이동농업이라고도 한다. 우리나라의 경우 산악지대인 강원도나 함경북도 등에서 최근까지도 행해졌다. 집약농업의 경우 원시농업과 다르게 농기구, 즉 도구를 사용하였다는 점에서 차이가 있다. 이때부터 인간은 어느 지역에 정착하면서 가축의 힘을 이용하여 농사를 짓게 된다.

한반도에서 농사를 시작한 것은 신석기시대로 본다. 신석기시대에는 돌로 만든 농기구를 사용하여 농사를 지었다. 이 시대의 농기구는 대부분 돌로 만든 것으로 땅을 파는 데 사용된 돌삽, 돌괭이, 돌보습, 뿔괭이 등이 있다. 곡식의 수확을 위해서는 반달 모양의 돌칼과 낫을 사용하였다. 곡물의 껍질을 까기 위해서는 갈돌, 갈판, 돌공이, 돌절구 등이 사용되었다. 저장 용구로는 토기를 사용하였다. 신석기시대에 행해진 농사는 벼농사에 선행하여 잡곡의 농사가 행해졌을 것으로 본다. 평양의 남경 유적지에서는 탄화 조 12점과 전석이 발견되어 한반도 서북부 지방에서 늦어도 신석기 후기에 농경이 시작되었다고 추측된다.

또한 우리나라 청동기 문화를 알려주는 대표적인 유물로 농경문청동

3) 미르치아 엘리아데, 『세계종교사상사 1』, 이용주 옮김, 이학사, 2005, 69쪽.

기가 있는데, 대전시 괴정동에서 출토된 것으로 전해지며 기원전 4세기 유물로 추정된다.[4] 한쪽 면에는 따비로 밭을 가는 사람과 괭이를 치켜든 사람, 항아리로 두 손을 뻗은 사람 등으로 표현되어 있다. 다른 면에는 새가 나뭇가지 위에 앉은 모습이 있는데, 이는 마을의 솟대를 의미하는 것으로 본다. 새는 죽은 사람의 영혼을 하늘로 인도하는 매개자인 동시에 풍요를 상징하기도 한다. 이 농경문청동기는 당시에 생산과 풍요를 비는 제사의식에 나무 등에 걸어서 사용된 것으로 추정되고 있다.[5]

이 외에도 청동기시대에는 겉면에 무늬가 없는 민무늬토기가 주로 사용되었으며 지역과 시기에 따라서 다양한 특징을 보이고 있다. 대표적인 토기의 형태로는 붉은간토기, 검은간토기 등이 있다. 우리나라에 벼농사가 전래된 시기는 신석기 후기라는 견해도 있지만 벼농사가 본격적으로 진행된 것은 청동기시대 중기로 본다. 벼농사의 직접적인 증거가 되는 탄화미나 볍씨 압흔이 남아 있는 민무늬토기, 그 외에 반달모양의 돌칼, 탄화된 곡물 등이 출토되고 있기 때문이다. 반달 모양의 돌칼은 신석기 말기에 등장하여 청동기시대에 벼농사와 함께 본격적으로 사용된 것으로 보이는데, 충남 논산시 연무읍 마전리 유적에서는 청동기 시대의 논이 발굴된 바 있다. 청동기시대에 벼농사가 확산되면서 쌀이 중요한 위치를 차지하고 주식으로 자리를 잡게 되었다.[6]

청동기에 이어서 철기는 중국 전국시대의 철기의 영향을 받아 기원전 4세기 무렵부터 사용하였다. 이 시기에 소량의 철제 농기구가 보급된 것으로 보인다. 철기문화의 보급은 농경과 농업 생산력에 많은 기여를 한다. 기원전 1세기경에 따비, 괭이, 쇠낫이 나타난다. 철제 농기구

---

4) 배영동, 『농경생활의 문화읽기』, 민속원, 2002, 20쪽.

5) 국립중앙박물관, http://www.museum.go.kr/program/relic/.

6) 국사편찬위원회, 『쌀은 우리에게 무엇이었나』, 두산동아, 2009, 34-60쪽.

의 사용으로 무거운 농기구를 가축의 힘을 이용하여 농사를 짓는 방법이 모색되었음을 알 수 있다. 『삼국사기』에는 신라 지증왕 3년(A.D. 502)에 우경(牛耕)을 시작했다는 기록이 있다.[7)]

집안 고구려 고분벽화 오회분 5호묘 천장벽화에 농사의 신의 모습이 있는데, 머리는 소이고 몸은 사람 모습을 한 반인반수의 존재가 나무숲 공간을 날고 있는 형상의 그림이다. 마치 전력질주로 달리는 것과 같이 역동적으로 표현되어 있다. 복식의 긴 자락과 소매의 배래가 넓은 폭으로 날리고 있으며, 옷고름의 동적(動的)인 선의 움직임 등 매우 율동적이면서 생동감이 넘치며, 발에는 신을 신고 있다. 특이한 것은 오른쪽 손에 벼이삭을 움켜쥐고 있다는 점이다. 농사의 신이 소의 머리 형상을 하고 있다는 것과 손에 벼이삭을 들고 있다는 점 등을 통하여 당시에 소가 벼농사에 중요하게 이용되었다는 점을 유추할 수 있다.

이렇게 민족의 삶과 같이한 소에 대한 기록은 『삼국지』 동이전 부여조(夫餘條)에 나타나는데 마가(馬加), 우가(牛加), 저가(豬加), 구가(狗加) 등 육축을 관명으로 사용한 사실과 군사에 관한 일이 있을 때 소를 잡아서 하늘에 제사 지낸다는 기록[8)]을 통하여 우리 민족은 2,000년 전부터 소를 사육하여 왔다는 것을 알 수 있다. 소는 인간노동의 보조수단일 뿐만 아니라, 비료생산자, 재산증식자로서의 역할도 감당하여 왔다.[9)] 그 외에도 출토 볍씨는 벼농사에 관한 주요한 정보를 주는데, 〈표 3〉은 2004년 세종대학교 발굴조사보고서[10)]에 나타난 출토 볍씨 가운데 압흔 형태의 볍씨를 시대별로 정리한 것이다.

---

7) 배영동, 앞의 책, 21쪽.

8) 김재선 외, 『한글 동이전』, 이경 편역, 서문문화사, 1999, 57-58쪽.

9) 배영동, 앞의 책, 156쪽.

10) 세종대학교박물관, 『세종대학교박물관학술조사총서』, 세종대학교박물관, 2004.

〈표 3〉 고대 주요 쌀 출토지

유적	세부 구역	시대	벼 형태
청북 청원 소로리 유적	상하 2층의 유기질 토탄층	구석기	
인천 강화 우도패총 유적		신석기	압흔
경기 고양 성저마을 유적(일산 1지역)	갈색 토탄층	신석기	
경기 부천 고강동 유적	7호 주거지	청동기	압흔
경기 여주 흔암리 유적	12호 주거지	청동기	
충남 부여 송국리 유적	50-2호 주거지	청동기	압흔
충남 천안 백석동 유적	94-A-추정요지	청동기	압흔
충남 태안 고남리 패총 유적	1호 패총 나피트 6층	청동기	압흔
경기 평택 현화리 유적	Ⅵ지구 토탄층	청동기	화분분석, 일반
경기 하남 미사리 유적(A지구)	6호 주거지	청동기	압흔
충남 보령 관창리 유적	G구역 수전	청동기	압흔
전남 광주 신창동 반월촌 유물산포지	지표수습	청동기	압흔
전남 광주 신창동 분묘 유적	지표수습	청동기	압흔
전북 부안 소산리 유적	지표수습	청동기	압흔
대구 수성 성동 산포지 유적	유물 산포지	청동기	압흔
경남 산청 강루리 유적	지표	청동기	압흔
경남 진주 대평리 옥방지구 유적	밭터	청동기	압흔
경남 합천 봉계리 유적	주거지 주변 퇴적토층	청동기	압흔
경남 합천 영창리 유적	27호 가마	청동기	
울산 다운동 유적	7호 주거지	청동기	
경남 거창 대야리 유적	3호 주거지	청동기	압흔
전남 승주 대곡리 유적	40-1호 주거지	청동기	압흔
전남 해남 군곡리패총 유적	A피트 6번 층위	초기철기~원삼국	압흔
전북 부안 반곡리 유적	지표수습	초기철기	압흔
부산 조도 패총 유적	Ⅱ층	초기철기	압흔
경남 사천 늑도 유적	2호 주거지	초기철기	압흔
전남 광주 큰도람실 유물 산포지	지표수습	초기철기	압흔
전남 광주 운남동 유적	3호 옹관	초기철기	압흔
춘천 중도 유적	2호 주거지	원삼국	압흔
경기 용인 보정리 소실 유적	20호 수혈유구	원삼국	
충남 보령 관창리 주구묘 유적	KM-401호 주구묘	원삼국	압흔

구석기시대 이후 신석기시대의 볍씨가 인천 강화 우도패총 유적, 경기 고양 성저마을 유적(일산 1지역)에서 발견되었음을 알 수 있다. 청동기 볍씨 유적지로는 경기 여주 흔암리 유적지를 비롯하여 충남 부여 송국리 유적지, 충남 천안 백석동 유적지 등 다수가 발견되고 있다. 초기철기시대의 볍씨 유적은 전북 부안 반곡리 유적지, 부산 조도 패총 유적지, 경남 사천 늑도 유적지 등에서 발견되고 있으며, 원삼국시대의 볍씨도 춘천 중도 유적지에서 발견되고 있다. 결과적으로 통시대적으로 볍씨 유적지가 전국에서 발견되고 있음을 알 수 있다.

쌀은 매우 신성하게 여겨졌는데, 『삼국지』에 따르면 동옥저에서는 사람이 죽어서 장사를 지낼 때 "질솥에 쌀을 담아서 곽(槨)의 문 곁에 엮어 매단다"는 기록[11]이 있어 저승길을 갈 때 식량을 마련해준 것으로 해석된다. 또한 고구려, 백제, 신라에서 모두 쌀을 세금으로 거두었던 사실을 통해 쌀이 화폐로써 기능했다는 것을 알 수 있다.

고려시대의 벼농사를 살펴보면 일반 백성이 쌀을 주식으로 하기는 어려운 상황이었고, 주로 지배층의 주식이거나, 세금을 수취하는 수단으로 사용되었다고 본다. 백성들이 널리 식량으로 이용한 것이 좁쌀(粟)이었다는 것은 조를 의미하는 속(粟) 자를 곡물의 의미로 사용한 점에서 유추할 수 있다. 그 외에도 보리, 콩 등 밭작물을 먹었다고 본다. 고려시대에 재배한 작물을 살펴보면 곡물로는 벼, 보리, 밀, 조, 기장, 수수, 피, 귀리, 콩, 완두, 너즐콩, 팥 등이다. 채소로는 무, 배추, 마늘, 부추, 오이, 가지, 순무, 아욱, 박, 깨 등이고, 과일은 참외, 수박, 배, 복숭아, 밤, 잣, 대추 등이다. 기타 작물로는 삼, 모시, 뽕나무, 목화, 구기자, 피마주, 생지황, 옷나무, 닥나무 등이다. 이렇게 다양한 작물이 재배되는 가운데

11) 김재선 외, 앞의 책, 68쪽.

도, 쌀은 식량으로서 그 비중이 증가하였다. 그것은 농경제의의 시기변화를 통해서 알 수 있다. 삼국시대에는 음력 5월과 10월에 농경제의를 하였는데, 이는 잡곡의 수확시기이므로 주로 잡곡 농사를 하였음을 보여주는 것이다. 반면 5세기에서 7세기에 이르는 시기 이후에는 정월 대보름과 8월 한가위를 새로운 명절로 지키는 것으로 보아 벼농사 중심의 농경제의가 행해진 것을 알 수 있다.[12)]

고려시대 쌀 가공식품으로는 술, 정월대보름에 찹쌀에 기름과 꿀을 넣고 잣, 밤, 대추 등을 섞어 찐 약식, 유두일에 먹는 눈같이 희고 깨끗한 단자병이 있었다고 한다.

그 외에 쑥을 넣은 쑥설기떡, 밤 가루를 멥쌀가루에 2대 1 비율로 섞어 찐 고려율고 등이 있었다는 것을 통하여 비교적 쌀이 풍부하게 보급되었음을 알 수 있다. 〈그림 26〉은 대한민국 식품명인 제42호 김왕자 명인이 문헌에 따라 고증 재현한 고려율고의 모습이다.

조선시대의 벼농사는 조선이 국책으로 농사를 내세운 것에서 보듯이 매우 중요하게 다루어진다. 조선 초기에 '노농(老農)'들에게서 모은 농사

〈그림 26〉 고려율고

---

12) 국사편찬위원회, 앞의 책, 91-98쪽.

〈그림 27〉 농협중앙회 농업박물관 소장 『농사직설』

지식을 바탕으로 농사전문서인 『농사직설(農事直說)』(1429)을 편찬하여 간행하였다.

『농사직설』은 세종이 정초(鄭招: ?~1434), 변효문(卞孝文: 1396~?) 등에게 명하여, 중국의 농서(農書)에만 의존하지 않고 각 도의 노농들의 경험담을 토대로 국내 실정에 맞게 만든 것이다. 조선 전기 농사에 관한 기술을 해설한 최고(最古)의 농법서(農法書)로서 목판본 1책으로 구성되어 있다. 내용은 비곡(備穀; 이듬해 파종하게 될 종자의 준비법) · 지경(地耕; 파종 전에 경작지를 일구어 고르는 방법) · 종마(種麻; 삼의 파종 · 재배 · 수확) · 종도(種稻; 벼의 재배법) · 종서속(種黍粟; 기장 · 조 · 수수의 재배법) · 종직(種稷; 피의 재배법) · 종두(種豆; 콩의 재배법) · 종맥(種麥; 보리와 밀의 재배법) · 종호마(種胡麻; 참깨 재배법) · 종교맥(種蕎麥; 메밀 재배법) 열 개의 항목으로 분류하여 수록하였다. 책의 구성은 먼저 종자와 토양 다루기를 설명하고, 각론에서는 각종 작물의 재배법을 간결하게 서술하였다. 또한 벼농사에 대한 내용이 있는데, 논에 직접 볍씨를 뿌리는 직파법과 모내기를 하는 이앙법에 대한 내용이 모두 기록되어 있다. 모내기하는 모습은 18세기에 김홍도가 그렸다고 전해지는 누숙경직도(樓璹耕織圖)에도 나타나는데, 위쪽에 경직도 시(詩)를 기입한 다음 아래에 그림을 묘사하였다.

한편, 임진왜란과 병자호란을 겪으면서 전쟁으로 인하여 인구수는 감소하게 된다. 줄어든 인구는 17세기 후반부터 18세기 후반에 증가하여, 18세기 후반의 인구수는 대략 1,500만에 육박하게 된다. 그리하여 18세기의 농법은 품을 아끼려던 것에서 토지 생산성을 높이기 위한 농법으로 발전하게 된다. 이 시기에 정부보다는 지주와 농민들이 추진한 소규모 수립사업이 농사에 유용하게 이용되었다. 또한 농사 지을 땅이 부족했던 소작농들의 시비법 개발과 물이 부족하더라도 모를 낼 수 있는 방법의 개발 등이 산출량 증대에 기여하였다.[13] 이러한 요인들에 의해서 18세기 이후 조선에서는 논 면적이 확대되고, 쌀의 주식화가 진행될 수 있었다.

2) 생산공동체와 생활공동체: 두레

벼는 다른 작물에 비하여 특정한 시기에 집중적으로 노동력이 투입되는 노동집약적 성격이 매우 강한 작물이다. 봄에 못자리 만들기부터 씨뿌리기, 논갈이, 모내기, 김매기를 하는 시기를 지나 가을의 수확에 이르기까지 노동력이 연속적으로 요구된다. 쌀을 의미하는 미(米) 자의 의미는 나무 목(木) 자를 중심으로 여덟 팔(八) 자가 두 번 반복되어 여든여덟 번의 농부의 손길을 의미한다 하였는데, 이는 볍씨가 자라서 알곡이 되고 수확하기까지 농부의 손길과 정성이 많이 간다는 의미로 볼 수 있다. 이러한 속담은 벼농사를 위주로 하는 아시아 지역에서도 발견된

13) 위의 책, 144-156쪽.

다. 캄보디아에서는 파종에서 수확에 이르기까지의 농부의 정성을 표현하여 "단지 육체만이 집에 돌아오고 벼를 돌보기 위해 영혼은 논에 머문다"[14]는 속담이 있다. 절대적인 노동력이 필요한 벼농사를 짓는 지역에서는 자녀를 많이 낳아 농사의 생산노동력을 높였다. 가족은 농사의 가장 작은 공동체였다. 좀 더 큰 단위로는 마을이 농사를 위한 생산공동체였는데, 마을의 이러한 공동생산을 위한 노동조직으로 두레가 형성된 것은 모내기가 보급된 시기와 거의 일치한다. 두레의 기원은 대략 18세기 후반 경으로 본다. 이는 18세기 초반에 기록된 홍만선의 『산림경제(山林經濟)』(1715)에는 나타나지 않는 '호미씻기'가 18세기 후반에 기록된 유중림의 『증보산림경제(增補山林經濟)』(1766)에는 나타나는 것으로 알 수 있다. 음력 7월이 되어 김매기가 끝날 무렵이면 여름날의 고된 농사를 마쳤다는 의미로 하루를 잡아 마을 전체가 놀이로 공동체의식을 다지는데, 이를 '호미씻기'라고 한다. 또한 두레패는 고된 노동을 달래기 위하여 풍물을 하였는데, 이를 '두레풍물'이라 하였다.

주강현은 음력 2월 1일 머슴날, 볏가리 쓰러뜨리기 축제, 호미를 모두어 일꾼들의 의식을 거행하는 호미모둠, 참을 먹는 공동식사, 칠월칠석날 두레잔치를 벌이면서 결산하는 호미씻기(호미걸이), 두레풍물패의 합굿, 두레패들끼리의 서열을 보여주는 기세배, 두레싸움 등 두레와 관련된 민속의 다양성을 논하면서 두레를 모르고는 농민문화를 결코 이해할 수 없다고 말한다.[15] 특히 두레기(旗)는 두레의 상징이다. 두레기는 '농기(農旗)'라고도 불린다. 기의 중앙에 위에서 아래로 농자천하지대본(農者天下之大本)이라는 문구를 새기거나 신농유업(神農遺業)이라는 문구를

14) 피에르 구루, 『쌀과 문명』, 강길훈 · 김건 옮김, 푸른길, 2010, 50쪽.

15) 주강현, 「농민의 상징인 두레의 농기」, 『농민의 자부심, 농기(農旗)』, 농협중앙회 농업박물관, 2009, 61쪽.

새기기도 하였다.

김광언은 농기의 의미에 대하여 다음과 같이 서술한다.

> 농기는 흔히 농신기(農神旗)라고 부르는데, 이는 농사의 풍흉을 결정짓는 청룡 · 거북 · 물고기 등과 같은 수신(水神)을 그려놓았기 때문이다. 이들 가운데 가장 많은 것이 청룡이며, 신농씨가 용에 올라타고 하늘을 나는 모습을 그린 농기도 간혹 보인다. 이처럼 용이 농기에 주로 그려지면서, 용당기(龍幢旗) · 용기(龍旗) · 용신기(龍神旗) · 용두기(龍頭旗)라는 별명이 간혹 붙기도 하였다.
>
> 용은 물의 신인 동시에 비의 신이기도 하다. 따라서 농신기는 비를 머금은 하늘의 용이 땅에 비를 뿌리기 위해 깃대를 타고 땅으로 내려오는 것을 상징한다. 1517년에 최세진(崔世珍, 1473~1542)이 낸 『훈몽자회(訓蒙字會)』에는 한자 용(龍)을 '미르'라고 적고 있는데, 이와 관련하여 미르의 어근인 '밀'이 '물'의 어원과 같다는 점에도 주의를 기울일 필요가 있다. 또한 크고 작은 마을이나 계곡에 용정, 용소, 용연, 용지, 용추, 용담, 용강, 용호 등으로 불리는 장소가 적지 않은 것도 이와 연관이 깊다. 그 외에 용현동, 용두동, 용수동과 같은 지명은 이루 헤아리기 어려울 정도로 많다.[16)]

용에 대한 이러한 상징은 농기를 통해서 확인할 수 있다. 〈그림 28〉은 전남 강진군 군동면 용소부락 안지 마을에서 두레를 할 때 사용한 농기이다.

가장자리는 붉은색 지네발로 통일하였으며, 흰색 바탕에 청룡을 탄 신농씨를 그렸다.[17)] 일반적으로 농기는 앞면에만 그림을 그리는데, 강진 용소 농기는 뒷면에도 같은 그림을 그렸다. 그림의 소재는 용, 신농

---

16) 김광언, 「농기」, 『농민의 자부심, 농기(農旗)』, 농협중앙회 농업박물관, 2009, 73쪽.

17) 농협중앙회 농업박물관, 『농민의 자부심, 농기(農旗)』, 농협중앙회 농업박물관, 2009, 20쪽.

〈그림 28〉 농협중앙회 농업박물관 소장 강진 용소 농기

씨, 잉어, 거북 등이다. 특히 신농씨가 손에 쥐고 어깨에 걸친 것은 농기구 가운데 살포로 여겨진다. 살포는 논의 물꼬를 트거나 막을 때 사용하는 연장이다. 벼농사에서 물의 사용은 절대적인 가치를 지니므로 신농씨가 살포를 들고 물꼬를 트거나 막을 수 있음을 상징하는 것으로 보인다. 오수지는 「살포의 기능과 상징에 관한 연구」에서 살포는 고대 초기부터 농기구로서만 사용된 것이 아니라, 의례용구로서의 기능을 지니고 있었으며, 수장의 권한을 상징하는 도구로 사용되었다는 것을 발

견한다. 또한 두레의 우두머리인 좌상이 '살포'를 사용하여 농사일을 지시하였음을 밝힌 바 있다.[18] 농기는 매우 소중하게 다루어지는데, 아침에는 문안인사를 올리고 농기 주위를 돌았다. 세벌 김매기가 끝나는 때는 농기 앞에 술을 붓고 간단한 고사를 올렸다.

영기는 두레의 영을 전달하는 전령기로 농기를 보위하면서 두레패가 가는 길을 인도하였다. 농기는 하나인데 반하여 영기는 두 개다. 형태는 삼각형 또는 사각형으로 붉은색이나 청색을 사용하였다. 한가운데 '令(령)' 자를 새겼다. 영기를 꽂는 것은 농사작업의 시작을 알리는 것이다. 농기는 사방이 트인 곳에, 영기는 논에 꽂았다. 작업을 마치고 다른 논으로 이동할 때면 영기도 따라 옮겨진다. 두레패들은 영기를 따라 이동하였고, 영기를 ×자 모양으로 꽂으면 그 앞을 지나갈 수 없다는 뜻으로 상대가 이를 어기면 두레싸움이 벌어지기도 한다.

두레는 생산공동체와 놀이공동체의 성격을 동시에 지녔기에 노동의 효율성을 높이고 집약적인 생산방식을 유지할 수 있는 사회적 장치로서의 역할을 하였다. 마을사람들은 전체가 두레에 가입되어서 마을공동체의 일원으로서 노동과 놀이에 참여하였다. 두레의 의미는 경제적 가치를 넘어서서 노동을 축제로 승화시키는 결집력에 있는 것이라 할 수 있다.

18) 오수지, 「살포의 기능과 상징에 관한 연구」, 『2008 한국민속학자대회』, 한국민속학술단체연합회 · 국립민속박물관, 2008, 424-426쪽.

2. 농촌 마을공동체의 해체와 마을만들기

1) 농촌 마을공동체의 질곡과 해체

이러한 두레의 힘은 농촌을 버티게 하는 강력한 힘이었다. 그러나 두레와 마을공동체는 서서히 해체되는 과정을 겪는데, 그 이유는 농업 생산구조의 변화, 일제강점기의 수탈과 농촌문화 파괴에 따른 결과였다. 해방과 건국 이후에도 농촌사회의 질곡은 계속되어서 결국 도시화와 산업화로 농촌 공동화가 초래된다.

조선은 17세기에서 18세기로 넘어가는 시기에 경제적인 변화를 크게 겪는데, 그것은 농업 생산구조가 농장제에서 지주 소작제로 전환되는 것이었다. 18세기 조선은 인구가 증가하면서 식량의 부족에 대한 압박을 받는데, 그 과정에 소농민들은 고통스러운 노동과 인내로 쌀의 생산량이 늘어나게 하였다. 이러한 고통과 인내에도 불구하고 토지 소유는 양극화되어 19세기에 이르러서는 지역마다 끊임없는 민란이 발생하게 된다. 또한 18세기에서 19세기에 이르는 시기에 조선은 잦은 가뭄과 홍수 등 자연재해로 논농사가 확장된 농사의 형태로는 기근을 면하기 어려운 상황에 직면하게 된다. 결국 늘어나는 인구에 대비하여 경작할 땅이 줄어들고, 자연재해에 따른 식량생산성이 이에 미치지 못하게 되어 세금 부양력이 떨어진 영세한 농민들의 불만이 홍경래의 난(1812), 동학농민전쟁(1894) 등으로 이어지게 된다.

1876년 강화도 조약의 체결 직후 진행된 조일통상장정 협상에서 조선 정부는 쌀의 무역을 금지하는 입장을 견지하였으나, 일본 정부는 자연재해 등으로 곡물이 부족해질 경우 개항장에 거류하는 일본인을 위해 미곡을 수출입하도록 요청하여 두 나라의 조약에 명기하기로 하여 통상 조약을 체결한다. 여기에 양국의 입장이 다른데, 조선은 단지 인도적 차원에서의 미곡의 수출입을 의미하며 미곡을 교역하는 것은 아니라는 입장이고, 일본은 미곡의 교역이라고 자의적으로 해석하였다. 일본은 자국의 쌀을 런던의 곡물시장에 팔고 조선과 난징의 쌀을 싼 가격에 수입하여 자본을 축적하게 된다. 값싸게 수입된 조선의 쌀은 오사카 지역에 대량으로 유입되어, 오사카 지역 면 공장의 노동자들의 식량으로 소비되었다. 쌀 수출은 부산, 원산, 인천에 이어 진남포, 목포, 평양, 군산 등으로 이어지면서 확대되어 갔고, 일본의 침탈도 동시에 진행되어 갔다. 일본은 쌀이 여물기 전인 여름에 저렴하게 미리 자금을 지불하고, 수확기에 쌀을 받는 식으로 환차익을 챙기면서 조선의 쌀을 수입하여 갔다. 양반 지주층은 미곡 수출로 인한 쌀값의 상승과 소작료를 인상하면서 경제적 이익을 도모하였다. 쌀의 상품화가 가속화되면서 지주의 토지는 확대되고 농민은 토지를 잃게 되고 임금노동자로 전락하게 된다.

1905년 을사조약 체결 후 일제강점기에는 1910년부터 토지조사 사업이 실시되어 토지측량, 토지소유권, 토지가격 등을 조사하여 조선의 농업을 식민지 통치 기반으로 하려는 움직임이 진행되었다. 이 조사과정에서 소유주가 불분명하거나, 공동의 삼림 · 임야 등은 모두 조선총독부와 동양척식주식회사가 소유하게 된다. 조선총독부는 쌀의 품종 개량, 비료, 개관 사업을 통하여 전통적인 쌀 농법을 개량한다는 허울 좋은 구실을 내세워 일본의 쌀 품종과 일본 농법을 보급하였다. 또한 일본에 쌀을 수출하기 위한 산미증식 계획에 의해서 농지는 쌀 단작형 농업구조로 전환되었다. 농업공황과 쌀값 하락은 조선 농민을 몰락으로 내몰았다. 농민층의 몰락은 식민지 지배체제에 위협이 되므로 조선총독부는 농가경제 안정을 위한 '농가경제 갱생계획'을 세우는 등의

시도를 하였으나 근본적인 해결책이 아닌 규제제도의 남발로 농민층과 농촌경제는 더욱 피폐해지게 된다.[19]

일제강점기를 지나, 전쟁, 휴전의 과정을 겪으면서 국토가 분단되는 과정에 경제구조도 분단되었다, 전쟁 후에도 식량 사정은 개선되지 않았고, 미국의 구호품과 식량 지원에 의한 식량 배급 등은 또 한 번 곡가의 폭락과 농가경제의 피폐를 가져오게 된다. 미국은 밀가루 원조를 통하여 자국의 농산물 시장을 확대하였고, 정부는 국민의 쌀 소비 억제와 밀 소비 확대를 위한 다양한 생활개선 운동을 전개하였다. 특히 이승만 정권 아래서는 내핍을 통한 쌀 수출을 위하여 국민에게는 '절미(節米)'를 강조하고 혼 · 분식을 장려하였다. 박정희 정권도 혼식을 꾸준하게 장려하였으나, 그 호응은 그리 높지 못하였다. 1960년대 후반에 1인 당 쌀 소비는 오히려 증가하였다. 그러다가 1977년 통일벼 재배로 쌀 생산량이 4,000만 석에 이르러 '녹색혁명'[20]을 이루게 된다. 이렇게 쌀 자급이 이루어지게 되면서 혼 · 분식 장려는 약화된다.

극심한 쌀 부족 현상을 극복하고, 쌀 자급을 향해가는 과정에 우리사회는 도시화되고, 공업화되고, 산업화되었다. 농민의 자녀들은 더 이상 희망이 없는 농촌에 머무르기보다는 도시로, 공장으로, 산업현장으로 향했다. 그렇게 우리의 농촌은 해체되었고 도시는 방만하게 팽창되어 갔다. 농경사회를 공동체로 묶어주던 마을의 기능은 농촌의 해체와 기계화 영농의 기치 아래 소리 없이 소멸하여간다.

---

19) 김윤희, 「개항에서 일제강점기 쌀 수출과 농촌사회」, 『쌀은 우리에게 무엇이었나』, 국사편찬위원회, 2009, 245-259쪽.

20) 농촌진흥청, 『민족과 함께 해온 쌀 이야기』, 농촌진흥청, 2004, 14쪽.

2) 농촌지역의 새로운 움직임: 마을만들기와 그 한계점

마을의 공동체의식이 약화되는 상황에 현대 농업기술의 도입은 개별 노동에 의한 농사를 가능하게 하였다. 1940년대 초반까지도 노동집약적인 농법과 공동작업, 공동의 의례와 놀이가 유지되었으나, 1980년대에 이르는 동안에 현대기술의 도입으로 기술집약적 농법으로 전환하는 과정에 마을의 공동체의식은 점차 약화되었다. 농약과 화학비료의 사용은 전통농법에 변화를 가져왔고 농촌 생활 전반의 변화를 초래하였다. 이 시기 농촌은 내부적으로 안정적인 농업생산과 자급자족적인 농업에서 경제적인 가치를 추구하는 상업적인 농업으로 변환하는 시기였다. 이 시기 농촌에 대한 정부나 도시민 등 외부의 시각은 농촌은 생활문화와 경제적 소득 면에서 낙후되었다는 전제하에서 계도의 대상으로 인식되었고, 농촌에 대한 물리적인 개선에 노력이 집중된 시기였다.

농촌에 대한 시각에 변화가 나타나면서 마을만들기가 관심의 대상이 된 것은 1995년 지방자치 시대로 접어들면서라고 할 수 있다. 물론 새마을 운동이 1970년대 전개된 바 있지만 이것은 정부 주도의 하향식 정책 달성에 목표를 두고 있었으므로 진정한 의미의 마을만들기라고 보기는 어렵다. 그렇다면 마을만들기에서 '마을'이란 말은 무엇을 의미하는가? 여러 사람 또는 가구가 모여서 사는 지역공동체로 지역사회의 가장 기초적인 집단, 동리(洞里)를 뜻한다. 과거 전통적 농촌에서 마을의 개념은 두레라는 공동 노동과 놀이공동체를 핵으로 이루어지고 운영되던 공간을 배경으로 한 사회적 개념이었다. 현대에 있어 마을은 공간적 마을 이외에도 '만화마을', '컴마을', '영화마을' 등의 용어에서 볼 수 있는 것처럼 주거공동체 이외에도 취미 등을 공유하는 다양한 사회적 네트워크까지를 마을의 개념[21]으로 포함하고 있다. 이제 '만들기'란 말에 대해 생각해보자. 만들기는 이미 있는 재료를 가지고 새로운 물건을 도출해내거나, 가꾸는 일, 무언가를 새롭게 이루어간다는 뜻이 담겨 있다. 마을만들기는 공동체를 형성하는 일, 공동체로 합류하는 일, 공동체의 비전을 가꾸는 일 등 참여와 실천의 의미를 갖고 있다고 볼 수 있다.

곽동원은 마을만들기란 지역 공간을 중심으로 지역에 사는 주민들이 공동체를 바탕으로 스스로 창조하는 다양한 활동이라고 정의하고 있다.[22] 구자인은 마을만들기란 새로운 마을을 하나 만들자는 것과는 아주 다른 의미임을 강조하면서 이 말에는 살고 있는 주민들이 '살기 좋고, 살고 싶은' 마을을 만들어가자는 뜻과 더불어 '마을이 마을다울 수 있는 예전의 마을' 공동체를 복원하자는 뜻을 담고 있다고 보았다. 또한 유사한 용어로 대표적인 것이 마을가꾸기이고, 이 외에도 마음만들기, 사람만들기, 약속만들기라고도 표현할 수 있다고 보면서 앞으로 한국 상황에 맞는 개념 정리가 필요하다고 보았다.[23]

정석은 마을만들기의 의미를 삶터 가꾸기, 공동체 이루기, 사람만들기의 세 가지 측면에서 논하였다.[24] 삶터 가꾸기란 마을의 삶터, 즉 공간과 생활환경을 주민들이 스스로 나서서 가꾸어가는 일이다. 행복한 삶을 영위하는 데 고통과 불편을 주는 생활환경의 문제를 스스로 해결하고 가꾸는 것이다. 주민의 편의를 높이고 삶의 질을 향상시키는 데 필요한 공용공간이나 시설, 장소를 만들어가는 길이다. 공동체 이루기

21) 방한영, 앞의 글, 14-15쪽.

22) 곽동원, 「주민주도형 마을만들기와 행정의 역할에 관한 연구: 전북 진안군 마을만들기 사례를 중심으로」, 전북대학교 농업개발대학원 농업개발학과(농업자원이용학과전공), 2008, 34-35쪽.

23) 구자인 외, 『마을이 살아야 농촌이 산다』, 진안군마을만들기지구협의회, ㈜소박한 풍경, 2010, 17쪽.

24) 정석, 「마을단위 도시계획 실현 기본방향(Ⅰ): 주민참여형 마을만들기 사례연구」, 서울시정개발연구원, 1999, 8쪽.

란 마을공동체의 조직을 이루는 일이다. 공유 공간에서 일어나는 공동의 문제를 함께 고민하고, 의사소통하고, 제안하고, 의논하고, 해결하고, 개선하며, 새롭게 만들어가는 과정을 통해 소외되었던 개인이 단절된 이웃과의 관계를 회복하게 된다. 이것은 의사소통의 경로를 모색하고 활동체계를 만들며, 주민공동체를 이루어가는 일이다. 사람만들기란 책임감 있고 자격 있는 건강한 마을사람을 기르는 일이다. 개인의 문제에만 집착하던 개개인들이 공동의 문제에 관심을 갖고 이웃과 더불어 공동의 문제를 해결하는 과정을 학습하고 체험함으로써 진정한 주민으로 형성되는 것이다.

마을만들기는 그 활동의 주체가 누구냐에 따라서 대략 세 가지로 분류할 수 있다. 첫째, 주민 주도형 마을만들기이다. 최근의 농촌사업의 추세는 농촌의 고유한 환경과 지역적 특성을 발굴하여 마을을 가꾸어 나가는 사업으로, 그 주체는 농촌마을에 거주하는 지역주민이 되고 있으며, 정부와 지자체에서는 사업의 발의와 진행을 위한 제도적 · 경제적 지원을 하고, 외부전문가는 협력과 조언을 하는 조력자로서 역할을 하는 방식의 마을만들기이다. 마을의 관광자원과 체험거리를 찾기 위해 연구와 개발하는 과정에 농촌지역 주민들은 자신이 살아온 마을에 대하여 재발견하게 되는데, 그 과정에 지역의 주민으로서 자긍심을 갖게 된다. 지역의 풍습과 생활양식, 역사, 지역의 향토유산의 가치 발견을 통해 농촌과 마을에 대한 새로운 의식이 발현될 수 있다. 주민에 의한 농촌 마을만들기의 필요성은 주지의 사실이나 주의해야 할 것은 가치 지향점이 도시민의 농촌 여가활동과 이를 통한 농가소득의 증대에만 관심이 집중되어서는 사업의 궁극적인 목적이 변질된다는 것이다. 사업비가 건축물과 시설설비 등 방문객 수용을 위한 시설물 건설에 사용되고 있어 도시민의 편리한 체제를 위하여 치중한 나머지 진정한 농촌마을의 정취는 상실되는 결과를 초래할 수 있기 때문이다. 또한 사업의 발의와 전개과정에 주민참여가 강조되고 있지만 행정기관이나 전문가가 만들어 놓은 계획안에 대한 의견수렴 정도에 그쳐 주민이 주도적으로 참여하지 못하고 있다는 비판도 제기되고 있다.

둘째는 지자체 주도형 마을만들기이다. 지방자치제가 시행되면서 각 지역의 단체장들은 지역과 지역문화를 발굴하고 알리기 위해 많은 노력을 기울이기 시작하였다. 지역 고유의 정체성 확보를 위하여 지역의 역사문화와 산업, 자연 등을 발굴하고 지역이 갖는 향토적 특징을 부각시켜 지역의 지역축제, 지역문화행사 등을 개최하면서 대 · 내외적으로 지역을 알리고 고유의 이미지를 창출하기 위해 노력을 하게 된다. 궁극적으로는 지역의 방문객 수를 늘려서 경제적 가치를 고양하는 데 목표를 두고 있다. 예로는 강원도의 '새농어촌 건설운동', 지자체의 '녹색관광 농촌마을' 등이 있다.

셋째는 정부 주도형 마을만들기이다. 정부에서는 1990년대 말부터 '살기 좋은 농촌' 운동으로 농촌의 가치를 찾음과 함께 소득증대를 위한 방안으로 농촌관광, 그린 투어리즘의 개념에 바탕을 둔 농촌지원 관련 정부부처와 지방자치단체의 사업들이 활발하게 전개되고 있다. 그 구체적인 내용은 부처별로 다양하게 전개되고 있다. 행정안전부의 '아름마을 가꾸기', 농림수산식품부의 '녹색농촌 체험마을', 농촌진흥청의 '농촌전통 테마마을', '자연생태 우수마을' 등이다. 이러한 사업의 대체적인 특징은 관 주도형의 하향식 사업으로 기획과 재정적 지원을 정부에서 주로 하고 주민들은 수동적으로 따르는 입장에 있기가 쉬운 상황이다.

궁극적으로 농촌의 마을만들기에서 가장 큰 가치지향점은 '살기 좋은 농촌'을 만드는 것인데, 그러기 위해서는 문화적 · 환경적 · 경제적인 측면을 모두 고려하여 농촌정책과 노력이 추진되어야 한다. 이러한 목적을 달성하기 위해서는 무엇보다도 중요한 것이 지역주민의 적극적인 참여가 이루어지는 것이다. 이를 통해 주민 자신이 농촌에서 미래에 대한 비전을 갖게 되고, 도시에서 접할 수 없는 자연의 풍요로운 혜택을 받을 수 있게 된다면 도시민도 농촌을 찾게 되고 고향을 떠나 도시에 거주하던 사람들도 다시 농촌으로 돌아올 수 있게 될 것이다.

농촌 마을만들기에서 중점을 두어야 하는 것은 문화적 측면, 환경적 측면, 경제적 측면 등이 모두 고려되어야 한다는 것인데, 먼저 문화적 측면을 보자면 마을의 유래, 특색 등 지역 정체성의 확립을 들 수 있다. 농촌지역의 고유한 전통 · 역사 · 인물 · 풍습 · 민속 · 가치관 등을 발굴 및 정리하여 지역의 정체성을 발견하는 것은 매우 중요하게 다루어져야 한다.

지역의 문화를 논할 때 유산에 대한 논의를 하게 되는데, 그렇다면 유산이란 무엇인가? 유산은 사전적인 의미로 '앞 세대가 후대에게 물려준 사물 또는 문화'를 뜻한다. 이것은 역사적 · 문화적 유물에 더하여 선대로부터 내려오는 생활문화, 풍습, 관습, 전통, 가치관 등 유 · 무형의 모든 것을 일컫는다. 지역의 유산에는 역사문화유산, 자연유산, 산업유산이 포함되는데 역사문화유산이라 함은 역사적 가치가 있는 문화재, 지역의 역사, 유래 등 과거의 시간 속에서 생성된 유산과 지속적으로 창조되는 유산으로 특정한 지역에 시간의 축적으로 이루어진 특색이 강하게 나타난다. 건축물, 문화재 등 유형의 유산에 더하여, 풍습, 관습, 축제, 생활양식 등 무형의 유산이 모두 포함된다.

문화유산 가운데 특히 문화재의 경우는 그 보존과 활용에 대하여 보존우위론과 활용우위론이 존재하는데 보존을 위하여 활용을 자제해야 한다는 입장과 활용이야말로 가장 적극적인 보존이라는 입장이 존재한

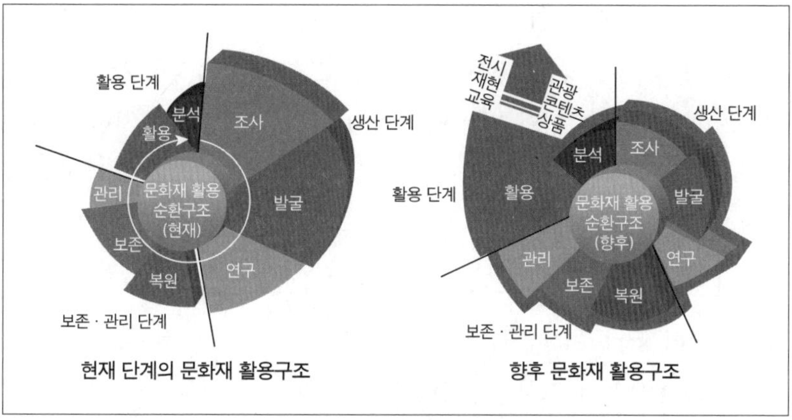

〈그림 29〉 문화재 활용 구조도

다. 현재까지 문화재의 활용에 대한 입장은 주로 조사, 발굴, 연구에 치중되어 있으며 복원, 보존, 관리는 그에 못미치는 상황이다. 더욱이 활용이나 분석은 아주 소극적인 단계이다. 문화유산의 조사, 발굴, 연구보다 복원, 보존, 관리가 중요시되며 활용이 극대화되어 다양한 문화콘텐츠로 재탄생하는 과정이 강조되어, 지역과 주민에게 기여한 사례에 대한 연구가 진행된 바 있어서 문화재의 적극적인 활용이 가장 적극적인 문화재 보존이라는 주장이 제기된 바 있다.

〈그림 29〉[25]는 『문화재 활용 가이드북』에 나타난 문화재 활용의 구조도이다. 현재까지는 생산 단계에 집중되어 있으며 보존 · 관리 단계보다 활용 단계가 매우 취약한 것을 확인할 수 있다. 향후의 활용은 생산보다 보존 · 관리 단계를 활성화하고, 활용을 극대화할 것을 주장하고 있다고 볼 수 있다.

그 밖에 자연유산은 산, 계곡, 하천, 강, 들, 바다 등 지역의 자연환경과 지역에 서식하는 동식물 모두를 포함한다. 산업유산은 지역적 특색

25) 이춘근 외, 『문화재 활용 가이드북』, 문화재청, 2007, 27쪽.

이 반영된 산업으로 역사적 가치, 지역경제 기여도 등 지역과 밀접한 관계를 맺고 있는 생산활동에 따른 산물로 현재 지역경제 발전에 이바지하거나 과거에 지역의 경제에 이바지한 산업과 관련된 시설을 말한다. 이에 본 연구에서는 지역이 갖는 고유한 자원을 '지역유산'으로 칭하되, 그 범위는 전통적으로 내려오는 역사 · 문화유산과 자연유산, 산업유산, 생활유산 등을 모두 포함하는 개념으로 보고자 한다. 그 외에 교육 · 문화향유 · 의료 · 복지 · 생활 편익시설의 설치 등 생활문화 환경을 조성함으로써 지역의 주민들의 쾌적한 삶을 보장하는 것도 필요하다. 자신의 삶의 터전을 만족하게 여기고 지역에 대한 사랑을 갖는 것은 자아의 충족감을 갖게 한다. 또한 농촌의 환경문제도 함께 고려되어야 한다. 농촌의 자연환경의 보존을 위한 환경친화적 농업기술 개발과 전통농법의 합리적 계승 등도 논의되어야 한다.

경제적인 측면에서 농촌경제의 활성화를 위해서는 지역의 기후 및 지리적 특성 등에 맞는 경쟁력 있는 농업기술 개발이 이루어져야 할 것이다. 생산된 농산물의 판로 확보 및 공동출하, 지역의 특산물에 대한 지리적 표시제 등의 도입 등을 통한 대량생산 및 유통체제로 경쟁력 확보 등 농촌의 안정된 수입구조가 확립되어야 할 것이다.

마을만들기에서 주민과 정부, 지자체가 협력해야 하는 것은 중요한 사항이다. 지역개발계획, 개발의 실행, 공기업 유치 등 행정당국에서 주관하여 실시하는 사업에 지역주민의 참여와 의사결정이 중요하게 다루어지고 있다. 마을만들기는 추상적인 관념의 표현이 아니라 주민들이 모여 삶의 터전을 가꾸고 일구어 살기 좋은 동네, 마을, 농촌, 도시, 지역을 함께 만들어나가는 것으로 보아야 한다. 이러한 마을의 개념은 기존의 행정구역과 일치할 수도 있고, 일치하지 않을 수도 있다. 공간적 배경이 농촌이건 도시이건 간에 지역의 주민들이 자신이 속한 삶의 터전에 대해서 관심을 갖고 과거로부터 현재에 이르기까지 지역의 모든 문화와 자연에 대해서 같이 고민하고 소통하여 미래의 비전을 모색하는 것이 '마을만들기'라고 할 수 있다.

농촌은 보통 도시와 대조되는 개념으로 도시가 좁은 공간에 인위적인 건축물과 도로망에 둘러싸인 것과는 반대로 넓은 면적을 차지하고 있으며, 자연과 인간이 함께 공존하는 공간이다. 좁은 의미에서의 농촌은 주로 농사를 생업으로 하는 지역으로 한정되어 어촌 및 산촌과는 구별되는 개념으로 사용되기도 하나, 넓은 의미에서의 농촌은 자연과 밀착하여 생업을 이루어가는 산촌을 포함한 농어촌 또는 농산촌, 어촌까지도 포함하는 개념이다.

방한영은 현재 농촌 문제를 살펴볼 때 결과적으로 정부의 다양한 정책 지원이 좋은 성과를 내지 못했다는 것을 논하였으며, 1990년대 중반 이후 젊은 사람을 중심으로 귀농운동이 일어나 농촌으로 돌아가려는 시도가 있지만, 여전히 농촌은 인구감소, 고령화, 경제적 어려움 등 많은 문제를 안고 있음을 지적하였다. 이러한 문제를 타개하기 위해 농림수산식품부에서는 향후 10년 동안 110조 원이 넘는 자금을 투자하는 '농업농촌 투자대안'을 마련하여 추진하고 있다.[26] 그러나 주민과의 충분한 소통과 계획의 공유 없이 행정가와 전문인들에 의해 수립된 계획이 추진될 경우에는 얘기치 않은 많은 부작용을 초래할 수 있다.

이러한 농촌의 문제는 주민을 소외시킨 상태로 정부의 지원금으로 해결할 수 없는 문제이다. 자신이 살고 있는 지역이 어떤 사람들에 의해서 어떻게 형성되고 변화되어 왔는지, 이제 지역의 미래는 어떤 방향으로 가는 것이 옳은지 모든 주민이 함께 토론하고 힘을 모아 만들어가

26) 방한영, 앞의 글, 17-47쪽.

야 진정한 마을만들기가 이루어질 수 있는 것이다. 이러한 관점에서 에코뮤지엄을 수단으로 하여 주민이 주체가 되어 마을의 정체성을 발견하고 지역유산을 발굴하고 관광자원으로 만들어서 주민이 원하는 마을을 만들어가고 있는 해외사례에 대한 분석을 하고자 한다. 특히 농촌을 배경으로 하여 농경문화와 농산물을 지역의 생업과 문화로 갖고 있는 농촌형 에코뮤지엄의 사례를 분석하여 시사점을 도출하고 우리나라 농촌에 적용가능성을 모색하고자 한다.

5장

농촌형 에코뮤지엄의 모델 연구

1. 농촌형 에코뮤지엄의 해외사례와 국내 유사사례

세계환경발전위원회는 "지속가능한 발전은 미래 세대의 욕구와 열망을 충족시킬 수 있는 능력을 위태롭게 하지 않고 현세대의 욕구와 열망을 충족시키는 개발을 의미한다."고 규정하고 있다.[27] 미래 세대와 현세대의 욕구와 열망을 충족시킨다는 것은 현세대의 삶을 위하여 환경을 파괴하지 않으면서 미래 세대가 살아갈 수 있는 환경을 물려주어야 할 의무가 현세대에게 있다는 의미로 해석될 수 있을 것이다. 에코뮤지엄은 이러한 견지에서 유효한 삶의 방식이다. 기존의 것을 파괴하고 새로운 것을 건설하는 데 초점을 두는 것이 아니라 이미 있는 것들을 돌아보고 찾아내고 그 가운데 의미를 발견하고, 발견된 것들을 네트워크하는 것이라는 점에서 의의가 있다.

---

27) 세계환경발전위원회, 앞의 책, 83쪽.

농촌의 지속가능한 발전을 위한 에코뮤지엄의 해외사례 연구로는 프랑스의 브레스 부르기뇬(Bress bourguignonne) 에코뮤지엄을 연구대상으로 하고자 한다. 이는 에코뮤지엄을 발현시킨 나라로 최초의 이상을 현실에서 시행하는 과정의 문제점과 시행착오를 겪으면서 자신들의 경험을 축적시키고 있는 사례로 볼 수 있다. 농촌마을에 에코뮤지엄을 도입하여 마을 전체가 활기를 찾고 주민이 자긍심을 회복하였으며 그 과정 속에서 경제적 가치 상승도 함께 이룩한 사례이다.

1) 농촌형 에코뮤지엄의 해외사례

프랑스에서 시작된 에코뮤지엄에 대해 논하기 전에 프랑스인의 가치관에 대해서 몇 가지 사전에 논의해야 할 것이 있다. 첫째, 프랑스의 지방자치제도이고, 둘째, 프랑스인의 지나온 시간의 축적, 즉 전통에 대한 애착이다. 셋째는 농촌과 농산물에 대한 프랑스 정부와 국민의 지속적인 관심이다.

먼저 지방자치제도를 살펴보면, 프랑스는 지방자치제도가 성공한 나라다. 본래 프랑스는 중앙집권적 전통이 강한 나라로, 파리는 모든 문화, 예술, 학술, 행정의 중심지로서 부동의 위치를 굳혀 왔고, 이에 반해 지방은 그 역량이 상대적으로 미약한 상황이었다. 프랑스 대혁명 이후 만들어진 도(Department)와 코뮌(Commune)은 행정구역일 뿐 중앙정부의 통제 아래 있었다. 본격적인 지방자치제의 실현은 1982년 3월 2일 공표된 지방자치단체의 권한과 자율성에 관한 법의 발효 이후이다. 이 법은 이후의 지방자치 관련 법안의 모체가 되었으며 그 내용은 우선적으로 중앙정부의 행정적인 간섭의 배제, 다음으로 지방자치단체로의 행정권

이양, 마지막으로 광역지방에 지방자치단체로서의 위상 부여 등이 명문화되어 있다. 다시 말해서 프랑스의 지방자치단체는 국가로서의 막강한 권한을 지니지는 않지만, 중앙정부의 간섭을 받지 않는 고유한 활동 영역을 갖고 있다. 이는 일정한 지역의 문제에 대한 해결과 주민의 이익을 수호하는 역할을 하는 기관이라고 할 수 있다. 최소의 지방자치단체는 코뮌이며, 이는 1789년 처음 만들어져서 현재에 이르고 있는데 그 수는 약 3만 7,000개에 이른다. 지방분권화가 되기 전에 코뮌의 역할은 호적업무, 도로, 지역개발, 경찰, 초등학교 관리 등의 업무였는데, 지방분권화 이후 도시개발 관련 서류 발급과 지역개발계획 수립 및 승인, 건축허가증 발급 등이 추가되었다. 그 외에 중앙정부와의 협의 아래 지역경제 발전 도모와 교육의 학군 조정 등을 할 수 있으며, 관내 휴양시설과 공공주택을 관리하는 업무를 한다. 코뮌의 행정 책임자는 주민의 대표성을 갖으며 시장(Maire)이고, 의결기구는 시의회(Conseil municipal)이다. 코뮌은 그 규모 면에서 매우 큰 차이를 보인다. 인구 천만의 파리도 하나의 코뮌이고, 인구 수백 명에 지나지 않는 작은 지역도 하나의 코뮌이다. 도(Department)는 현재 100개에 달하는데 국토 개발, 복지, 문화와 교육, 경제 등에 권한을 갖고 다양한 활동을 통해 지역의 홍보와 민생에 이바지하고 관내 기업의 대출 · 보증 등 기업의 활동도 지원한다. 광역지방(Region)은 문화적 친화력과 경제요인을 감안하여 두 개 이상의 도를 통합하여 구성한다. 즉 가장 광범위한 지방자치단체 조직으로서 코뮌과 도의 균형적 계획과 개발 및 조화를 본연의 업무로 하면서 전국적인 국토개발계획에 관여하고, 고등교육과 대학교육을 지원한다. 또한 관내 기업의 활동을 보조하여 활동의 활성화를 도모한다.[28] 이러한 지

28) 서울대학교 불어문화권연구소, 『프랑스 하나 그리고 여럿』, 강, 2008, 283-288쪽.

방자치제도의 시행의 배경에는 중앙집권적이고 권력과 권위가 한곳으로 집중되는 것을 꺼리는 경향이 있는데, 이것이 향토문화의 중요성에 대한 인식으로 나아가게 되는 방향제시를 해주는 역할을 하는 것으로 본다.

다음으로 프랑스인의 중요한 성향으로 이해되어야 할 것이 있는데, 전통에 대한 강한 애착이다. 이것은 가끔 개발에 대한 강한 반대여론을 몰고 오기도 한다. 1889년 파리 만국박람회에 건축된 에펠탑은 찬사만큼의 비난을 받았다. 1977년 지어진 퐁피두 센터 역시 모던하면서 파격적인 외관 때문에 비난의 대상이었다. 이러한 특징은 편집증에 가까운데, 사회 전반적으로 지나온 역사와 과거의 흔적에 대해 소중히 여기고 기념하려는 성향이 강하게 나타난다. 이는 개인의 삶에도 그대로 적용되어, 조상들이 쓰던 오래된 가구, 일상생활용품 등 시간의 흔적이 쌓인 물건에 대해서 유난한 애착을 갖는다. 1962년 재정된 문화재보호법은 국가 정책적으로 문화유산을 보존, 보호하는 일을 도모하는 장치로서 작용한다. 문화부 산하에는 문화재 보호 및 보존 관련 연구소가 36개에 달한다. 프랑스인에게 시간의 연속성이 갖는 의미는 자신의 현재적 의미와 맞닿아 있다. 세계 최대의 소장품 규모를 자랑하는 루브르 박물관의 소장품은 프랑스인 자신들의 것은 물론이고 전 세계의 진귀한 유물들의 전시장인 것을 보면 그들의 성향이 나타난다고 할 수 있을 것이다. 한편, 루브르 박물관의 고전주의 양식 석조건물과 유리 피라미드의 조화는 관점에 따른 찬반의 논의에도 불구하고 전 세계인의 사랑을 받으며, 과거와 현재가 공존하는 예술적인 건축물의 상징성을 갖고 있다고 볼 수 있다. 버려진 철도역을 개조해서 인상파 화가들의 작품을 전시한 오르세 미술관, 오로지 모네의 작품을 전시하기 위해 장방형의 타원형으로 만들어진 오랑주리 미술관, 고흐가 그린 〈밤의 카

퐁피두 센터 루브르 박물관 오르세 미술관
오랑주리 미술관 아를의 카페 퐁 뒤 가르

〈그림 30〉 전통에 애착을 갖는 프랑스적 가치의 산물들

페〉를 그대로 보존하여 현재까지 노란 벽을 그대로 유지하면서 고흐의 이미지를 상품화한 아를의 카페, 기원후 1세기 로마의 수도교(水道橋)로서 설치되었던 퐁 뒤 가르의 보존 등 무수하게 많은 현상들이 프랑스인들의 전통에 대한 가치관을 보여준다.

이러한 프랑스적인 가치관과 지방자치제도가 있었기에 1970년대 에코뮤지엄 운동이 프랑스에서 시작되었다고도 볼 수 있을 것이다.

마지막으로 농촌과 농산물에 대한 프랑스 정부와 국민의 지속적인 관심이다. 프랑스는 산업화 시대에도 농업국가로서의 면모를 유지하였다. AOC 제도[29]를 유지하면서 자국의 토양에서 성장하고 열매를 맺은 농산물에 대한 등급을 부여하고, 농산물에 대한 지리적 표시제를 도입하고, 농촌 활성화를 위해 꾸준한 노력을 하여왔다. 지리적 표시제에 관

29) 원산지통제명칭(Appellation d'Origine Controlee)은 프랑스에서 농산품과 식료품 분야의 명칭을 법규에 의해 통제하는 체계이다. 명성이 확립된 것으로 인정받아, 생산구역, 품종, 재배방법, 생산방식 등의 요건에 관해 농산부령으로 승인절차가 규정되어 있는 원산지 명칭으로서, 그 승인절차의 세부내용은 INAO(Institut National des Appellations d'Origine)가 정하고 있다.

한 논의는 프랑스 꼬냑(Cognac)의 문제에서 유발되었는데, 꼬냑은 프랑스의 지명이면서 이 고장에서 생산한 브랜드의 명칭이기도 하다. 프랑스인들이 꼬냑을 명칭으로 사용하는 것은 이 지역에서 자란 포도를 원료로 만든 증류주에 사용하는 것이다. 그런데 프랑스에서 호주 등 타지로 이주한 사람들이 거주 지역에서 생산한 브랜디를 꼬냑이라는 브랜드로 판매하면서 원산지에서 제품을 생산하는 지역민에게 피해가 발생하면서 문제가 드러났다. 이에 따라 EU에서는 원산지 보호표시와 지리적 보호표시로 구분된 원산지 농산물 보호조치가 마련되었다.[30)]

농업의 비중이 큰 프랑스는 지리적 표시(GI: Geographical Indication)를 제도화하였다. 이를 통해 원산지 명칭, 농산품, 소비자 보호 등에 관한 특별법규를 제정하여 농촌과 농산물을 보호하는 지리적 표시를 공식화했다. 이 제도가 기틀을 마련한 것은 1919년에 법률로 원산지 명칭을 집단재산권으로 확립한 데서 시작하였는데, 가장 먼저 종합적인 틀을 갖춘 것은 와인이다. 현재 AOC 품목은 와인은 물론이고, 과일과 채소, 꿀, 생수, 치즈, 올리브유 등으로 다양하다. 프랑스인의 농업과 농산물에 대한 여러 가지 제도가 마련된 것은 농업이 높은 경제적 비중을 차지하기 때문이다. 이러한 농업과 농산물 보호정책이 있었기에 농촌과 농민이 유지될 수 있었고 그 바탕 위에 경제적인 부도 창출될 수 있었을 것이다.

프랑스에서는 이러한 사회 · 문화적인 배경에서 에코뮤지엄이 탄생하고 운영되고 있다. 에코뮤지엄의 홈페이지[31)]에 나타난 정보를 중심으로 브레스 부르기뇬의 사례를 앞서 제시한 단계별 운영특징에 따라서 분석하도록 하겠다. 브레스 부르기뇬은 1,690km^{2}의 토지에, 112개의

---

30) 변명식, 「향토사업 육성전략 연구」, 『장안논총』 제25집, 2005, 70쪽.

31) 브레스 부르기뇬 에코뮤지엄, www.ecomusee-de-la-bresse.com, 검색일: 2011. 9. 28.

코뮌으로 구성되었으며 7만 명의 주민들이 살고 있다. 옛날에 조그맣게 분할된 많은 경작지로 특징지어진 다양한 작물 재배지역이면서 젖소 사육지역이었다. 전통이 현재에 영향을 미치지만 그럼에도 불구하고 지난 반세기 동안 지역의 모습은 많이 바뀌었다. 젊은이들의 이농현상과 경제적 어려움, 농산물 시장의 변화는 지역으로 하여금 새로운 활동과 수익성이 보장되는 농업으로 돌파구를 찾도록 하였다. 또한 그들의 문화유산을 버리지 않고, 경제를 살릴 수 있는 방안을 모색하게 되었다. 브레스 부르기뇬 에코뮤지엄은 이러한 농촌 소외현상을 극복하고 주요 산업인 농업의 지속적인 발전을 통하여 지역 활성화를 이루기 위한 방법으로 에코뮤지엄을 선택하게 된다. 에코뮤지엄의 운영방식에 따른 분류에 따르면 농촌형 에코뮤지엄의 전형적인 사례이다.

브레스 부르기뇬 에코뮤지엄은 브레스 부르기뇬 지역 내의 문화유산과 자연유산 전체를 연구하고 보존하며 그것을 이용하고 개발하는 사명 아래 만들어졌다. 지역의 건축물, 유적, 아름다운 경관, 유물들 그리고 기록 또는 전해지는 증언들을 수집하고 지키고 알리면서, 브레스 부르기뇬 지역의 정체성을 이해하고 보호하며 발전시키는 중요한 역할을 한다.

이 에코뮤지엄은 1981년 피에르 드 브레스(Pierre de Bresse)의 도성을 중심으로 설립되었는데, 원래 성의 소유권은 도에 있으나, 손느 에 루아르(Saone et Loire)의 도의회에 의해서 재량권을 인정받는다. 다섯 개의 위성박물관과 연합을 맺은 시립박물관 세 곳, 그리고 방앗간, 기와제조장, 기름판매소, 대장간들을 관람하는 발견의 길로 구성되어 있다. 많은 자원봉사자들로 이루어진 상근인력들은 에코뮤지엄 관장의 감독 아래에서 에코뮤지엄을 이끈다. 이 지역의 에코뮤지엄은 문화, 생태학적 환경, 교육, 관광, 지역개발과 같은 각기 다른 영역의 프로젝트를 연결하면서

〈그림 31〉 피에르 드 브레스 성

브레스 부르기뇬의 문화 복원과 관광객 유치의 핵심적인 역할을 하고 있다. 운영은 설립자인 피에르 족스(Pierre Joxe)가 이끄는 공공이익을 위한 인정받은 협회에 의해 관리한다.

다음은 전술한 바 있는 에코뮤지엄 운영방식의 3단계에 따라서 브레스 부르기뇬 에코뮤지엄에 대해서 논의하겠다.

(1) 1단계 태동기

지역공동체의 가치 발견과 사람 간의 네트워크를 형성하는 것으로 능동적 지역공동체의 자각이 이루어지면서 지역주민이 지역의 자원을 조사, 발굴하면서 지역민으로서 자긍심을 갖는 단계로, 브레스 부르기뇬 지역의 주민들은 지역을 살리기 위한 자조적인 노력을 시작하고 행동하는 모습의 일환으로 지역에 대하여 조사하고 연구하기 시작한다.

지역의 주민들은 유산을 버리지 않고 경제를 살리기 위하여, 브레스 지역민이 세운 유산을 그들의 주요 연구활동으로 지정했다. 2002년은 연구를 시작하는 해였는데, 농촌 주거환경과 지역의 관계자 및 주민에 관한 연구를 하였다. 2003년에는 1990부터 2000년까지의 농촌지역과 변화들을 연구하였다. 2004년에는 지역의 유산 목록을 작성하고 지역의 경험을 교환하였다. 2005년에는 브레스와 인접지역을 조사하였고, 2006년에는 유산 복원의 노하우를 전수한다. 특히 2005년에는 수집된 전시를 보여줄 기회를 만들었다. "브레스 부르기뇬의 다섯 개의 집"은 피에르 드 브레스에 있는 로드리그(Rodrigue)의 집과 쌩 앙드레 앙브레스(Saint-Andre-en-Bresse)에 있는 플리시오니에(Plissionnier)의 영지, 메네트레이(Menetreuil)에 있는 몽자이(Montjay)의 방앗간, 로메네(Romenay)에 있는 샹 브레상(champ bressan)의 농가, 그리고 주드(Joudes)에 있는 빌라르(Villard)의 영지를 주제로 삼았다.

2005년에는 역시 브레스 지역민이 세운 유산 목록의 정리를 시작하였으며, 그 작업은 지역조사팀(Service Regional de l'Inventaire)과 협업으로 하고 그들의 계획은 다음과 같았다. 2005년에는 피에르 드 브레스와 몽트레(Montret) 지역, 2006년에는 생 제르망 듀 플랭(Saint Germain du Plain)과 퀴즈리(Cuisery) 지역, 2007년에는 생 제르망 듀 보아(Saint Germain du Bois)와 루한(Louhans) 지역을 조사한다. 침체된 지역을 살리기 위하여 주민들 스스로가 각성하고 차근차근 지역의 역사와 살아있는 사람들의 증언과 남아있는 유산과 유적들을 조사하면서 주변 지역으로 확장되었는데, 이는 에코뮤지엄의 전형을 보여주는 것이라 할 수 있다.

(2) 2단계 형성기

2단계는 발굴된 자원에 가치 부여를 통하여, 자원 간의 네트워크를 형성하면서 사람과 자원이 연합하는 과정으로 지역공동체와 지역자원의 네트워크를 형성하면서 지속적으로 학습하는 단계이다. 이 과정에 에코뮤지엄의 중핵박물관과 위성박물관을 지정하고 그들을 연결하는 네트워크를 형성하였다. 에코뮤지엄의 구조에 대한 분석의 관점에서 보자면 중핵박물관과 각 위성박물관이 발견의 길로 이어지는 전형적인 구조를 이루고 있다. 가장 중앙에 피에르 드 브레스 성이 위치하고 각 위성박물관들은 그 중핵박물관을 중심으로 둘러싸고 있는 구조이다. 이들을 연결하는 길에 마을의 유적과 주민의 삶의 현장을 만날 수 있을 것이다. 그 자세한 내용을 살펴보면 다음과 같다.

브레스 부르기뇬 에코뮤지엄의 중핵박물관: 피에르 드 브레스 성

에코뮤지엄의 중핵박물관은 피에르 드 브레스 성이며, 이 성에서는 상설전시를 통해서 이 지역의 다양한 생활상을 볼 수 있다.

상설전시 테마는 성에서의 삶, 자연환경의 방, 역사의 방, 전통적인 삶의 방, 가구의 방, 콘소르 노아로(Consorts-Noirot) 유증품의 방, 브레스 건축물 갤러리 등으로 구성되어 있다. 2011년 특별전시는 코르크 마개, 전지용 가위, 다리미, 후추 빻는 기계 등을 요소로 진행되었다. 박물관은 매일 10시부터 12시까지, 오후 2시부터 6시까지 관람이 가능한

〈그림 32〉 피에르 드 브레스 성의 상설전시실

데, 10월 1일부터 5월 14일 오전 시간은 제외하고 문을 연다. 2011년에는 12월 19일부터 2012년 1월 1일까지는 휴관했고, 5월 1일도 휴관했다.[32] 에코뮤지엄들은 공통적으로 동절기에 문을 닫거나 오전에는 문을 닫는데, 이것은 주민들이 삶의 현장에서 이루어지는 박물관이라서 불가피한 문제라고 보인다. 이는 인력 부족과 농촌의 환경 구조의 문제라고 판단되는데 향후에는 보완하는 것이 방문객을 위한 배려일 것이라고 본다.

부대시설로 기념품 매장은 지역 특산품과 출판물, 도자기, 장인이 만든 제품, 장난감, 가공품 등을 팔며, 업무시간은 박물관 개장시간과 같다. 카페에서는 아름다운 배경에서, 시원하고 따뜻한 음료를 마실 수 있으며 알코올이 들어간 음료도 마실 수 있다. 제철 아이스크림과 케이크도 맛볼 수 있다. 자료실에는 지역의 역사, 건축, 농업, 예술, 서민들의 전통 이외에도 브레스와 관련되는 다른 주제에 관한 도서들이 있다. 컨퍼런스 홀은 성의 꼭대기에 위치하며, 100명을 수용할 수 있다. 음악, DVD, 컴퓨터 등의 멀티미디어 프로젝트 시스템이 갖추어져 있다. 숙소로는 17세기의 아름다운 도성 부속건물에 재정비된 숙박시설이 마련되어 있다.

전시 및 부대시설이 매우 치밀하게 갖추어져 있어서 주민은 물론이고 에코뮤지엄을 찾는 방문객이 이 지역의 매력에 흡수될 만한 요건을 준비한 것으로 판단된다. 특히 지역의 농산물을 활용하여 제철 농산물로 만든 음식을 맛볼 수 있다는 것은 방문객과 생산자 모두에게 유익한 것으로 에코뮤지엄을 찾은 사람들을 통한 농산물 홍보도 가능할 것이다. 이러한 모델은 우리나라 농촌에 적용시켜서 농산물과 가공식품을

32) 브레스 부르기뇬 에코뮤지엄, www.ecomusee-de-la-bresse.com, 검색일: 2011. 9. 28.

만들어서 판매한다면 농가의 수익도 창출하고 방문객의 만족도도 높일 수 있을 것이다.

신문 아뜰리에(인쇄박물관)

지역 신문사 '랑디팡당 뒤 루아내 에 뒤 쥬라(L'Independant du Louhannais et du Jura)'의 인쇄소가 1989년 문을 닫을 때, 에코뮤지엄은 그곳에 위성박물관을 설립했다. 아뜰리에는 문화수업들을 위한 교육적인 도구들로 구성되어 있다. 리노타이프, 윤전기, 인쇄기와 같은 기계들은 가동이 가능하도록 보존되어 있다. 이곳은 조판활자 방식의 인쇄작업소를 보존한 것으로, 프랑스에서 하나뿐인 예이다. 1978년 이래로 수집된 전체 신문은 열람이 가능하다. 신문과 출판은 아주 고전적인 매체의 형태이며 디지털 시대가 아무리 급하게 다가와도 인류와 함께 공존할 것이기에, 오래된 인쇄소의 원형이 보존되어 있다는 것은 향후에도 보존과 활용의 문제를 고민하면서 풀어가야 할 과제라고 본다.

숲과 나무의 집

이곳은 생 마르탱 앙 브레스(Saint-martin-en-Bresse)의 페리니(Perrigny) 마을의 오래된 초등학교이다. 브레스의 숲을 가로지르는 여행, 그들의 다른 본질, 숲과 나무에 관련된 직업들(나무꾼, 원목을 세로로 켜 건축용 목재를 만드는 제재공), 마을(수레바퀴를 만드는 목수와 소목장이의 작업장, 목수와 나막신 제조의 연장들)에 관한 영상, 조각, 그림 등이 있다. 브레스에는 항상 숲이 있었다. 로마시대 때부터 브레스는 "살투스 브릭시아(Saltus Brixia)"라는 표현 아래에서 지정되었는데, 그것은 넓은 면적이 나무로 뒤덮여 있는 지역이라는 뜻이다. 오늘날, 브레스는 몇 세기 동안 많이 개간되었지만, 여전히 숲으로 뒤덮여 있다. 이 울창한 숲은 브레스 부르기뇬 에코뮤지엄이 그 숲을 그의 첫 번째 위성박물관으로 선택하게 되는 이유가 된다. 뒤이어 토지박물관과 연구소를 설치하였다. 주민들은 이 숲과 나무의 집 박물관이 삼림의 전통으로 충만한 생 마르탱 앙 브레스의 지역적 특색을 말해주고 과거, 현재, 미래를 아울러서 울창한 숲을 자랑하는 이 지역의 상징적인 장소가 될 것으로 생각한다. 그저 자연의 일부인 숲을 자신들의 상징적인 장소로 발굴하려는 의지는 경이롭다. 우리나라도 이러한 자연 속에서 자원을 발굴할 수 있는 시각이 필요할 것이다.

농업의 집

19세기부터 지금까지 브레스의 농장에 관련 자료들이 있다. 쟁기, 트랙터 등 농업 설비, 마구제조업, 증기망치, 복구된 실내 제련소, 영상관, 곡물창고, 옥수수와 밀 재배에 사용된 탈곡기, 공원에 있는 르노 콩테(Renaud Contet)의 조각 등이 있다. 농기구와 관련 유물의 전시는 흥미로운 소재이다. 각 나라별 · 시대별로 한 나라 안에서도 지역별로 다른 모양과 특징이 발견되는데 이는 지역의 토양과 작물이 다르기 때문에 발생하는 현상이다. 특히 브레스 부르기뇬은 곡창지대로 다양한 농기구를 전시하여, 주민들이 농민의 후손이고 현재도 농업을 기반으로 하는 자신들의 정체성을 보여주는 것이다.

의자제작공과 의자에 짚을 넣는 사람

브레스 부르기뇬의 한가운데에 루앙(Louhans) 남서쪽에서 투르뉘(Tournus) 방향 971번 지방도로로 15km 떨어진 곳에 위치한다. 브레스 부르기뇬 에코뮤지엄은 1985년 이래로 랑시 방타주(Rancy-Bantages)의 의자제작공과 의자에 짚을 넣는 사람을 위한 박물관이 있다. 두 개의 기념비적인 작품이 있는데, 하나는 2m 높이의 의자로 1986년에 슈보 드 브레이(Chauvot de Bray) 형제에 의해 만들어지고, 피라 드 소르네이(Pirat de Sornay)에 의해서 의자에 짚이 채워졌다고 한다. 또 하나는 1995년에 안느 루르 다로(Anne Laure Darrot)에 의해 만들어졌는데 까떼드르(Cathedre)가 랑시(Rancy) 시장의 얼굴을 의자 위에 그렸다. 이 작품들은 도로변에 설치되어 여행객들에게 이 위성박물관의 존재를 알린다.

밀과 빵: 역사와 현재(밀과 빵의 박물관)

베흐덩 쉬르 르 두(Verdun-sur-le-Doubs) 밀과 빵의 박물관 상설전시는 축소모형과 삽화, 시청각 자료, 기계를 통해서 세계 밀 경작의 발전과 맨 처음 씨뿌리기, 제분공장의 역사, 빵을 만드는 직업들에 대해서 다룬다.

단체방문객은 예약을 통해서 나무화덕으로 빵 굽기도 할 수 있다. 시청각실에서는 밀에서 밀가루로 다시 빵으로 만들어지는 순서를 담은 여러 영상들과 최근의 생산방법을 보여준다.

〈그림 33〉 밀과 빵의 박물관 브로셔

포도재배자와 그의 포도밭(토지의 박물관)

오래된 성에 안마당, 집과 지하저장고, 곡물창고를 재정비한 포도재배 농가는 옛날 전통방식의 포도재배와 포도주 양조를 상기시킨다. 포도재배 농기구와 포도주를 만드는 데 사용하는 증류기와 같은 도구들을 전시하며, 통 제조공의 작업실이 전시한다. 통을 만드는 장인의 제조과정을 시청각 설비로 보여준다. 또한 에코뮤지엄에서 만든 포도주와 전통적인 포도나무 품종도 볼 수 있다.

몽자이의 방앗간(물의 박물관)

므네트레이(Menetreuil)에 위치하며, 몽퐁(Montpont)의 시 공동체에 속해 있는 몽자이(Montjay)의 방앗간은 브레스에서도 특히 세이(Seille) 유역에서 보편적으로 존재하는 모습이다. 이 방앗간은 오래된 건축과 제분방법의 추진력의 변화를 보여주는 곳이다. 1950년대 아미디 두데(Amedee Doudet), 레이몽(Raymond), 앙리 플리소니에(Henri Plissonnier) 세 명의 제분업자는 이곳에서 그들의 수고를 아끼지 않았다. 주민들은 이 물방아를 '신의 화덕'이라고 부르며 소중하게 생각한다.

샹 브레상 농가(로메나이의 토지의 박물관)

샹 브레상(Champ Bressan)의 1930년대 가구들, 조명기구, 벽지 등 모든 것은 아르데코풍이다. 1937년, 자세히 말하자면 1937년 8월 23일, 파리에서 개최된 국제 박람회에서 마을과 그들의 전통을 알리러 떠났던 로메나이(Romenay) 주민들을 위한 축제의 날을 보여주고 있다. 그 국제적인 전시에서 마을의 작은 박물관은 많은 주목을 끌었다. 벽난로, 내리닫이 격자문, 아르슈방(중세 르네상스풍의 긴 의자), 빨래통, 방, 곳간, 착유기 등의 집의 내부를 보기에는 아주 좋은 기회를 제공한다.

에코뮤지엄은 주민의 참여(P), 유산보존(H), 박물관 활동(M)의 세 가지 구성요소로 이루어지는데 브레스 부르기뇬 에코뮤지엄의 경우 주민의 참여 부분은 매우 열정적으로 보인다. 주민의 참여(P) 관점에서 본다면, 경제 침체로 인하여 젊은이들이 떠나는 것을 안타깝게 여기면서 지역을 활성화하려는 지역에 대한 쇄신의지와 실천이 있는데 그것은 구체적이고 체계적인 조사활동과 지역의 유적과 자연에 의미를 부여하면서 위성박물관을 만들고 도 소유의 피에르 드 브레스 성을 사용할 수 있는 권리를 확보하는 등의 활동을 통하여 나타난다. 지역의 유산보존(H)은 우선 발굴에서 시작되는데 마을의 연장자의 기억과 마을의 역사를 조사하는 일련의 활동들을 통해서 확보되고 오래된 숲을 위성박물관으로 정하고 지방 신문사의 인쇄소, 마을 방앗간, 의자를 만드는 작업장, 오래된 포도원, 농가박물관 등 다양한 소재를 발굴하고 의미를 부여하는 것은 중요한 작업이다. 아무 것에도 쓸모없고, 아무런 가치가 없다고 느껴지는 오래도록 용도가 다한 물건과 장소에 생활사적인 가치를 발견하고 설득력 있는 이름을 지어서 명명하고 설명을 만들어서 마을을 찾은 방문객에게 자신의 모습을 보여주면서 박물관 활동(M)을 하고 있다.

(3) 3단계 성숙기

3단계는 에코뮤지엄이 외부와 관계 맺기를 하는 과정으로, 지역을 찾은 방문객 또는 각국에 존재하는 에코뮤지엄협회에 회원 가입하거나 같은 취지를 갖는 단체들과 연합하면서 활동을 하는 등 외부와의 네트워크를 형성하는 단계이다.

에코뮤지엄이 외부인과의 네트워크를 형성하기 위한 방법으로 문화콘텐츠 요소가 요구된다. 에코뮤지엄은 주민의 참여(P), 유산보존(H), 박물관 활동(M)의 세 가지 구성 요소로 이루어지는데, 여기에 문화콘텐츠적인 요소(C)가 필요하다. 에코뮤지엄은 학제 간 융복합의 성격을 갖고 있으며 평범한 사물과 마을과 일상에 의미를 부여해서 생기는 문화콘텐츠의 산물이라는 것이다. 여기서 발견되는 문화콘텐츠 요소는 지역의 자원을 바탕으로 한 스토리텔링, 원형의 복원과 유산의 활용성이다.

문화콘텐츠 영역에서 스토리텔링은 그 관심의 폭만큼 다양한 각도로 정의된다. 이인화는 사건에 대한 진술이 지배적인 담화양식으로 상호작용성, 네트워크성, 복합성의 특성이 있다고 보았고, 최혜실은 'story', 'tell', 'ing'의 결합어로 이야기성, 현장성, 상호작용성의 특징이 있다고 보았다. 박기수는 매체환경의 특성을 적극 반영하고 있고, 스토리 중심에서 탈피해 말하기와 상호작용성을 중심으로 한 향유 중심의 전략적이고 구체적이고 실천적인 콘텐츠 생산방식이라고 말한다. 김성리는 스토리(story)와 텔링(telling)의 합성어로, 스토리는 이야기이고 텔링은 매체적 특성과 표현의 방법, 기술적 측면을 포함한다고 말한다. 스토리텔링은 이야기와 그것을 담아내는 매체의 특성을 포함하는 포괄적인 개념이라고 보았다. 김의숙 · 이창식은 협의적으로는 재미있고 감동적인 스토리를 만들어내는 능력이고 광의적으로는 문학적 상상력, 예술적 심미안, 공학적 기술을 아우르는 통합적 능력이라고 본다. 류은영은 구술적 전통의 예술로서 사실적 및 허구적 사건을 시각이나 청각 등에 호소하며 실시간적으로 재연해 전달하거나 소통하는 시공간적 또는 다감각적 또는 상호작용적 담화 양식으로, 20세기 말 이후 점차 서사적으로 기교화되면서 정치, 경제, 사회문화 전반, 특히 대중소비문화를 주도하는 미디어 및 엔터테인먼트 산업의 토대가 되고 있는 담화 기법이라고 정의한다. 한편 윤유석은 스토리텔링은 화자와 수화자가 서사에 참여하는 담화 행위라고 정의한다. 즉 화자는 서사행위를 통해 역사 문화자원을 자신의 담화로 이야기하고, 그 이야기를 수용한 수화자는 다시 화자가 되어 자신의 담화로 서사에 참여한다는 것이다. 이처럼 역사 서사 구성에 참여하는 것이 역사 문화자원의 스토리텔링이라고 정의한다.[33)]

스토리텔링의 관점에서 브레스 부르기뇬 에코뮤지엄은 실제 있었던 마을의 사람들에 대한 이야기와 그들이 가지고 있던 기술에 대한, 그들이 살았던 장소에 대한, 그들이 기억하는 마을의 역사에 대한 등등의 이야기를 발굴하고 재구성하고 방문객이라는 화자가 들을 수 있도록 '스토리'를 '텔링'해주고 있다. 그것은 전시나 전시 설명을 통해서 나타나며 특정한 건축물의 지정과 그 건축물의 의미부여 및 설명을 통해서 나타난다. 결국 에코뮤지엄은 이야기를 만들고 이야기를 통해서 상상과 동감 그리고 감동을 이끌어내는 작업을 하고 있는 것이다.

다음으로 중요한 것은 자원의 진정성이다. 문화유산의 복원에 있어서 형성 당시의 모습으로 되돌릴 것인가 아니면 현대적 역사 변천과정의 결과를 중요하게 볼 것인가에 있어서 진정성의 문제는 간과할 수 없는 과제이다.[34)] 그러나 에코뮤지엄에 있어서 이 진정성의 문제는 그대로의 현실을 보여줄 수 있는 사실적인 접근으로도 족하다고 본다. 다만 훼손과 부식 등 심각한 상태에 있는 건축유산이나 목재유산 등에 대해서는 별도의 조치가 취해져야 할 것이다. 그러나 지역의 곤궁했던 혹은 풍요로웠던 역사를 그대로 사실과 다름없이 보여주는 진정성은 그 자체로 에코뮤지엄의 철학적 이상과도 일치점을 찾을 수 있다고 본다.

이를 활용의 관점에서 본다면 지역의 자원을 그 상태로 보존하는 것에 그치지 않고 적극적으로 가공하여서 현재 살고 있는 주민들에게 유

---

33) 윤유석, 「역사 문화자원의 소통과 스토리텔링 방안 연구: 자서전 『백범일지』의 서사를 중심으로」, 한국외국어대학교 대학원 글로벌문화콘텐츠학과 박사학위논문, 2010, 90쪽.

34) 이춘근 외, 앞의 책, 21쪽.

익하도록 활용한다고 볼 있는 것이다. 특히 우리가 주의 깊게 봐야 하는 것은 이것이 농촌자원이라는 데 있다. 현대인에게 감동을 줄 수 있는 자신들만의 방법으로 스토리텔링을 구사하는 능력은 우리나라의 농촌에 시사점이 있다. 그 외에도 브레스 부르기뇬 에코뮤지엄의 홈페이지는 외부에서 지역을 찾고자 하는 방문객에게 다양한 정보를 제공하는데 에코뮤지엄의 역사, 구성, 전시내용과 체험 프로그램, 부대시설, 예약정보 등 다양한 안내를 통하여 자신들을 알리고 있다.

〈그림 34〉는 브레스 부르기뇬 에코뮤지엄 홈페이지의 메인 화면 모습이다. 피에르 드 브레스 성의 웅장한 전경을 보여주면서 방문객에게 정보를 제공하는데 불어, 영어, 독어로 검색할 수 있도록 지원되고 있다. 이상과 같이 브레스 부르기뇬 에코뮤지엄의 각 단계별 운영방식에 대해서 연구하였다.

〈그림 34〉 브레스 부르기뇬 에코뮤지엄 홈페이지 메인 화면

2) 농촌형 에코뮤지엄의 국내 유사사례

에코뮤지엄이 국내에서 실현된 사례는 아직까지 없으나 에코뮤지엄과 유사한 양상을 보이는 사례로 전북 진안군 백운면 에코뮤지엄 구상에 대해서 분석하고자 한다. 진안군은 지자체에서 적극적으로 마을만들기를 시도하면서 주민과 함께 고민하고 방법을 만들어가고 있는 지역이라고 할 수 있다.

전북 진안군은 마이산이 있는 고원지대로 섬진강 발원지와 용담호가 있는 마을이다. 높고 깊은 산과 맑은 물을 갖고 있는 이 지역은 대중의 접근이 용이하지 못하여 우리나라 오지 중 하나였다. 게다가 용담댐 건설로 인해 68개의 마을이 수몰되고 1만 3,000명의 인구가 마을을 떠났다. 임야율은 80%로 대부분이 산지인데, 비옥한 농지는 용담댐 건설로 물에 잠겼다. 개발에 있어서는 낙후한 실정이지만 자연환경이 잘 보전되어 있고 소박한 마을사람들의 전통문화가 잘 유지되어 있는 지역이다. 진안군의 마을만들기는 2001년에 도입된 으뜸마을 가꾸기 사업에서 시작되었다고 보는데, 당시 진안은 용담댐 수몰로 지역사회의 위기감이 팽배한 상황에서 기존의 농업 · 농촌 개발방식에 대해 큰 반성이 있었고, 또 시장개방화 시대를 맞이하여 이대로는 변화하는 환경변화에 대응하기 힘들다는 위기의식도 제기되었다. 이런 반성과 문제의식을 기초로 풀뿌리 농촌 마을공동체를 복원하자는 으뜸마을 가꾸기 사업이 2001년에 전국 최초로 도입되어, 2000년에 경제학 박사를 계약직 공무원으로 채용하면서 행정이 주도하는 마을만들기를 시작하게 되었다. 이후에 으뜸마을 가꾸기 사업을 통하여 11개 읍면에서 자체적으로 선정한 마을을 친환경작목 중심으로 특화시켜서 발전할 수 있도록 하는 방법을 모색하였다. 사업선정과 추진방식은 마을주민들의 자발성과 주도성을 중시하는 것이고 이러한 일련의 과정을 거치면서 주민들은 교육과 학습의 기회가 많아졌다. 2003년 7월에 사업의 안정적인 추진을 위해 조례가 제정되었고, 2005년부터는 국비의 특별 지원을 받아 독자적인 시범사업도 실시하게 되었다. 이렇게 하여 진안군 마을만들기가 본격적으로 추진될 수 있었다.[35]

〈그림 35〉[36]의 백운면 동창지구, 성수면 중길지구, 마령면 신동 마을, 진안읍 사양지구, 부귀면 방곡지구, 정천면 봉학지구, 상전면 용평지구, 동향면 능금 · 학선지구, 주천면 무릉지구, 용담면 와룡 마을, 안천

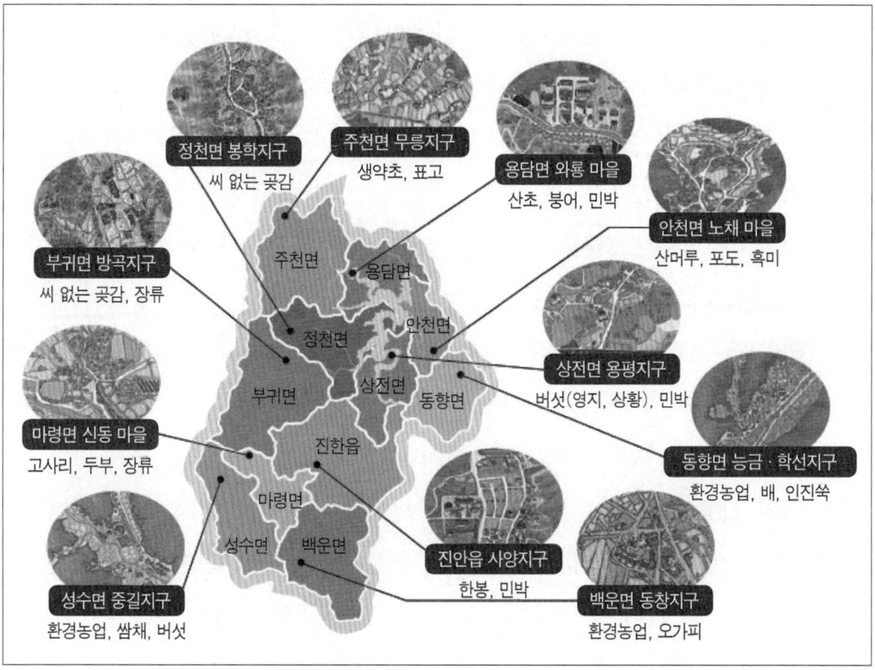

〈그림 35〉 전라북도 진안군 으뜸마을 가꾸기 사업 대상지구와 특화사업

35) 구자인 외, 앞의 책, 22-27쪽.

36) 위의 책, 27쪽.

면 노채 마을의 11개 마을을 축으로 으뜸마을 가꾸기 사업이 추진되었는데 이는 그린빌리지 사업과 더불어 진안군에서만 실시하는 독자적입 사업으로 처음으로 도입한 '주민 주도, 상향식' 마을만들기 사업이다. 2010년에는 제1기 지구는 녹색농촌 체험마을 사업 등으로 확장하였고, 제2기(4개소)를 거쳐, 제3기(4개소) 지구 사업이 진행되었다. 모든 지구에서 성공하였다고 할 수는 없지만 주민들의 의식을 향상시키고 마을만들기의 모델을 만들어가는 과정에 의미가 있다고 보아야 할 것이다. 으뜸마을 사업의 사업비는 4,000만 원 정도가 지원되고 경관 개선과 더불어 소득사업을 시작하는데, 작은 규모의 소득사업이기 때문에 실패에 대한 위험 부담률이 적고 마을 사업의 속도 조절을 할 수 있는 기회를 갖게 된다. 으뜸마을 가꾸기 사업의 추진과정에서 주민들은 학습과 토론, 협동 작업을 경험하게 되고 기초적인 역량을 키울 수 있는 기회를 갖게 되었다.[37)]

진안군청 직원으로서 마을만들기의 과정을 직접 지켜보면서 행정적인 지원을 하는 역할을 수행한 곽동원은 「주민 주도형 마을만들기와 행정의 역할에 관한 연구: 전북 진안군 마을만들기 사례를 중심으로」에서 전북 진안의 마을만들기에 대해서 다양한 사례를 소개하고 있다. 그는 현실적으로 우리나라 농촌 사회에서 주민 주도형 마을만들기는 지역발전의 기초이나 이것이 실현되기 위해서는 많은 시간이 소요되고, 더디 갈 수 있다는 것을 강조한다. 그럼에도 불구하고 지역발전의 주체는 주민이므로 주민이 학습하고 실천하여 지역경제의 관리를 통하여 풍부한 자연적 · 사회적 환경을 만들어나가면서 종합적인 발전을 이루게 하는 것이야 말로 지역발전의 최종 목표로 보았다. 이를 가능하게 하기

37) 위의 책, 37-38쪽.

위하여 지역 리더의 헌신적인 노력이 뒷받침된다는 전제하에 오랜 시간이 소요되고, 중도에 포기하게 되는 사례가 빈번히 발생할 수 있다는 것이다. 이 과정에 올바른 철학과 마인드를 가진 마을 리더가 있더라도 마을 리더의 희생이 담보되어야 하기에 실질적으로는 주민 주도형 마을만들기의 성공은 그리 쉽지 않다고 보면서, 주민 주도의 마을만들기로 가는 과정에 협력자의 역할을 할 수 있는 행정기관의 지원을 제안하고 있다. 이 과정에 올바른 철학과 의지를 갖고 있는 공무원이 요구되고 이러한 요건들, 주민의 의지, 지역 리더의 헌신적 노력, 올바른 철학을 갖춘 공무원 등이 서로 협력하는 민관 파트너십을 이룰 수 있다고 보았다. 이렇게 협력적인 관계에서 도출된 계획과 작은 실천을 통해 상호 신뢰관계를 구축하여 작은 성공을 기반으로 조금씩 확산해나가는 방법, 즉 더디지만 제대로 가는 길을 선택해야 한다고 보았는데, 진안군의 주민 주도형 마을만들기의 성공을 위한 다양한 시도와 도전은 경직된 행정 내부 조직에 전문가를 결합시킴으로써 가능하였다고 보았다.[38)]

이렇게 새로운 시도를 해온 진안군의 마을만들기는 또 하나의 새로운 시도를 하는데 백운면 에코뮤지엄의 구상이다. 진안군청 곽동원 팀장과 인터뷰를 한 결과에 따르면 공식적으로 에코뮤지엄으로 출발한 것은 아니지만 농촌의 개발방식을 고민하다가 에코뮤지엄이라는 용어를 사용하였다고 설명하였다. 에코뮤지엄이 주민의 제안과 능동적이고 자발적인 참여에 의해서 진행되어야 하지만 진안 백운면의 에코뮤지엄 구상은 행정가의 제안에 따른 것이며 이것이 진정한 에코뮤지엄인지는 확신할 수 없으나 향후에 에코뮤지엄의 면모를 갖출 수 있도록 구상을 갖고 있다는 것을 표현하였다. 본 연구에서는 진안 백운면의 사례에 대

---

38) 곽동원, 앞의 글, 2008.

해서 각 단계별 운영방식을 분석해보고 에코뮤지엄의 요건 가운데 어떤 점을 충족시키는가 혹은 충족시키지 못하는가에 대해서 알아보고자 한다.

(1) 1단계 태동기

에코뮤지엄의 운영에 있어서 1단계는 태동기로 지역공동체의 가치 발견과 사람 간의 네트워크를 형성하는 것으로 능동적 지역공동체의 자각이 이루어지면서 지역주민이 지역의 자원을 조사, 발굴하면서 지역민으로서 자긍심을 갖는 단계이다. 진안군 백운면의 경우는 지자체인 진안군에서 처음 시작한 마을 조사단 사업의 하나로 마을에 대한 전수조사가 실시되었다. 노인 한 분이 돌아가시면 박물관 하나가 없어진다는 위기의식을 갖고 2006년 4월에 조사단원을 공개 채용하고 진안군 백운면 등에서 시범 실시하였는데 면 하나에 다섯 명씩 상주하면서 9개월간 마을 전수조사를 실시하였다. 조사원에게는 월 100만 원 정도의 인건비가 제공되었는데, 이 조사는 유한킴벌리가 예산을 후원하고 (사)생명의숲 국민운동이 주관하였다. 이후 2008년 3월에는 삼자 협약식을 개최하고 진안군에서도 예산을 지원하기 시작하여 2011년까지 6년 동안 조사가 진행되어 11개 면에 대한 조사가 완료되었다.[39] 2009년 12월에는 (사)생명의숲에서 독립하여 별도 사단법인을 설립하였고, 향후 사회적 기업으로 인증받아 마을 조사 성과를 기초로 향토사 연구와 다양한 문화사업이 진행될 것으로 기대되고 있다. 마을 조사 사업은 농촌형 사회적 일자리 창출 모색(청년실업 해소), 농산어촌의 문화 · 생활양

---

39) 진안군청 마을만들기팀 이효율 인터뷰, 2011. 11. 5.

식 조사, 마을지 편찬, 데이터베이스 구축, 마을 문화콘텐츠를 활용한 농촌 활성화 모델 발굴 등이 목적이다. 궁극적으로는 마을 조사를 통해 마을만들기의 내용이 더욱 깊어지고 철학이 있는 활동으로 발전되기를 기대하고 있는 상황이다. 조사단의 구성원은 대개 귀농귀촌을 꿈꾸는 젊은이들로서 문화운동에 관심이 있는 사람들이다. 이들의 활동은 농촌마을에 상주하면서 마을의 역사와 자원을 조사하고, 다양한 기획 이벤트도 발굴하며, 농촌 활성화를 위한 다양한 시범사업도 시도하고 있다. 그러나 참가하는 조사원이 계속 바뀌고 있고, 조사원 수도 예산에 따라 변동이 많은 것도 사실이다. 그럼에도 불구하고 지역에 상주하면서 조사를 수행하는 원칙은 고수되고 있다. 마을 조사의 결과물은 보고서 형태로 발간되는데 백운면과 마령면의 경우는 주제별 심화조사 보고서도 발간되었다.[40)]

에코뮤지엄에 있어서 태동기의 활동은 주민들이 강하게 지역자원의 보존과 유지에 대해서 문제를 제기하고 스스로 해답을 찾아가기 위해서 자원봉사자들의 힘을 활용하여 조사활동을 벌이는 것이 프랑스나 일본의 사례였다. 그러나 진안군의 경우는 주민 스스로 이러한 활동을 시작한 것이 아니라 유한킴벌리라는 기업의 후원을 받아서 (사)생명의 숲 국민운동이 주관하였기에 주민의 자발적인 태동이라고는 볼 수 없을지라도 민간 차원에서 시작되었다고 볼 수 있다. 또한 조사원들이 귀농귀촌을 희망하는 젊은이들이었고, 조사과정에 마을 주민들과 서로 화합하려는 의지를 보이는 점이 예비 주민으로서의 가능성을 보여주고 있다고 할 수 있을 것이다.

40) 구자인 외, 앞의 책, 68-71쪽.

(2) 2단계 형성기

2단계는 지역주민이 발굴된 자원의 가치 부여를 통하여 자원 간의 네트워크를 형성하면서 사람과 자원이 연합하는 과정으로 지역공동체와 지역자원의 네트워크를 형성하면서 지속적으로 학습하는 단계이다. 하드웨어적인 개발이 아니라 소프트웨어적인 개발이란 점이다.

백운면의 활동은 면 단위 발전을 위한 에코뮤지엄 구상으로 발전되어왔는데, 이 구상은 지역의 젊은 청년들 중심으로 지역발전을 위한 학습모임을 만들고 서로 공부하면서 다양한 활동을 고민한 결과이기도 하다. 백운면은 섬진강 발원지가 있고, 재능이 있는 귀농귀촌인도 많기에, '지붕 없는 농촌 전원박물관' 에코뮤지엄을 구상할 수 있었는데, 주민자치위원회가 그 중심에 있다. 마을 조사 이후에는 마을 옛날 사진전시회를 열어서 주민들이 과거의 기억을 찾을 수 있는 계기가 주어졌는데 주민들은 그 전시회를 통하여 자신들이 이 땅에서 지나온 시간들을 추억하고 새롭게 인식하는 계기를 갖게 되었다. 그 외에도 매월 음력 보름날에는 지역주민들과 조사원들이 모여 달빛걷기를 진행하는데, 소소하게 십여 명 정도가 모여 그냥 걷는 행사지만 이런 기회를 통해 지역주민들도 지역을 걸으면서 자신이 사는 마을을 다시 느껴보는 기회가 생겼고, 서로 마음을 여는 계기도 마련되었다. 마을 조사를 한 결과, 지도 위에 마을의 다양한 사항을 표시하고 도보 산책을 위한 가이드북이 만들어질 수 있었는데, 지도 위에는 주민들이 마실 가는 길, 마을 숲과 정자나무, 마을의 최고령자, 이야기꾼 등이 표시된 백운면의 문화지도를 만들 수 있었다. 이렇게 주민과 조사원, 조사된 사실들과 그 결과물이 서로 연계를 맺으면서 아주 미흡한 정도로 형성기의 면모를 보인다. 백운면에서 발간되는 월간지 제작은 마을 조사단에서 출발한 사업 중 하나로 2007년 7월에 창간호를 시작으로 매월 발간되었는데, 2009년 1월부터는 백운면주민자치위원회(살기좋은백운만들기 분과)가 중심이 되어 발간하고 있다. 예산도 주민들의 후원과 행정의 일부 지원을 통해 매호 1,500부가 인쇄되어 백운면의 전체 가구(900호) 및 기관에 배포되고 있다. 그 외에 출향인과 행정기관, 사회단체 등으로 우편 발송되고 있다.[41] 2011년 10월 발간된 총 16면의 마을 월간지 백운에는 마을 주민들의 농사 기술에 대한 지혜를 소개한 글 '백운농사', 마을에 전해지는 이야기를 전하는 '윤기 부락의 전설', 마을에 작은 도서관이 생겨서 즐겁다는 중학생의 글이 소개된 '살기 좋은 원천 마을', 귀농인의 농사 체험기 '진안에서의 시작은' 등이 실려 있고, 마을 행사를 알려주는 홍보면과 1면을 할애한 진안 데미샘 고랭지 절임배추 광고가 수록되어 있어서 마을의 일상과 주민들의 삶을 느낄 수 있도록 해준다. 읽는 사

흰白구름雲

백白 운雲

백白운雲 2011년 10월(통권 50호) http://www.baegun.com / baegunmaking@naver.com / 대표전화 : 063-432-2260

▲ 한밭들의 논에서 소먹이용 볏짚을 묶고 있는 양인수, 이임순 부부

백운 풍경

완연한 가을 날씨에 하늘은 눈이 시리게 높고, 백운 들녘은 누렇게 익어 바람에 출렁이는 벼이삭으로 가득하다.
신암리 유동마을 앞 한들에서는 양인수(1939년생), 이임순(1942년생) 부부가 수확을 마친 논의 볏짚을 묶고 있다. 대개 나락을 베는 것도 콤바인을 이용하듯 묶는 작업 또한 트랙터가 끌고 다니는 기계에

〈그림 36〉『백운』 2011년 10월호(통권 50호)

41) 위의 책, 71-75쪽.

람에게 푸근한 고향의 정취를 느끼게 하는 주민들의 글에는 자신이 현재 살고 있는 지역에 대한 사랑과 자부심이 느껴진다.

〈그림 36〉은 2011년 10월에 간행된 『백운』(통권 50호)의 모습이다. 또한 백운면에는 지역의 주민 가운데 자발적인 리더로서의 면모를 보이는 사람이 있는데, 손내옹기를 운영하는 이현배 작가이다. 그는 지역주민 중심으로 지역 활성화팀을 조직하고 에코뮤지엄의 개념을 정리하는 그림을 그리는 등 방향을 제시하여서, 백운면 4대 추진과제를 도출할 수 있었다. 이것은 〈그림 37〉[42]에서 확인할 수 있다. 실제로 가장 먼저 집중한 과제는 면소재지 중심기능을 강화하자는 사업이었다. 살기 좋은 백운면 만들기, 섬진강 발원지 에코뮤지엄, 지붕 없는 농촌 전원박물관 만들기 구상에는 핵심거점 개발과 연계망을 개발하여 면소재지의 중심 기능을 강화하는 것이 매우 중심적인 위치에 놓인다.

주민들은 면소재지의 행정, 경제, 문화, 학교 기능들이 잘 살아 있을

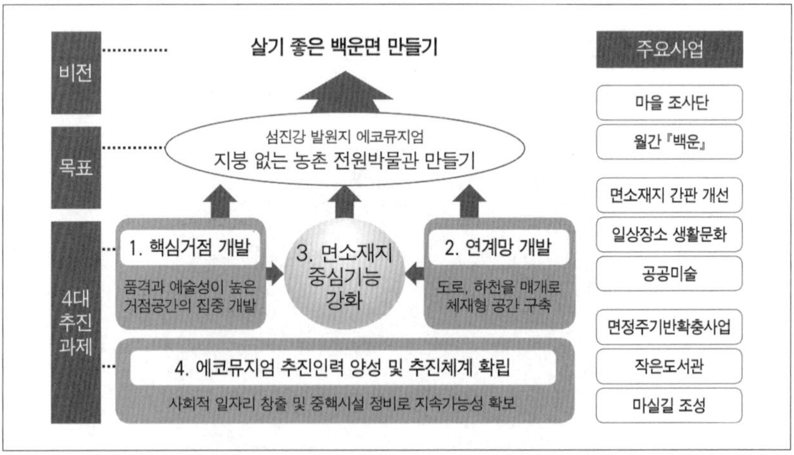

〈그림 37〉 살고 싶은 백운면 만들기의 비전과 4대 추진과제, 주요 추진사업

42) 위의 책, 76쪽.

〈그림 38〉 주인의 글씨체를 본뜬 백운면의 간판들

때 백운면의 정체성도 강화되고 조그만 마을들의 활동들도 지속될 수 있다는 발상을 하여 전주대학교 누리사업단과 1차(2005~2006) · 2차(2007)에 걸쳐 마을 간판 정비사업을 추진하게 되는데, 처음에는 상가 주민들의 반발이 있었다. 간판 한 개당 40~50만 원 가량 비용이 들었고, 이 중 10%를 주민들이 부담했는데 이에 대해서 비협조적이었다. 특히 사업 초반에 의견 조율을 위해 여러 번 모임을 가졌는데 반응이 부정적이었지만 결국 주민 전체의 의견을 모아서 실시하였다.

간판에 사용된 글씨체는 가게 주인의 글씨를 본뜬 디자인으로, 미적 완성도가 떨어지기는 하지만 특이하기 때문에 관광객들의 눈길을 끌고 있다. 또한 유한킴벌리의 마을 조사단이 자료를 조사하는 과정에서 인터넷상에 원촌 마을을 많이 홍보해서 전국 각지에서 마을을 보러 온다. 특히 마을 사업을 하려는 지역에서 찾아오곤 한다.

백운면 에코뮤지엄은 분명히 움직임은 있으나 아직까지 에코뮤지엄을 연결하는 사이트나 발견의 길과 같은 명확한 구조적인 특징이 나타나지 않고 있으며, 지역주민의 역량이 강화되기 위해서는 지역의 유산, 자연, 생업에 관한 좀 더 많은 조사와 지속적인 학습과정이 요구된다고 할 수 있겠다. 어쩌면 이 단계에서 정체되어 향후 몇 년의 세월이 흘러갈지도 모른다. 그러나 서로가 서로를 이해하고 지역의 역사와 지역을 지키고 살아온 사람들과 그들의 문화를 통해 지역에 사는 것에 대한 자궁심을 발견하기까지 이러한 노력은 계속되어야 할 것이다.

(3) 3단계 성숙기

3단계 형성기는 에코뮤지엄이 외부와 관계 맺기를 통해 외부와의 네트워크를 형성하는 단계이나, 진안군 백운면의 사례는 아직 에코뮤지엄의 형성기를 마치지 못하였다고 볼 수 있으므로 성숙기에 요구되는 사항을 충족시키기는 어려울 것이다. 또한 우리나라에 아직까지 에코뮤지엄을 규정하는 헌장이나 에코뮤지엄 협회가 없으므로 이러한 관계를 형성하는 것도 불가능한 일이다. 그러나 백운면 주변에 있는 마을들과 연계하면서 서로 고립되어 있는 문화시설들을 네트워킹하는 작업은 가능할 것이다. 진안군에는 백운면 외에도 작은 박물관 움직임이 있는데 동향면 학선리 마을박물관이다. 박물관은 이재철 관장이 기획하였는데, 주민들이 함께 참여하지는 않았다. 농촌 주민들 삶의 자존감을 높이고 농촌과 마을의 가치를 되새겨보고자 하는 의미에서 박물관을 기획하게 되었다. 농촌 거주자들은 낮은 학력에 대한 열등감으로 자신들의 삶을 부정하는 경향이 있다. 이러한 상황으로는 농촌의 미래가 암담하고 생각했다고 한다. 그리고 농촌에는 훌륭한 가치가 있기에 이러한 가치들을 박물관을 통해서 표현하는 것이 박물관의 기획의도이다. 전시물은 주민들이 실생활에서 사용하던 물건을 전시하였는데, 당초에는 지역사회에 인사들이 기부한 150만 원과 자원봉사자의 도움으로 설립되었다. 관람객들은 대부분 농촌마을에 대해 궁금해하는 사람들이다.

마령면에 있는 계남정미소는 김지연 관장이 2005년에 설립한 작은 박물관이다. 기존의 정미소 건물을 6개월에 걸쳐 리모델링해서 전시장으로 새롭게 탄생시켰다. 박물관 전시 기획부터 운영까지 김지연 관장이 도맡아 하고 있다. 전시 내용은 계남리 마을 사람들의 생활의 흔적이 고스란히 묻어 있는 생활용품부터, 추억이 어린 사진, 인근 지역의 사진까지 생활사에 초점이 맞춰져 있다. 김지연 관장은 사진작가를 겸하고 있어 자신의 사진 작품을 전시하기도 한다. 운영비 역시 김지연 관장의 사비로 유지되고 있어 어려운 실정이다. 진안군의 지원은 기대하기 어려운 상황이며, 자료집을 발간할 경우 간혹 문화예술위원회의 지원을 받고 있다. 운영위원회를 지역 활동가와 주민들로 구성했다. 1년에 네 차례 모임을 갖지만 주민들이 박물관의 취지와 역할을 이해하지 못해 대화가 진행되지 않는다고 한다. 2005년에 정미소 관련 사진전을 열기 위해 정미소를 찾아다니며 촬영하는 과정에 정미소가 하나 둘 없어지는 것을 발견하고 안타까웠다고 한다.

그래서 정미소 한 곳을 개조해 전시공간을 만들려 하는데 정미소 매입가가 터무니없이 비싸거나, 부지 주인과 건물주가 달라서 건물을 결정하는 데 어려움이 많았다고 한다. 3년을 적당한 정미소를 찾아다니다가 우여곡절 끝에 지금의 계남정미소를 찾게 되어 박물관을 개관할 수 있었다.

계남리에는 35가구 정도로 70여 명이 거주하고 있는데, 주민들은 농업에 종사하며 연령층은 60~80대이다. 이들은 일정 수준 이상의 경제력을 유지하고 있다고 한다. 박물관에 대한 주민들의 참여는 거의 없다

〈그림 39〉 계남정미소 외관과 전시실 모습

고 볼 수 있다. 김지연 관장은 계남정미소를 개관할 때 농촌을 개혁하려는 의도는 전혀 없었고, 단순히 사진 작품을 전시하는 것보다 마을의 이야기를 알리는 것에 목표를 두었다. 전시를 위한 자료를 구하러 가정을 일일이 방문했는데, 자료의 양도 적을 뿐더러 주려고 하지 않아서 어려움을 겪었다고 한다. 주민들이 문화는 생활에 도움이 되지 않으며, 일상에 필요가 없다고 생각하기 때문이었다. 마령면 주민들은 계남정미소의 전시회에 큰 관심이 없지만, 다른 지역의 주민들은 차를 마시고 가곤 한다. 그래도 어르신 170명의 영정사진을 찍어준 이후로 주민들의 호감도가 높아졌다고 한다. 그러나 마령면 주민들은 여전히 계남정미소가 자신들의 일상과 관련이 없다고 생각하는데, 이러한 주민들과의 거리감이 사라질 때 계남정미소가 진정한 마을의 박물관으로 자리잡을 수 있을 것이다. 귀농인과 토박이 주민들이 서로를 이해하고 마주대할 수 있을 때 계남정미소 박물관이 지역의 문화시설로 자리 잡을 수 있을 것이다.

진안군에는 계남정미소, 원촌마을, 학선리 마을박물관 등이 분산되어있다. 대중교통이 불편하나 거리상으로 멀지 않기에 자동차로는 이동이 용이하다. 이렇게 지역에 점재한 박물관 요소들을 연결하여 네트워킹할 수 있다면 백운면 에코뮤지엄의 구상에서 시작되어 진안군 전체가 에코뮤지엄으로 발전하는 커다란 축을 형성할 것이다.

2. 농촌형 에코뮤지엄의 요건

농촌형 에코뮤지엄의 요건에 앞서 에코뮤지엄의 요건에 대해서 정리할 필요가 있다. 햄린(Hamrin)과 휴랜더(Hulander)는 18가지의 에코뮤지엄 지수를 개발하여 정리한 바 있다. 또한 보이란(Boylan)은 에코뮤지엄의 주요개념을 다섯 가지로 추출하고 각 개념에 점수를 부여하는 것으로 지수를 판단하고자 하였다. 다섯 가지 주요개념은 지역, 사이트 발굴과 소장품에 대한 에코뮤지엄의 특성, 해석 시에 다양한 학문의 연계적 접근, 에코뮤지엄 방문객들의 특성, 지역의 민주적 상태와 지역공동체의 권리 이양을 꼽았다. 그는 다섯 가지 주요개념에 대해서 1점부터 5점으로 점수를 주되 전통적 박물관에 가까운 것을 1점으로 보고 에코뮤지엄에 근접하는 것을 5점까지 점수를 주어 총점이 13점 이하이면 전통적 박물관으로 보고, 14점부터 19점까지는 지역에 관심을 갖는 적극적인 공동체 중심의 박물관으로 보며, 20점 이상인 경우는 진정한 에코뮤지엄으로 판단할 수 있다고 보았다.

이러한 에코뮤지엄의 지수를 바탕으로 MACDAB 리스트가 도출되는데 21가지의 원칙을 통하여 에코뮤지엄의 요건에 부합하는지를 측정할 수 있는 방법이다.[43]

농촌형 에코뮤지엄은 농촌의 지속가능한 발전을 추구하며 MACDAB 리스트의 21가지 원칙을 충족시킨다. 여기서 농촌은 농산어촌을 모두 포함하는 의미로 도시와 구별되는 개념이다. 즉 지역의 농업, 어업, 임업 등을 기초로 한 1차 산업과 지역특산물을 활용한 가공업의 지속가능한 발전을 통한 지역 활성화를 목표로 한다. 피터 데이비스는 지역사

---

43) Peter Davis, 앞의 책, 92-94쪽.

〈표 4〉 MACDAB 리스트(Borrelli et al., 2008)

에코뮤지엄이 적용해야 할 주요원칙 및 지수(21원칙)
1. 지역공동체에 의해 운영되어야 한다.
2. 모든 의사결정과정과 활동은 민주적인 방법으로 모든 이해당사자와 이익단체의 공공참여를 허락해야 한다.
3. 지역공동체, 학술적 자문위원들, 지역의 사업체, 지자체와 행정조직의 연계를 통한 운영과 소유권의 통합을 도모해야 한다.
4. 지역유산 상품의 소비보다 지역유산의 운영과정에 더 중점을 두어야 한다.
5. 지역의 장인들, 예술가들, 작가들, 배우들, 음악가들과의 협동을 도모하라.
6. 핵심적인 활동은 지역 이해관계자의 자발적인 노력에 의존하라.
7. 지역정체성과 장소성에 초점을 맞추어라.
8. 여러 개의 서로 다른 특징들로 구분된 '지리학적' 영역을 아울러라.
9. 공간적 · 시간적인 측면 모두를 아울러라. 변화와 지속성은 한 시대에 가두는 것이 아니라 긴 시간에 걸친 것이다.
10. 중심지와 다른 건물, 지역의 '안테나'[44]를 통한 네트워크를 구축하면서 나누어진 박물관의 모형을 갖추어라.
11. 지역유산자원에 대한 보전, 보호와 안전관리를 증진시켜라.
12. 동산과 부동산을 포함하는 유형의 유산과 무형의 유산자원에 동일한 관심을 가져라.
13. 지역자원의 지속가능한 발전과 현명한 활용을 촉진하라.
14. 더 나은 미래를 위한 변화와 발전을 수용하라.
15. 진행 중인(물리적, 경제적, 사회적, 문화적, 정치적인 것을 포함한) 모든 환경적 요인에 의한 사람들의 상호작용과 과거와 현재의 삶에 대한 기록을 독려하라.
16. 지역 전문가들의 조사와 이해부터 학자들의 조사까지 여러 단계의 연구를 증진시켜라.
17. 연구에 있어서 여러 학문의 결합과 학제적 접근을 증진시켜라.
18. 문화와 자연의 관계의 해석에 대한 전체론적인 학제적 접근을 독려하라.
19. 기술과 개인, 자연과 문화, 과거와 현재 사이의 관계를 설명하려는 시도를 하라.
20. 유산과 책임감 있는 관광의 교차점을 제공하라.
21. 지역공동체의 이익, 예를 들면 자부심, 재건, 또는 경제적 이익 등을 가져와라.

회와 환경의 관계에서 이상적인 에코뮤지엄 모델에서 에코뮤지엄이 핵의 역할을 하고 그 주변을 지역사회가 감싸고 있으며, 이를 또 지역의 환경이 감싸고 있는 모델로 설명한다. 그렇다면 농촌형 에코뮤지엄의 요건은 농촌이라는 지역사회의 환경을 최대한 살리고 그 속에서 농업 또는 농촌 현장에 관련된 일을 하는 주민이 자생력을 갖춘 조직을 만

44) 프랑스에서는 안테나라고 표현하는데, 사이트를 의미한다.

들고 그들이 농업 관련 유적지, 자연환경, 농기구, 전통적 농사방법, 지역의 역사, 구전되는 이야기, 민속 등을 찾아내는 것이 옳을 것이다.

중요한 것은 지역 활성화를 통해 경제적 가치를 창출하는 것이 아니라 농촌 그 자체를 이해하는 것이고 그 자체에 의미를 부여하는 것이며, 농촌 현장에서 살고 있는 지역의 주민이 주인공이 되어야 한다는 것이다. 그래야 진정한 의미의 농촌형 에코뮤지엄을 만들고 이루어갈 수 있다. 이것은 매우 이상적인 모델이다. 이렇게 되기 위해서 현실에서 무엇을 어떻게 해야 할지에 대한 고민과 연구가 선행되어야 한다. 그렇다면 우리가 우리 농촌의 문제를 놓고 에코뮤지엄을 적용하려면 우선 농촌 환경에 대해서 연구해야 할 것이다. 다음으로 농촌의 주민과 그들의 자치적인 활동에 대해서 연구하고 마지막으로 이러한 여건에서 에코뮤지엄을 어떻게 제안하는 것이 옳은지 피력하도록 하겠다.

3. 한국에 적용 가능한 농촌형 에코뮤지엄의 모델 도출

한국에 적용 가능한 농촌형 에코뮤지엄의 모델은 다음의 방안으로 도출될 수 있다. 먼저 농촌형 에코뮤지엄의 사례 연구를 바탕으로 MACDAB 리스트 지수 분석을 하여 성공 가능한 모델을 위한 수정 모델의 도출이 가능할 것이다.

5장에서 연구한 국외의 성공적인 브레스 부르기뇬 에코뮤지엄의 사례와 국내 유사사례인 전라북도 진안군 백운면의 마을만들기 사업에 대한 MACDAB 지수를 본 장에서 분석하고, 7장에서는 이상적인 농촌

〈표 5〉 농촌형 에코뮤지엄 모델 도출 단계

농촌형 에코뮤지엄 사례 연구

↓

MACDAB 리스트 지수 분석

↓

성공가능 모델을 위한 수정 모델 도출

형 에코뮤지엄의 모델을 제시하고자 한다.

브레스 부르기뇬 에코뮤지엄은 지역의 장소성을 많이 고민하고 잘 일구어낸 모범적인 사례로, 지역에 흩어져 있는 다양한 위성박물관을 개발하였다. 또한 유형 · 무형의 모든 지역유산을 보존하는 소장품에 대한 에코뮤지엄의 특성을 실현하였고, 대학, 그랑제꼴, 연구기관들과 연계하면서 해석 시에 다양한 학문의 연계적 접근을 시도하였다. 에코뮤지엄은 방문객들의 특성을 고려하여 운영된다. 운영방식에 있어서 자원봉사자 중심의 자치조직을 갖고 있으며 학예사 자격이 있는 관장이 있고, 다양한 연구자들과 교육자들과도 연계하며 관청이나 공공기관과도 협력하면서 운영하고 있다. 다양한 방법으로 재원을 모으는데 지방자치단체, 문화, 농업, 관광, 환경, 교육에 관련된 관청, 기부금, 기업협찬 등을 통해 자본을 모은다. 그 외에 에코뮤지엄 활동을 통하여 입장료, 이벤트 수입, 출판물 판매금 등의 수익사업을 통해 운영자금의 45%를 조달한다.[45] 이러한 노력은 그동안 지역의 문제로 제기되었던 젊은이들의 유출, 경제적 어려움, 농업시장의 변화에 대처하는 방법으

45) 오하라, 같은 책, 93쪽.

〈표 6〉 MACDAB 지수법 대입 사례 1

브레스 부르기뇬 에코뮤지엄

↓

번호	MACDAB 리스트	적합여부
1	지역공동체에 의해 운영되어야 한다.	적합
2	모든 의사결정과정과 활동은 민주적인 방법으로 모든 이해당사자와 이익단체의 공공참여를 허락해야 한다.	적합
3	지역공동체, 학술적 자문위원들, 지역의 사업체, 지자체와 행정조직의 연계를 통한 운영과 소유권의 통합을 도모해야 한다.	적합
4	지역유산 상품의 소비보다 지역유산의 운영과정에 더 중점을 두어야 한다.	적합
5	지역의 장인들, 예술가들, 작가들, 배우들, 음악가들과의 협동을 도모하라.	적합
6	핵심적인 활동은 지역 이해관계자의 자발적인 노력에 의존하라.	적합
7	지역정체성과 장소성에 초점을 맞추어라.	적합
8	여러 개의 서로 다른 특징들로 구분된 '지리학적' 영역을 아울러라.	적합
9	공간적 · 시간적인 측면 모두를 아울러라. 변화와 지속성은 한 시대에 가두는 것이 아니라 긴 시간에 걸친 것이다.	적합
10	중심지와 다른 건물, 지역의 '안테나'를 통한 네트워크를 구축하면서 나누어진 가치를 연결하는 박물관의 모형을 갖추어라.	적합
11	지역유산자원에 대한 보전, 보호와 안전관리를 증진시켜라.	적합
12	동산과 부동산을 포함하는 유형의 유산과 무형의 유산자원에 동일한 관심을 가져라.	적합
13	지역자원의 지속가능한 발전과 현명한 활용을 촉진하라.	적합
14	더 나은 미래를 위한 변화와 발전을 수용하라.	적합
15	진행 중인(물리적, 경제적, 사회적, 문화적, 정치적인 것을 포함한) 모든 환경적 요인에 의한 사람들의 상호작용과 과거와 현재의 삶에 대한 기록을 독려하라.	적합
16	지역 전문가들의 조사와 이해부터 학자들의 조사까지 여러 단계의 연구를 증진시켜라.	적합
17	연구에 있어서 여러 학문의 결합과 학제적 접근을 증진시켜라.	적합
18	문화와 자연의 관계의 해석에 대한 전체론적인 학제적 접근을 독려하라.	적합
19	기술과 개인, 자연과 문화, 과거와 현재 사이의 관계를 설명하려는 시도를 하라.	적합
20	유산과 책임감 있는 관광의 교차점을 제공하라.	적합
21	지역공동체의 이익, 예를 들면 자부심, 재건, 또는 경제적 이익 등을 가져와라.	적합
MACDAB 지수		21/21

로 지역경제와 주민들의 자부심 회복에 기여하는 것이다.

에코뮤지엄 MACDAB 리스트를 기준으로 브레스 부르기뇬 에코뮤지엄의 에코뮤지엄 지수를 분석하면 다음과 같다.

브레스 부르기뇬 에코뮤지엄의 MACDAB 리스트 지수의 모든 항목을 충족시키는 매우 모범적인 사례라고 볼 수 있다. 그러면 국내유사 사례인 전라북도 진안군 백운면의 마을만들기 사업은 어떠한지 살펴보자.

백운면 마을만들기의 경우 MACDAB 리스트 지수의 21항목 가운데 13항목을 충족시키고 있으며 여덟 개의 항목에 대해서는 충족시키지 못하고 있음을 발견할 수 있다. 〈표 7〉에 나타난 진안군 백운면 마을만들기의 MACDAB 지수를 분석하면 주로 에코뮤지엄의 요소 가운데 주민의 자발적 활동은 충족이 되며, 유형과 무형의 지역유산과 자원에 대한 인식과 보존의 의지는 있는 것으로 판단할 수 있으나, 에코뮤지엄의 구조적 형태를 갖추지 못하였음을 발견할 수 있다. 중핵과 위성을 설정하지 못하였고 이를 연결하는 네트워크 구조를 갖지 못하였기에 지리적인 영역을 아우르지 못하고 있다. 그러기에 공간과 시간을 모두 아우르는 연속적인 시간의 모델을 확보하지 못하였다. 아직 초보적인 마을만들기 수준에 있기에 지역유산의 운영과정에 중점을 두는 단계에 다다르지 못하고 지역의 특산상품의 판매에 대해서 더 많은 관심을 기울이고 있다. 주민과 지자체의 노력으로 지역의 전문가, 예술가, 학자들의 관심을 갖게는 하였지만 이것이 중심이 되어 여러 학문의 결합과 학제적 접근을 시도하지는 못하고 있으며, 문화와 자연의 관계의 해석에 대한 전체론적인 학제적 접근을 촉진하지 못하고 있는 상황이다. 그럼에도 불구하고 MACDAB 리스트 지수의 21항목 가운데 13항목을 충족시키고 있기에 미흡하나마 에코뮤지엄의 양상을 보이는 것으로 판단된다.

〈표 7〉 MACDAB 지수법 대입 사례 2

전라북도 진안군 백운면 마을만들기 사업

↓

번호	MACDAB 리스트	적합여부
1	지역공동체에 의해 운영되어야 한다.	적합
2	모든 의사결정과정과 활동은 민주적인 방법으로 모든 이해당사자와 이익단체의 공공참여를 허락해야 한다.	적합
3	지역공동체, 학술적 자문위원들, 지역의 사업체, 지자체와 행정조직의 연계를 통한 운영과 소유권의 통합을 도모해야 한다.	적합
4	지역유산 상품의 소비보다 지역유산의 운영과정에 더 중점을 두어야 한다.	부적합
5	지역의 장인들, 예술가들, 작가들, 배우들, 음악가들과의 협동을 도모하라.	적합
6	핵심적인 활동은 지역 이해관계자의 자발적인 노력에 의존하라.	적합
7	지역정체성과 장소성에 초점을 맞추어라.	적합
8	여러 개의 서로 다른 특징들로 구분된 '지리학적' 영역을 아울러라.	부적합
9	공간적 · 시간적인 측면 모두를 아울러라. 변화와 지속성은 한 시대에 가두는 것이 아니라 긴 시간에 걸친 것이다.	부적합
10	중심지와 다른 건물, 지역의 '안테나'를 통한 네트워크를 구축하면서 나누어진 가치를 연결하는 박물관의 모형을 갖추어라.	부적합
11	지역유산자원에 대한 보전, 보호와 안전관리를 증진시켜라.	적합
12	동산과 부동산을 포함하는 유형의 유산과 무형의 유산자원에 동일한 관심을 가져라.	적합
13	지역자원의 지속가능한 발전과 현명한 활용을 촉진하라.	부적합
14	더 나은 미래를 위한 변화와 발전을 수용하라.	적합
15	진행 중인(물리적, 경제적, 사회적, 문화적, 정치적인 것을 포함한) 모든 환경적 요인에 의한 사람들의 상호작용과 과거와 현재의 삶에 대한 기록을 독려하라.	적합
16	지역 전문가들의 조사와 이해부터 학자들의 조사까지 여러 단계의 연구를 증진시켜라.	부적합
17	연구에 있어서 여러 학문의 결합과 학제적 접근을 증진시켜라.	부적합
18	문화와 자연의 관계의 해석에 대한 전체론적인 학제적 접근을 독려하라.	부적합
19	기술과 개인, 자연과 문화, 과거와 현재 사이의 관계를 설명하려는 시도를 하라.	적합
20	유산과 책임감 있는 관광의 교차점을 제공하라.	적합
21	지역공동체의 이익, 예를 들면 자부심, 재건, 또는 경제적 이익 등을 가져와라.	적합
MACDAB 지수		13/21

농촌형 에코뮤지엄의 경우는 에코뮤지엄의 요소를 기초로 하여 농촌이라는 지역적 특성을 반영하여서 유산, 주민, 박물관 활동이 이루어져야 할 것이다. 유산 보존은 프랑스의 사례처럼 농촌의 산, 숲, 나무, 농가, 방앗간 등 농촌의 현장을 보존하고 발굴하는 것이 필요하다. 농촌형 에코뮤지엄의 주민참여는 주민이 지금까지 우리는 어떻게 살아왔고 우리 조상들은 어떻게 살았으며 우리 후손들은 어떻게 살 것인지를 고민하는 것이 필요하고 스스로 마을과 조상과 자신들의 기록과 이야기를 수집하고 정리하는 노력이 수반되어야 한다. 농촌형 에코뮤지엄의 박물관 활동은 그렇게 수집된 농촌지역의 유산을 주민 스스로 볼 수 있고 지역을 찾은 방문객에게도 보여줄 수 있는 전시, 교육, 체험 등 다양한 활동이 전개되어야 한다.

그 모든 것을 더하여 종합적으로 자료를 정리하고 적극적으로 홍보할 수 있는 방법적인 모색이 필요한데 그것은 문화콘텐츠적인 활용의 관점에서 진행되는 것이 좋을 것이다. 〈그림 40〉은 오하라 가즈오키의 에코뮤지엄의 세 가지 요소를 바탕으로 문화콘텐츠의 활용성을 더한

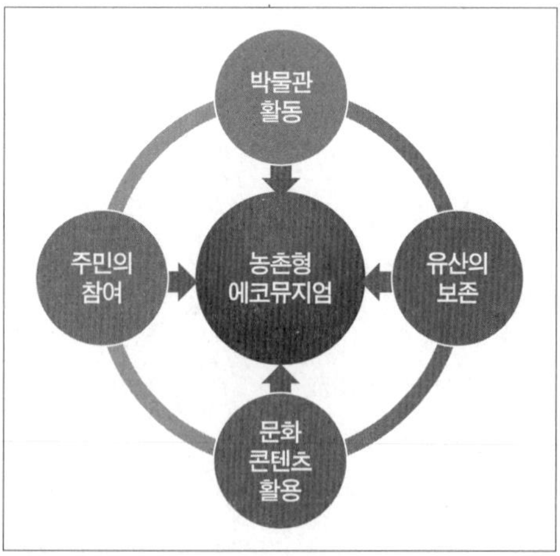

〈그림 40〉 농촌형 에코뮤지엄 모델

모델이다. 최종적으로 이 연구에서 적용하려는 에코뮤지엄을 이러한 견지에서 서술하도록 하겠다.

에코뮤지엄은 너무 다양하고 발전과 혁신을 수용하여 아직도 진화하고 있기에 정확하게 정의될 수 없는 특징이 있지만, 해외사례를 분석하여 대체적인 유형을 분류할 수 있었다. 이제 우리나라에 적용할 수 있는 한국형 에코뮤지엄의 모델을 도출하는 것이 현실적으로 중요한 문제이다. 특히 산업화 시대의 경제논리에 의해 소외되었던 농촌 현장에 대해 주목하고자 한다. 우리나라 농촌은 과거로부터 벼농사 생산방식이었기에 이러한 관점에서, 전통적으로 벼농사를 실시하였고 지금까지도 벼농사를 짓고 있는 지역인 경기도 이천 율면 지역을 벼농사의 전승지로 보고 이를 대상으로 하여 농촌문화콘텐츠를 테마로 하고 쌀을 소재로 한 농촌형 에코뮤지엄 모델을 적용하고자 한다. 현대화와 산업화로 인하여 매몰된 것을 돌아보면서 과거와 현재 그리고 미래를 연결하는 방안으로 지속가능한 지역의 발전을 위하여 지역자원을 활용한 농촌형 에코뮤지엄에 대한 모델을 제시하는 것이 본 연구의 주제이다.

새로운 박물관의 흐름인 에코뮤지엄의 이상을 우리나라에 도입할 수 있는 방안을 마련하고자 한다. 전통적인 박물관의 관심이 과거의 인간생활의 증거물에 집중되어 있었다면 그 방향을 자신이 속한 과거를 바탕으로 현실에서 미래로 향하게 하는 에코뮤지엄의 철학을 실현하고자 하는 것이다.

산업화의 메커니즘 속에 소멸된 농촌의 가치를 발견하고 문화콘텐츠를 발현하여, 사람과 문화가 떠나버린 농촌이 다시 활기를 찾고 지역이 활성화되는 방안을 찾고자 한다. 문화콘텐츠는 기존에 있는 것들을 융복합하여 만들어내는 새로운 가치의 산물이다. 이는 산업화 · 정보화를 지나 다양한 영역과 매체가 결합하는 융복합의 시대를 대변하는 것으로 이러한 시선에서 농촌을 되돌아보아 상실된 가치들을 발견하고 결합시키는 방법을 모색하고자 한다.

그 구체적인 실천을 벼농사 전승지인 이천 율면 지역을 대상으로 하여 농촌형 에코뮤지엄을 제안하고자 한다. 농민들의 생업이자 삶의 터전인 농촌을 배경으로 농촌문화콘텐츠를 주제로 주민이 주체가 되는 농촌마을에 대한 모델을 제시하고자 한다. 이는 농촌문화유산을 비롯한 지역자원을 배경으로 농민이 주인공으로서 주체적인 위치에 설 때 진정한 농촌문화가 실현될 것이고, 경제적 가치도 실현될 수 있다고 보기 때문이다.

ECOMUSEUM

III
농촌형 에코뮤지엄과 문화콘텐츠 기획

산업화의 메커니즘 속에 소멸된 농촌의 가치를 발견하고 문화콘텐츠를 발현하여, 사람과 문화가 떠나버린 농촌이 다시 활기를 찾고 지역이 활성화되는 방안을 찾고자 한다. 문화콘텐츠는 기존에 있는 것들을 융복합하여 만들어내는 새로운 가치의 산물이다. 이는 산업화 · 정보화를 지나 다양한 영역과 매체가 결합하는 융복합의 시대를 대변하는 것으로 이러한 시선에서 농촌을 되돌아보아 상실된 가치들을 발견하고 결합시키는 방법을 모색하고자 한다.

6장

농촌형 에코뮤지엄의 대상지로서 이천 율면

1. 벼농사와 농경문화 전승지로서 이천 율면

1) 이천 율면의 역사

율면은 이천시의 최남단에 위치한 면으로 농업을 기반으로 한 농경문화와 자연환경이 비교적 잘 보존되고 있는 지역이다. 율면의 유래는 본죽리 열두밤골에서 유래한다. 본죽리의 옛 명칭은 본율동(本栗洞)과 죽율동(竹栗洞)이었으며 행정구역 개편 시 두 개의 부락을 합하여 본죽리로 개칭하였다. 본죽리의 우리말 명칭은 '밤골'이며, 옛날에는 '열두밤골'이라고 하여 12개의 마을이 있었다고 한다.[1] 서기 1894년 갑오경장 이후 충북 음죽군에 속한 지역으로 상율면(上栗面)이라 하여 척오, 장성, 북

1) 간호배, 「구비전승」, 『이천시지 제3권: 민속과 구비전승』, 이천시지편찬위원회, 2001, 381쪽.

두, 본율, 죽율, 석교, 하산, 상산, 팔성, 양아, 용산의 11개 동리가 속하였는데, 1913년 음죽군에서 이천군으로 속하게 되었다. 1914년 하율면(下栗面)의 상추, 하추, 고척, 지동, 총곡, 도월, 동문, 퇴포의 8개 동리와 충청북도 음성군 법왕면의 석원리 일부와 음성군 두의면 용산리 일부를 병합하여 율면이라고 칭하고 이천군에 편입되었다. 이때 지역을 개편하였는데 신추, 고당, 총곡, 월포, 오성, 북두, 본죽, 석산, 산성, 산양의 10개 리이다.[2] 그 후 1996년 이천군은 이천시로 승격되었으며, 현재 율면의 면소재지는 고당3리이다.

2) 이천 율면의 자연환경

쌀과 도자기의 고장으로 널리 알려진 이천시는 경기도 내의 여러 다른 군들과도 경계를 이루고 있다. 이천은 동쪽으로 경기도 여주군 점동면, 가남면, 능서면과 맞닿아 있으며, 북쪽으로는 여주군 홍천면과 금사면을 비롯하여 광주군 실촌면과 도척면이 자리하고 있다. 또한 서쪽에는 용인시 내사면과 원삼면, 백암면이 있고, 남쪽에는 안성시 일죽면과 충북 음성군 삼성면, 금왕읍, 생극면, 감곡면이 있다. 이천은 동서의 폭이 27km, 남북의 길이가 36km로 동서는 좁고 남북은 긴 형상을 이루고 있다, 사람들은 이천의 땅 생김새가 표주박 모양을 닮았다고 한다. 북쪽의 구(舊)이천읍을 중심으로 하여 신둔면 · 백사면 · 마장면 · 부발읍 · 호법면 · 대월면 · 모가면을 표주박의 물 뜨는 부분으로 본다면 그 밑으로 잘록해지는 모가면과 실성면의 경계를 허리 부분으로, 남

---

2) 홍순석, 『이천시 율면 문화유적 · 민속조사보고서』, 강남대학교 인문과학연구소 · 이천시문화원, 1997, 21쪽.

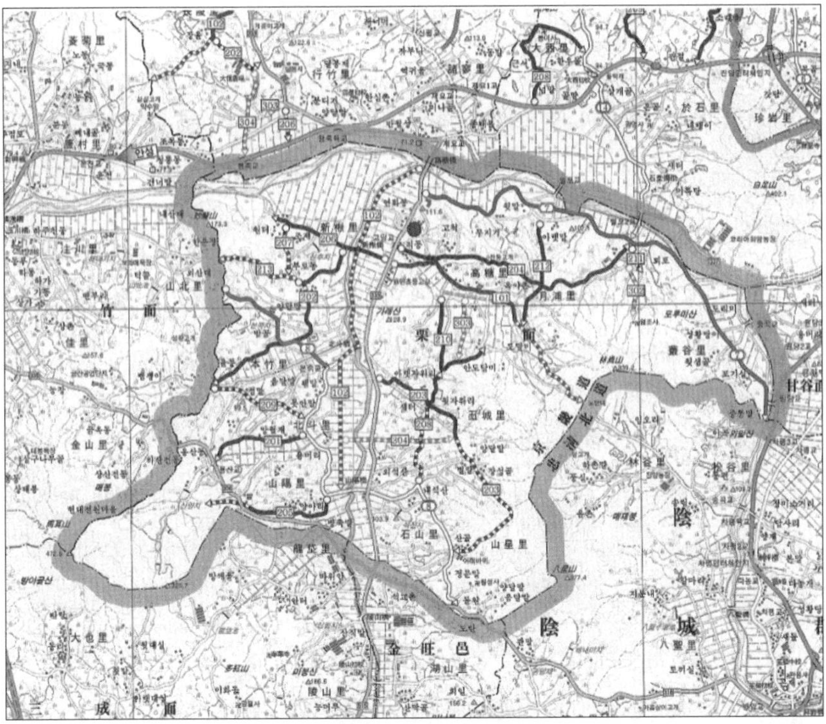

〈그림 41〉 이천 율면 지도

쪽의 설성면 · 율면 · 장호원읍을 표주박의 손잡이 부분으로 볼 수 있기 때문이다.

율면은 이천시청으로부터 28km 최남단에 위치하는 지역으로 동으로는 이천시 장호원읍과 충북 음성군 생극면이 있으며, 서로는 안성시 일죽면, 남으로는 충북 성군 금왕읍과 생극면이 있고, 북으로는 이천시 설성면과 경계를 각각 이루고 있으며, 전체 면적은 36.75km^2이다. 율면은 동부는 임오산, 팔성산 등 산지이고 북부와 서부에 충적층이 나타나는데 서부는 청미천, 석원천, 금산천, 진천 유역의 충적평야 지대로서 동쪽이 높고 서쪽이 낮은 지형이다.

이천시에는 화강암의 분포지역을 중심으로 이른바 저위평탄면(低位平坦面)이 넓게 나타난다. 그러나 산지의 발달은 다른 지역에 비해 미약한 편이다. 거의 전 지역에 걸쳐 탁월하게 나타나는 소기복(小起伏)의 구릉지, 그리고 주요 하천 연안을 중심으로 발달한 충적지(沖積地)와 충적지 주변의 낮은 침식지로 구성되어 있다. 이천은 북서부와 서부를 중심으로 높은 산지가 분포하고, 동쪽과 남쪽이 상대적으로 낮은 편이다. 그렇기 때문에 북서부와 서부의 산지에서 발원한 하천은 중앙부의 넓은 평지를 지나면서 여러 하천을 합류한 후, 동쪽으로 흘러 남한강으로 유입한다. 이천의 대표적인 하천으로는 복하천(福河川), 양화천(楊花川), 청미천(淸渼川) 등을 들 수 있다. 이들 하천 주변에는 상당히 넓은 충적지가 형성되어 있다. 이천이 쌀의 본고장으로 불리는 것도 충적지와 충적지 주변의 소규모 침식지가 넓기 때문이다.[3)]

이천은 일찍부터 넓은 농경지가 개발되었고, 많은 취락들이 들어섰다. 그 이유는 농경지로 이용되는 충적지와 이들 충적지 주변의 소규모 침식지라고 취락의 입지로 이상적인 소기복의 구릉지와 산록완사면이 넓게 발달되어 있기 때문이다. 이러한 자연적 조건은 오늘날까지 이천이 지속적으로 발전할 수 있는 하나의 토대가 되었다. 이천은 도농복합형 도시를 지향하면서도 전통적으로 이천의 생업인 농업을 지키고 개방화 물결을 극복하기 위해 이천쌀의 홍보와 품질보존을 위해 노력해 왔다. 벼농사의 전승지인 이천에서 생산된 이천쌀은 대표적인 특산물로 깨끗한 물, 좋은 기후, 비옥한 토양에서 지어져 맛이 탁월하므로 조선시대에는 임금님 진상미로 사용되었으며 오늘날 이천쌀 문화축제 등 다양한 쌀문화콘텐츠로 나타난다. 이러한 전통 가운데 이천시 율면은

---

3) 윤무부, 「자연환경」, 『이천시지 제1권: 자연과 역사』, 이천시지편찬위원회, 2001, 59-99쪽.

예부터 농경문화를 중요시하였고 오늘날까지도 벼농사를 중요시하여 농사의 생업 비중이 높고, 이천쌀에 대한 주민들은 자부심과 긍지가 높은 전통적 농경지역이다.

3) 이천 율면의 현황과 산업

율면의 인구는 3,011명이며 그 가운데 남자는 1,530명, 여자는 1,481명이다. 총 가구수는 1,382호이고 이 가운데 농가는 622호이고, 비농가는 760호이다. 면적은 36.75km^2인데 이 가운데 농경지는 17.03km^2로 46%이고 임야는 14.69km^2, 기타 5.03km^2이다. 행정구역은 법정리로는 10개 리가 있고, 이것을 세분한 행정리가 24개 리가 있으며 자연부락은 41개 부락이 있다. 학교는 율면 초중고교 1개소가 있으며 농협과 우체국이 각각 1개소가 있다. 이천 율면은 이천시 읍면동 단위에서 최초로 로고를 제작하였는데, 율면의 명칭에서 나타나는 밤을 상징하는 밤색과 수확의 즐거움과 보석 모양의 고귀함을 상징하는 노랑과 농촌의 풍요로움을 상징하는 녹색을 넣어서 가을 들판의 풍요로움을 상징하는 로고를 제작한 바 있다. 이천 율면은 명품 이천쌀과 복숭아 외에 본죽리 포도, 북두 · 월포리 화훼, 돼지, 젖소 등 농축산물의 주산지이다. 천혜의 자연조건을 갖춘 넓은 평야에서 면 전 지역에서 쌀이 생산되고 있으며, 특히 신추리의 고추, 본죽리의 포도, 인삼, 북두리 · 월포리에서 화훼 등 고소득 작물재배가 많다. 또한 포도의 경우 2000년 및 2002년 경기도 품평회에서 대상을 수상할 만큼 그 품질을 인정받고 있다.[4)]

---

4) 율면, http://yu.icheon.go.kr/site/yu/main.do, 검색일: 2011. 11. 10.

2. 이천 율면의 문화유산

율면의 문화유적 분포조사는 1997년 강남대 인문과학연구소에서 조사한 결과 분묘 8개소, 정려 3개소, 효려 1개소, 사당 2개소, 산성 1개소, 석교 1개소, 생가 1개소, 불상 1개, 기념비 1개 등이고, 구비전승 설화, 민용, 지명유래, 민간신앙, 금기, 세시풍속 및 민속놀이 등이 조사된 바 있다.[5] 율면에는 이천시 지정 중요민속자료 127호 어재연 장군 생가를 비롯하여, 청동기시대 민무늬토기들이 다수 발견된 망이산성, 어재연 장군과 어재순 형제의 충신 정문(旌門)인 쌍충문, 시부모에 대한 효성과 남편에 대한 정성이 가득했던 초계 정씨 정려, 홀로 된 어머니의 병환을 극진히 모시다가 어머니가 돌아가시자 묘 곁에서 초막을 짓고 3년간 애통해하다가 어머니의 뒤를 따라 세상을 떠난 효자 조시한 정문(旌門), 조선 영조 때 유시준, 승휴, 우문의 3대에 걸친 효자 간문에 내렸다는 일문삼효(一門三孝)의 정문 등 역사문화 자원이 있다.

1) 이천 율면의 선사유적

이천 지역에 분포하고 있는 문화유적에 대한 학계의 관심이 높았고, 이천시와 문화원에서도 이러한 문화유적들을 꾸준히 관리하여 유적에 대한 종합적인 학술조사를 실시해왔다. 이천 지역에 분포하고 있는 문화유적에 대한 조사는 1990년대를 기준으로 그 성격이 크게 전환되었는데, 1990년대 이전 특히 1980년대에는 주로 문화유적의 분포조사와

---

5) 홍순석, 『이천시 율면 문화유적 · 민속조사보고서』, 강남대학교 인문과학연구소 · 이천시문화원, 1997.

지표조사를 실시하고 어떠한 유적이 어느 곳에 분포하고 있는가를 조사하고 있었던 것에 비해, 1990년대에는 본격적인 학술발굴조사가 이루어져 단일 유적에 대해 심도 있게 문화적 성격을 규명하고 있다. 또한 읍 · 면 단위로 문화유적 · 민속자료와 마을지 조사를 통해 그 연구범위도 넓혀가고 있다. 그 결과 그동안 알려지지 않았던 새로운 사실들이 속속 밝혀지고 있고, 또한 많은 자료가 축적되어, 이천 지역이 우리 역사에서 갖는 위치에 대한 중요성이 점차 드러나고 있다. 그 가운데 이천시 율면에 있는 선사유적은 산양리의 망이산성이다. 중부지역을 가로지르는 차령산맥 가운데에 있는 이 산성은 망이산(지금의 마이산) 정상에서 능선과 골짜기를 걸쳐 쌓은 것으로, 안쪽의 내성과 바깥쪽의 외성으로 이루어진 2중성이다. 산성 북쪽과 서쪽은 이천시, 안성시에 산성의 남동쪽은 충북 음성에 걸쳐서 소재하고 있다. 북서쪽은 경기도 기념물 제138호로 지정되어 있다. 망이산성에 대한 기록은 1942년에 간행된 『조선보물고적자료』에 안성군, 이천군, 음성군 경계를 잇는 마이산에 석성으로 된 성터가 있다는 기록이 있다. 그 후 단국대학교 박물관에 의해 진행된 음성군 지표자료 조사에서 문지, 건물지, 우물 등의 주요시설과 '관(官)' 자 명의 기와가 발견되어, 이후 1차 1992년, 2차 1996년, 3차 1999년에 걸쳐서 발굴조사가 이루어지고 이에 대한 발굴조사 보고서를 발간한 바 있으며, 내성은 흙으로 쌓은 토성으로 가장 높은 남쪽의 봉우리(472m)를 에워싸고 있다. 백제 때 축조된 것이다. 현재 밝혀진 길이는 250m쯤 되며, 북쪽에 문터로 짐작되는 자리가 있다. 내성 안에는 직사각형의 봉수대 터가 남아있는데, 이 봉수는 동래-경주-영천-안동-충주를 거치며 올라오는 직봉과 남해-진주를 거쳐 올라오는 간봉을 받아 한성의 목멱산(남산)으로 전달하는 역할을 하였다.

1차 발굴조사에서 '기사(己巳)', 정축(丁丑) 명의 기와 출토증과 돈을 띠무늬가 있는 목항아리, 편병, 편호, 줄무늬병, 덧줄무늬병 등의 고려초기시대로 연대가 추정되는 유물들이 발견되었고, 다수의 백제토기가 발견되었다. 2차 발굴조사 시에 명문평기와는 모두 일곱 종류로 모두 서문지를 확장하는 과정에서 개축된 문지 함몰부와 와적층에서 출토되었다. 1차 발굴지역 토성 하단부에서 청동기시대 후기의 토기류가 발견되었다. 덧띠무늬토기, 민토기, 검은간토기 등의 편과 쌍뿔 모양 토기 손잡이 출토되었다. 백제시대 토기도 발견되었는데, 항아리, 대접, 병, 시루, 뚜껑, 손잡이 등이 있다. 항아리는 대체로 붉은 갈색이나 노란 갈색을 띠는 계란 모양의 항아리들이 많다. 이 산성은 발굴조사 결과 최초의 축성시기와 관련된 유물은 백제토기가 주목된다. 백제토기들은 대체로 4~5세기경으로 추정되므로, 백제가 망이산성을 축조한 시기는 4~5세기로 볼 수 있다. 백제가 이천, 안성 지역에 진출한 것은 근초고왕 이전으로 볼 수 있으므로 그 이후 이천 일대를 지배했을 것이라는 가능성을 도출할 수 있다. 그 후 통일신라시대에 이 성을 사용한 것을 추측할 수 있는데 이는 회청색 경질토기 및 기와류가 출토되었기 때문이다. 또한 고려시대 명문기와의 출토로 고려시대에 지방 통치의 정비와 관련을 지을 수 있다. 이렇게 마이산성은 백제부터 조선에 이르기까지 산성의 역할을 하였다고 추축된다.[6] 이러한 역사적인 유적지인 '망이산성'이 율면 산양리에 있다는 것은 율면의 역사성을 말해주는 것으로, 이러한 역사문화 자원을 농촌 체험 프로그램과 연계하여 등산로나 발견의 길로 활용하는 것은 마을의 농촌 체험과 관람객의 다양한 경험에 기여할 것으로 생각된다.

---

6) 박경식 외, 「관방유적」, 『이천시지 제2권: 인물과 문화유산』, 이천시지편찬위원회, 2001, 334-339쪽.

2) 이천 율면의 문화재와 유적

문화재는 중요민속 자료 제127호 어재연 장군 생가로 경기도 이천시 율면 산성리 74번지에 위치하고 있는 향토역사문화 자원이다. 어재연 장군 생가는 19세기 초 건물로 추정되며, 안채, 사랑채, 광채는 모두 변형되지 않고 비교적 잘 보존되어 있다.

어재연 장군 생가는 1871년 신미양요 때 강화도 수비의 책임자로서 싸우다 순절한 장군 어재연(魚在淵, 1823~1871)이 태어나 살던 조선 후기의 살림집이다. 어재연 장군은 근세 조선 말기 구미열강의 침탈에 의해 조선의 국내외 정세가 어지러울 때 서해안을 지키다 장렬히 전사한 장군이다. 본관은 함종(咸從), 자는 성우(性于), 아버지는 용인(用仁)이다. 1841년(헌종 7년) 정시무과에 급제한 뒤 훈련원주부 · 판관 · 첨정 · 총위영초관 · 형조정랑을 역임한 뒤 1847년 광양현감이 되었다. 재임 시 환곡 업무를 공정히 처리하고, 옥사를 잘 다스렸으며, 군기수선을 잘 하여 통정대부로 승급되었다. 1856년(철종 7년) 해주진영(海州鎭營) 병마절도사를 거쳐 풍전부사가 되었다. 1862년 대구영장을 거쳐 1864년(고종 1년) 장단부사가 되어 공정한 과세를 위해 힘써 고종에게서 표리(表裏)를 하사받았다. 1866년 공충도병마절도사가 되었는데, 그해 프랑스 로즈 함대가 강화도를 침략해오자, 병사를 이끌고 광성진(廣城鎭)을 방어했다. 이어 회령부사가 되어 도적들을 토벌하고, 관내의 개시(開市)를 복구했으며, 별포대(別砲隊)를 설치해 국경 수비를 튼튼히 했다. 1871년 제너럴셔먼호 사건을 구실로 로저스 제독이 이끄는 미국 아시아 함대가 조선에 쳐들어오자(신미양요), 4월 15일 진무중군(鎭撫中軍)에 임명되어 600여 명의 각영 포군을 이끌고 광성보(廣城堡)로 급파되었다. 4월 23일과 24일 초지진(草芝鎭)과 덕진진(德津鎭)을 함락한 미군은 4월 25일 광성보를 공격해왔

〈그림 42〉 어재연 장군 생가 모습과 수자기

다. 미군이 수륙양면에서 함포사격과 야포사격을 퍼붓고 광성보로 돌입하자 치열한 백병전을 벌이며 적군을 막다가 장렬하게 전사했다.[7]

사방으로 개방된 바깥마당이 건물 전면에 배치되어 있으며 동남쪽에서 진입하도록 되어 있다. 일자형 사랑채가 바깥마당에 면하여 앉고, 사랑방 뒤의 안마당을 중심으로 ㄱ자형 안채가 집안의 중심에 위치한다. 안마당 동쪽의 광채를 포함하여 전체적으로 ㅁ자형을 이루고 있다. 사랑채는 네 칸 전후퇴의 우진각 초가지붕 집이다.

'수자기(帥字旗)'는 1871년(고종 8년) 신미양요 당시 강화도 광성보(廣城堡) 전투에서 미군이 전리품으로 가져가 미국 애나폴리스 해군사관학교 박물관이 소장해오던 가로 4.15m, 세로 4.35m의 대형 군기(軍旗)이다. 깃발 한가운데 장수를 뜻하는 '帥(수)' 자가 누런 바탕에 검은색으로 적혀 있는 수자기는 조선 후기 중앙의 독립 군영 혹은 지방 군사조직의 총

7) 이인수 외,「선현(先賢)」,『이천시지 제2권: 인물과 문화유산』, 이천시지편찬위원회, 2001, 167쪽.

지휘관이 있는 본영(本營)에 꽂는 깃발인데, 외세의 강압에 의한 개항을 거부한 조선왕조의 의지와 나라를 지키기 위해 장렬하게 싸우다가 전사한 어재연 장군을 비롯한 수많은 조선 병사들의 용기와 불굴의 정신을 상징한다. 이 수자기는 미군에 전리품으로 빼앗긴지 136년만인 지난 2007년 10월, 10년간 장기대여 형식으로 한국에 돌아와 인천광역시립박물관에서 수장관리하고 있다.[8)]

어재연 장군 생가 맞은편에는 장군의 넋을 기리기 위해 후손들이 지은 충장사(忠壯祠)가 있는데 1974년 4월에 건립하였으며 정면 세 칸, 측면 두 칸 규모이다. 입구를 거쳐 내삼문인 쌍충문(雙忠門)을 통과하면 안쪽으로 사당인 충장사에 이르게 된다. 쌍충문 좌우에는 어재연 장군과 그의 동생 어재순(魚在淳)의 나라에 대한 충성심을 기리는 정문(旌門)이 세워져 있다. 사당 안 중앙에는 어재연, 어재순 형제의 신위를 모시고 좌측에는 유풍로, 김현경, 우측에는 이현학, 박치성의 신위를 모셨다. 이들 배향 인물은 모두 1871년(고종 8년)에 일어난 신미양요 때 어재

〈그림 43〉 충장사

8) 어재연 장군 생가 설명 패널 참조.

연 장군과 함께 전사한 사람들이다.[9]

율면의 어재연 장군 생가를 포함하여 이천 지역의 문화재는 2000년까지 총 27개가 지정되어 있다. 이천시에는 국가지정 문화재는 보물 두 개, 천연기념물 두 개, 중요민속자료 한 개, 사적 세 개로 여섯 개가 지정되어 있다. 경기도지정 문화재는 유형문화재 세 개, 지방기념물 한 개, 문화재자료 세 개로 총 일곱 개이다. 향토유적은 총 14개가 지정되어 있다. 한편 설봉산성 발굴조사의 진행과 함께 그 중요성이 인정되어 설봉산성이 사적 제156호로 지정된 바 있다.

3. 이천 율면의 민속

1) 생산풍습

(1) 공동노동조직 두레

두레는 농경사회에서 공동노동을 위한 조직으로 엄격한 규율과 질서를 유지하면서 공동체의식을 유지하였다. 우두머리를 좌상(영좌)이라 하고, 두레를 표시하는 기(旗)가 있었다. 농악의 유무에 따라 농악 있는 두레와 농악 없는 두레가 있었다. 두레 중에서 작은 두레는 6~10명 정도로 대개 경제적 여건이나 농지 소유 규모가 비슷한 이웃 사람들끼리 하는 경우가 많았다. 큰 두레는 마을 전체가 소속원이 되어 조직하였다.

---

9) 홍순석, 앞의 책, 52-53쪽.

두레의 임원은 지역에 따라 형편에 따라 달랐으나, 보통은 자작 농가 가운데에서 덕망과 능력이 있는 사람 중에서 전체 통솔자인 행수(行首)를 한 명 선발하였다. 행수의 보좌격으로 도감(都監) 한 명, 작업 진행을 지휘하는 수총각(首總角) 한 명, 규약에 따라 행동하는지를 감독하는 조사총각(調査總角) 한 명, 기록과 회계를 맡은 유사서기(有司書記) 한 명, 방목지(放牧地)의 가축을 돌보며 가축으로부터 논밭을 보호하는 방목감(放牧監) 한 명 등이 있다. 이천의 경우 마을 전체가 참여하는 대규모의 두레를 통두레라 하였다. 두레 구성원의 신분은 마을에 거주하는 남자의 경우만 허용하였으며 두레에 가입하려면, 막걸리를 마시거나 큰 돌을 들 수 있어야 했다. 여자들만의 두레도 있었는데 길쌈을 공동으로 하기 위한 길쌈두레가 있다.

두레가 이행하는 공동노동의 형태는 모내기 · 물대기 · 김매기 · 벼베기 · 벼타작 등 논농사 경작 전 과정에 적용이 되었다. 모내기와 김매기와 같이 노동력이 집약적으로 요구되는 벼농사의 과정에는 거의 반드시 두레가 동원되었다. 농경사회에서 마을의 두레는 노동의 공동조직이자 동네나 마을을 구분 짓는 행정적인 구실을 하기도 하였다. 통두레나 여러 개의 두레패는 우물고사나 당고사와 같은 마을 신앙을 거행하는 주체가 되기도 하였다. 또한 마을의 공동 잔치로 풋굿이나 호미걸이와 같은 논농사 이후의 놀이도 함께하였다. 대체로 모내기나 추수를 마친 뒤 공동작업에 직접 참여한 사람들이 모여, 마을잔치를 벌이는데 이때 음식과 술을 나누며 농악에 맞추어 뛰고 놀면서 농사로 인한 노고를 잊고 공동체의식을 다졌다. 이때 토지를 소유한 주인집에서는 많은 음식을 장만하여 흥을 돋우어주었다.

(2) 두레놀이와 두레굿

음력 7월이 되어 김매기가 끝날 무렵이면 여름날의 고된 농사를 마쳤다는 의미로 하루를 잡아 마을 전체가 놀이로 공동체의식을 다지는데 이를 이천 지역에서는 '호미걸이'라고 한다. 다른 지역에서는 '호미씻기'라고도 한다. 호미걸이는 마을의 정자나무 아래나 산중턱 또는 개천가, 마을회관 등에서 진행된다. 이웃의 두레패들이 와서 음식을 같이 나누며 친목을 도모하기도 한다.

1997년 『율면 문화유적 · 민속조사보고서』를 작성할 당시 율면에서 두레놀이가 행해지던 마을은 내촌이었는데, 매년 열리는 '한마당 잔치'에서 행해졌다고 한다.[10] 이천시 부발읍의 마암리 두레패들은 이웃 마을인 죽당리에 가서 대동굿을 하며, 죽당리 두레패도 마암리에 가서 대동굿을 한다. 이렇게 서로가 이웃 마을의 풍년과 복을 기원하는 것이다.[11] 두레놀이는 농촌에서 공동노동과 마을의 질서를 유지하는 하나의 공동체 문화였다. 두레놀이는 길놀이, 지신밟기 등과 어우러져 행해지며, 가가호호 방문하며 축원도 해준다. 마을굿이 많은 금기와 절차에 따르는 반면 두레굿은 농업의 신(神)인 신농을 섬기는 것으로 농기구를 들고 풍물을 울리면서 농신의 강림을 기원하는 것이다. 그 후에 농기를 세워 놓고 그 앞에 제물과 술을 차리고 절을 한다. 두레꾼들은 마을제사 때 풍물을 연주하는 일을 맡기도 하였다. 두레회의는 공동노동과 임원선출, 회계 및 결산, 상호부조, 두레놀이 등 농사와 관련된 모든 일을 의논하였다. 경작지는 모두 같이 받들어 경작하였고, 모여진 자금은 공금으로 관리하였다. 일반적으로 두레회의는 음력 7월경 논매기가 끝나

10) 위의 책, 361-362쪽.

11) 정연학, 「생산풍습」, 『이천시지 제3권: 민속과 구비전승』, 이천시지편찬위원회, 2001, 30쪽.

는 시점에 이루어졌는데, 결산하는 시기는 호미걸이 며칠 전에 이루어진다. 두레회의에서 나온 의견은 다음 해에 적용하는 것으로 하였다.

두레는 일제강점기와 6 · 25전쟁 등을 겪으면서 우리 농촌에서 서서히 사라져갔다. 이제는 명칭만 남아 있고 풍물만이 전해질 따름이다. 마을을 공동노동과 놀이로 묶어주고, 공동체의식의 발원으로 기능하던 두레의 소멸은 농촌에서 마을의 해체와 놀이의 해체를 가져왔다.

2) 세시풍속과 민속놀이

전래되는 세시풍속에 관한 문헌 중 후세에 널리 활용되는 것은 1840년경 전후에 홍석모(洪錫謨, 1781~1857)의 의해서 쓰인 『동국세시기(東國歲時記)』이다. 매달의 풍속을 왕실, 양반, 서민의 순서를 지키며 기술하였고, 각 달의 끝부분에는 「월내(月內)」라고 하여 그 달의 특정한 날을 지정할 수 없는 세시 내용들을 다루었다. 그 외에 『경도잡지』와 『열양세시기』도 세시풍속에 대해서 다루고 있는데, 이 두 저서가 서울 풍속에 관하여 기술하고 있는 것과 대조적으로 『동국세시기』는 다양한 문헌 고찰과 풍부한 여행 등의 경험을 바탕으로 지방의 풍속을 함께 소개하고 있다.[12] 본 연구에서는 『동국세시기』의 풍속을 기준으로 하여 조선시대의 풍속 가운데 오늘날에도 전해지는 풍속에 대하여 『이천시 율면 문화유적 · 민속조사보고서』, 『이천시지 제3권: 민속과 구비전승』에 나타난 이천 율면의 세시풍속과 민속놀이를 자료로 하여 현대 이천에 전해지는 세시풍속을 찾고자 한다.

---

12) 국립민속박물관, 『조선대세시기 Ⅲ: 동국세시기』, 국립민속박물관, 2007, 159-160쪽.

(1) 봄의 세시풍속과 민속놀이

설날

설날은 새해 첫날을 의미하며, 원단(元旦), 원일(元日), 정월초하루 등으로 불린다. 설날 아침이면 설빔을 입고 차례를 지내고 웃어른을 찾아 문안 인사를 드린다. 『동국세시기』에는 다음과 같이 기록되어 있다.

> 서울 풍속에 설날 집안사당에 배알하고 제사지내는 것을 차례라고 한다. 남녀 어린이들은 모두 새 옷으로 단장하는데 이것을 설빔(歲粧)이라고 하고, 집안 친척 어른들을 찾아뵙는 것을 세배(歲拜)라고 한다.[13)]

이천에서는 다른 지역과 마찬가지로 설날 아침에 일찍 일어나 미리 준비된 설빔을 입었으나 오늘날에는 깨끗하게 손질한 옷을 입거나 한복을 입는다. 설날 아침에 세찬(歲饌)과 세주(歲酒)를 사당에 진설하고 제사를 지낸다. 보통은 4대조까지 조상에 대한 제사를 지내는데 신주를 모시거나 지방을 써서 벽에 붙여놓고 지낸다. 예전에는 도소주(屠蘇酒)를 집에서 빚었으나 오늘날에는 약주나 정종을 사용한다. 차례 후에는 집안 어른들과 연장자께 절을 하는데 이를 세배(歲拜)라고 한다. 이때 "새해 복 많이 받으십시오."라는 인사말을 하는데 인사를 받은 어른은 "새해에는 소원 성취하게.", "새해에는 결혼하게." 등 상대를 배려한 덕담을 한다.

설날 세찬 가운데 가장 중요한 음식은 떡국이다. 『동국세시기』에는 다음과 같이 기록되어 있다.

---

13) 위의 책, 177쪽.

멥쌀가루를 쪄서 안반 위에 놓고 떡메로 무수히 쳐서 길게 늘려 만든 가래떡을 흰떡[白餠]이라고 한다. 이것을 얇게 엽전 두께만큼 썰어 장국에다 넣고 끓인 다음 쇠고기나 꿩고기를 넣고 후춧가루를 쳐서 조리한 것을 떡국[餠湯]이라고 한다. 이것은 제사에도 쓰고 손님접대에도 사용하므로 세찬에 빠져서는 아니 될 음식이다. 국에 넣어 삶으므로 옛날에 습면(濕麪)이라고 부르던 것이 바로 이것인 것 같다. 저잣거리 가게에서는 이것을 시절음식으로 판다. 세속 언어로 나이 몇 살 먹었다는 것을 떡국 몇 그릇 째 먹었다고 한다.[14)]

설날 아침에 떡국을 먹는 것은 새해를 맞이하여 나이를 먹는 것과 같은 의미로 여겨졌기에 '첨세병(添歲餠; 나이를 더 먹는 떡)'이라는 별명으로 불리기도 하였다. 떡국을 먹는 것은 흰떡을 안반에 쳐서 쭉쭉 늘리는 것처럼 재산이 불어나라는 뜻도 있었다고 한다. 그 외에 섣달 그믐밤에 하늘에서 내려온다는 야광귀에 대한 기록이 있다.

속설에 야광(夜光)이란 이름을 가진 귀신이 이날 밤에 인가에 내려와 두루 아이들의 신발을 신어보고 자기 발에 맞으면 곧바로 신고 가버린다고 하며, 그렇게 되면 신발 주인은 불길하다고 한다. 그래서 아이들은 이 귀신을 두려워하여 신발을 감추고 불을 끄고 잔다. 그리고 체를 마루 벽에 달아 놓거나 섬돌 사이에 걸어두면 야광이란 귀신이 와도 체의 구멍 수를 세다가 다 세지도 못하고 신발을 신을 생각도 잊고 있다가 닭이 울면 그만 가버린다고 한다. 야광이란 어떤 귀신인지 모르겠으나 혹 약왕(藥王)의 음이 변한 것이 아닌가 생각된다. 불교에서 의약을 맡고 있는 부처인 약왕의 형상이 아이들을 두렵게 할 정도로 추하여 이러한 속설이 생긴 것 같다.[15)]

---

14) 위의 책, 178쪽.

15) 홍순석, 앞의 책, 348-349쪽.

야광귀에게 신발을 도둑맞지 않기 위해서 '체'를 벽이나 뜰에 걸어두는 풍속이 이천에 전해진다. 부발읍의 경우 가좌리에서는 삼태기를 작대기에 걸거나 바구니를 지붕에 올려놓고, 신원리에서는 체를 안마당 벽에 바늘과 함께 걸어놓는 풍습이 있다.

율면에서는 설날 이른 새벽에 복조리를 사면 집안에 복이 들어온다고 믿어서 복조리를 사서 방문 간에 달아두는 풍속이 있는데 최근까지도 계속되고 있다. 일단 복조리가 집안으로 들어오면 밖으로 내보내지 않는 것이 일반적인데 그렇게 밖으로 보내면 복이 밖으로 나간다고 믿었기 때문이다.[16)]

입춘

입춘(立春)은 24절기 중 첫 번째로 겨울 내 얼었던 땅에 생명의 기운이 움트는 시기이다. 입춘은 양력으로는 2월 초이며, 음력으로는 대개 정월 즈음이라 새해를 상징하기도 한다. 율면에서는 입춘에 입춘첩이라 하여 '입춘대길(立春大吉), 건양다경(建陽多慶)'이라 하여 글을 써서 대문 기둥이나 대들보, 천장에 붙였는데 '입춘을 맞이하여 크게 길하고, 계절에 따라 경사가 많아라'는 뜻이 담겨 있다. 이를 춘련(春聯) 또는 춘축(春祝)이라고 한다. 『동국세시기』에 나타난 입춘첩에 대한 기록은 다음과 같이 다양하다.

> 일반 사람들의 집 기둥이나 문 상방에 붙이는 대련(對聯)으로는 다음과 같은 문구가 두루 사용된다.
>
> • 수여산(壽如山) 부여해(富如海): 수명은 산 같이 재물은 바다 같이 되라.

---

16) 윤승준, 「세시풍속」, 『이천시지 제3권: 민속과 구비전승』, 이천시지편찬위원회, 2001, 278-279쪽.

- 거천재(去千災) 래백복(來百福): 온갖 재앙은 가고 모든 복은 오라.
- 입춘대길(立春大吉) 건양다경(建陽多慶): 입춘에 대길하고 계절따라 다경하라.
- 요지일월(堯之日月) 순지건곤(舜之乾坤): 요 임금 세월이고 순 임금 세상이어라.
- 애군희도태(愛君希道泰) 우국원년풍(憂國願年豊): 임금을 섬겨 큰 정치 희망하고 나라를 염려하며 풍년을 기원한다.
- 부모천년수(父母千年壽) 자손만대영(子孫萬代榮): 부모님 오래 사시고 자손만대 번영하라.
- 천하태평춘(父母千年壽) 사방무일사(四方無一事): 천하는 태평한 봄이고 사방에 아무 일 없다.
- 국유풍운경(國有風雲慶) 가무계옥수(家無桂玉愁): 나라에 풍운의 경사 있고 집안에 땔거리 먹거리 걱정 없으라.
- 재종춘설소(災從春雪消) 복축하운흥(福逐夏雲興): 재난은 봄눈처럼 사라지고 복은 여름구름처럼 일어나라.
- 북당훤초록(北堂萱草綠) 남극수성명(南極壽星明): 어머님 근력 푸른 풀처럼 좋으시고 아버님 오래오래 사시라.
- 천상삼양근(天上三陽近) 인간오복래(人間伍福來): 하늘은 정월 봄이 되었으니 인간세계에 오복이 온다.
- 계명신세덕(鷄鳴新歲德) 견폐구년재(犬吠舊年災): 닭 울음소리에 새해 덕이 들어오고 개 짖는 소리에 묵은해 재앙이 나간다.
- 소지황금출(掃地黃金出) 개문백복래(開門百福來): 땅을 쓸면 황금이 생기고 문을 열면 만복이 온다.
- 문영춘하추동복(門迎春夏秋冬福) 호납동서남북재(戶納東西南北財): 대문으로는 사계절의 복을 맞이하고 방문으로는 사방의 재물을 받아들인다.
- 육오배헌남산수(六鰲拜獻南山壽) 구룡재수사해진(九龍載輸四海珍): 여섯 마리의 자라는 만수를 바치고 아홉 마리 용은 사해의 재물을 실어온다.

• 천증세월인증수(天增歲月人增壽) 춘만건곤복만가(春滿乾坤福滿家): 세월이 감에 인간 수명이 더 해지고 봄이 천지에 가득함에 집안에 복이 가득하다.

방문 상방에는 다음과 같은 단귀의 첩[單貼(단첩)]을 붙인다.

• 춘도문전증부귀(春到門前增富貴): 봄이 문앞에 오니 부귀가 늘어난다.
• 춘광선도길인가(春光先到吉人家): 봄빛은 길한 사람 집에 먼저 온다.
• 상유호조상화명(上有好鳥相和鳴): 하늘에는 길한 새들이 서로 조화롭게 운다.
• 일춘화기만문미(一春和氣滿門楣): 봄날의 화기가 문 위에 가득하다.
• 일진고명만제도(一振高名滿帝都): 이름을 높이 날려 장안에 가득하라.

사대부 집에서는 대부분 새로 글을 짓거나 혹은 옛 사람들의 아름다운 글을 따서 사용한다.[17]

이처럼 다양한 문구를 대문이나 방문의 위쪽에 붙여서 봄을 축하하는 것은 봄이 계절의 시작이며 한 해의 시작이라는 것에서 그 이유를 찾을 수 있다. 농가에서는 그해 농사가 잘될지 잘못될지 점을 치기도 하였는데, 보리 뿌리를 뽑아 뿌리가 세 가닥 이상이면 풍년이고, 두 가닥이면 평년이고, 한 가닥이면 흉년이 든다고 하였다.

정월대보름

음력 1월 15일은 정월대보름 또는 상원(上元)이라 하여 신라시대부터 지켜온 명절로 설이 지나고 첫 보름달이 뜨는 달이 가득 차는 날이다. 『삼국유사(三國遺事)』, 「금갑조(射琴匣)」에 보면, 정월대보름날 찹쌀을 간장

17) 국립민속박물관, 앞의 책, 187-189쪽.

으로 물들여 밤, 대추, 꿀 등을 넣어 버무려 쪄서 먹는 약식에 대한 고사가 있다. 신라 소지왕이 재위 10년이 되던 해에 천천정(千泉亭)에 나들이를 갔다가, 까마귀를 따라가라는 쥐의 말을 기이하게 여겨 까마귀를 따라가 보게 하니 연못 한가운데서 노인이 봉투를 주는데 "이 봉투를 열어보면 두 사람이 죽고, 열어 보지 못하면 한 사람이 죽는다."고 적혀 있었다. 왕이 봉투를 뜯어보니, 그 안에는 "빨리 금갑을 향해 활을 쏘아라."는 글귀가 적혀 있었다. 왕이 이상히 여겨 금갑을 향해 화살을 쏘니, 화살을 맞은 금갑에서는 난데없이 붉은 피가 흘러나왔는데, 금갑에는 승려와 궁녀가 정을 통한 후 왕을 해치려고 그 안에 숨어 있었던 것이다. 이렇게 목숨을 지킨 왕은 그 후 대보름날이면 까마귀에게 보은하는 뜻으로 약식을 해서 나무에 두어 까마귀가 먹게 했다고 한다.

그 외에도 『동국세시기』에 나타난 대보름의 풍속은 다양하다. 보름날 이른 아침에 부럼 깨물기[嚼癤(작절)]를 하는데, 날밤 · 호두 · 은행 · 잣 등을 깨물면 부스럼이 생기지 않고 이가 단단해진다고 믿었다. 또한 청주(淸酒) 한 잔을 데우지 않고 마시면 귀가 밝아진다고 하는데 이 술을 귀밝이술[牖聾酒(유롱주)]이라고 한다. 이 술은 조금씩 마시는데 부녀자들도 마신다. 또한 이날은 묵은 나물[陳菜(진채)]과 복쌈[福裹(복과)]을 먹는다. 호박오가리, 무, 박, 오이, 버섯 등 각종 채소 말린 것을 나물을 만들어 먹으면 여름에 더위를 타지 않는다고 한다. 또한 채소 잎이나 김으로 밥을 싸서 먹는데 이것을 복쌈이라고 한다. 보름날 빠지지 않는 절식으로 오곡밥이 있다.

이천 율면에서는 정월 14일을 '작은 보름'이라 하여 콩, 팥, 수수, 기장 등을 넣은 오곡밥을 먹고, 묵은 나물을 먹는다. 정월대보름날에는 흰쌀밥과 여러 종류의 나물과 고기, 해물, 미역국을 먹는다. 또 달불이[月滋(월자)]라고 하여 콩 열두 개에다 각각 열두 달을 표시하여 수수깡 속에다 넣고 묶어 우물 속에 빠뜨린다. 이튿날인 보름날 새벽에 그것을 꺼내 보아 콩이 많이 불은 달에는 비가 많이 온다고 믿었는데 일종의 점복행사이다. 이천에서는 보름날 당일에 이러한 풍습을 행했다. 보름날 아침 일찍 일어나서 사람을 보면 "내 더위 사라."고 하는데, 이것을 더위팔기[賣暑(매서)]라고 한다. 다른 이에게 더위를 팔면 그해에는 더위를 먹지 않는다고 한다. 반면 더위를 사게 된 사람은 더 더운 여름을 보낸다고 믿었기에, 보름날 아침 먼저 더위를 팔기 위한 재미있는 풍습이다. 지금도 친구지간에는 더위팔기를 하기도 한다. 또한 과일나무의 가지 사이에 돌을 끼워 두면 과일이 많이 열리는데 이것을 과일나무 시집보내기[嫁樹(가수)]라고 한다. 주로 대추나무 시집보내기를 하는데, 그 외에 감나무 등과 같은 과실수의 나뭇가지에 돌을 끼워두면 과일이 많이 열린다고 믿었다. 정월대보름에는 달맞이[迎月(영월)]를 하는데, 떠오르는 달을 가장 먼저 보는 사람은 운수대통하여 소원성취한다 하여 동산에 올라가서 달을 맞이하는 것인데, 달을 보고 절하면서 소원을 빈다. 이날 달빛으로 한 해의 농사를 예측하는데, 달빛이 붉으면 그해에 가뭄이 들 징조이고 희면 비가 많이 올 징조라고 한다.[18]

연날리기는 액을 날려 보낸다는 의미로 '액(厄)' 자를 써서 날리는데, 얼레의 실을 모두 풀어서 실을 끊어 멀리 날려 보낸다. 문헌에는 정월대보름까지 하는 것이라 되어 있으나, 요즘은 겨울철에 어린이들이 즐기는 민속놀이다. 연날리기에 대한 『동국세시기』의 기록은 다음과 같다.

아이들이 집안 식구대로 "○○○ △△生身厄消滅" ○○○은 성명, △△은 "干支", 즉 누구의 몸에 있는 액운이 소멸되라는 뜻의 문구를 연 등에 써서 연이날아가는 데까지 띄우다가 해질 무렵에 액을 멀리 보낸다는 의

18) 홍순석, 앞의 책, 350-351쪽.

미로 연줄을 끊어 날아가게 놓아버린다. 연을 만드는 방법은 대나무 살에 종이를 발라 마치 키 모양처럼 만든 다음 오색으로 칠하면 된다. 연 바탕에는 다양한 종류의 무늬를 넣는데 그 무늬에 따라 바둑판 무늬를 넣은 기반연(碁斑鳶), 이마 부분에 검은 칠을 한 묵액연(墨額鳶), 접시처럼 둥근 모양의 쟁반연(錚盤鳶), 방패 모양의 방혁연(方革鳶), 고양이 눈을 그린 묘안연(猫眼鳶), 까치 날개 모양의 작령연(鵲翎鳶), 물고기 비늘 모양의 어린연(魚鱗鳶), 용꼬리 모양의 용미연(龍尾鳶) 등으로 연 이름을 붙인다. 또 얼레[絲車]를 만들어 연줄을 붙들어 맨 다음 공중에 띄워 바람 부는 대로 날리며 노는 것을 연날리기[風錚(풍쟁)]라고 한다.[19]

그 외에 설날부터 보름까지 많이 행해지는 놀이로 윷놀이가 있는데, 이것을 척사(擲柶)라고 부르기도 한다. "보름을 넘겨 윷놀이를 하면 벼가 죽는다."라는 속담이 있어서, 보름이 지나면 윷을 거두어 감추는데, 보름 이후에 윷놀이를 하면 농사에 해가 되기 때문이라고 한다.

율면에서는 요즘도 설날이나 대보름을 전후한 때에 마을 단위의 척사대회를 한다. 또한 가족 단위의 윷놀이도 많이 행해지는데 과거에 농사의 풍흉을 점치던 주술적 의미는 없지만 명절에 다함께 모여서 즐길 수 있는 놀이로 자리를 잡았다. 그 외에도 널뛰기, 자치기, 팽이치기, 제기차기, 그네뛰기 등이 정월에 행해지는 놀이이다.[20]

정월대보름 무렵 민속놀이 가운데 이천 지역의 집단놀이로 주목할 수 있는 것은 줄다리기이다. 한자로 삭전(索戰), 인삭(引索), 발하(拔河), 혈하희(絜河戲), 조리지희(照里之戲) 등으로 불린다. 줄다리기는 풍요를 목적으로 하는 농경의례에서 남성을 상징하는 천신(天神), 즉 태양신과 여성을 상징하는 지신(地神), 즉 곡신(穀神)의 결합을 놀이로 재현한 것이다.

---

19) 국립민속박물관, 앞의 책, 199쪽.

20) 홍순석, 앞의 책, 356-358쪽.

줄다리기는 정월대보름날 편을 나누어 서로 자기편의 줄을 당겨 승부를 갈라서 그해 풍년이 들 것인지 가늠하면서 풍년을 기원하는 농경의례이다. 이천에서는 사람 몸통 두 배 정도 굵기의 줄을 만들어 줄다리기를 즐겼다고 한다. 이천의 줄다리기는 그 규모나 인원의 동원이 대단히 큰 규모로 진행되었는데 1921년 3월 20일자 『동아일보』 기사에 따르면 이천 읍내에서 여섯 고을이 연합하여 줄다리기를 하였는데, 줄다리기를 하는 자가 6,000여 명에 관람자가 3만여 명에 달하는 규모로, 줄의 길이는 2,500척이요 굵기는 직경이 두 자가 된다고 기록되어있다.[21] 율면 석산2리 이지수(92세) 할머니의 말에 따르면 대보름날 낮에 동네 남자들이 짚을 틀어서 암놈 수놈 만들어 비녀를 꽂아두었다가 윗마을 아랫마을로 편을 가르고 줄다리기가 시작되면 비녀를 빼내고 줄을 잡아당겨 승부를 겨뤘다고 한다. 이처럼 줄다리기를 통한 농경의례를 성대하게 치루는 것은 이천 지역이 벼농사를 주요한 산업으로 여겨왔고, 따라서 풍년을 기원하는 농심이 반영된 것이라고 볼 수 있겠다.

중화절(中和節)

세시풍속에 음력으로 2월 초하루를 '중화절(中和節)' 또는 '노비일', '삭일'이라 하였다. 『동국세시기』에는 이날 임금은 재상들과 옆에서 모시는 시종(侍從)들에게 중화척(中和尺)이라고 부르는 자를 내리는데, 이 자는 점이 박힌 대나무나 향나무로 만든다. 이는 힘써야 할 근본이 농사임을 알게 하려는 뜻에서 유래한 것이라고 한다. 또, 이날의 시식(時食)인 노비송편에 대해서 다음과 같이 기록하고 있다.

21) 윤승준, 앞의 책, 314쪽.

정월 보름날 세워두었던 볏가릿대[禾竿(화간)]에서 벼이삭을 떨어서 흰떡을 만드는데, 크기는 큰 것은 손바닥만 하게, 작은 것은 계란만 하게 하며 모두 반달 옥 같은 모양을 낸다. 콩을 불려 만든 떡소[餡(도)]를 떡 안에 넣고 그것들 사이에 솔잎을 겹겹이 켜를 지어 넣어 시루에 찐다. 푹 익으면 꺼내어 물로 씻은 다음 참기름을 바른다. 이것을 송편[松餠(송병)]이라고 한다. 이 송편을 노비들에게 나이 수대로 먹인다. 그래서 이날을 속칭 '노비날'이라고 한다. 농사일이 이때부터 시작되므로 이렇게 노비들을 먹이는 것이라고 한다. 떡집에서는 팥 · 검은콩 · 푸르대콩을 떡소로 넣거나 혹은 거기에 꿀을 버무려 만들기도 하고, 혹은 찐 대추나 삶은 미나리를 떡소로 넣어 떡을 만들기도 한다. 이 달로부터 이 떡을 시절음식으로 친다.[22]

이천에서는 이날 '나이 떡'이라고 하여 온 식구가 둘러앉아 송편을 빚어 나이 수대로 먹는 풍습이 있었다고 하나 오늘날에는 거의 행해지지 않는다. 간혹 마장면, 설성면, 율면 일부 지역에서 이러한 풍습이 내려오기는 한다.[23] 이는 이 지역이 벼농사의 비중이 높아 아직도 농사에 대한 풍습이 전해질 수 있는 것으로 해석할 수 있을 것이다.

새 봄에 농가에서 가장 중요한 음식 장만으로 장 담그기가 있다. 겨우내 뜬 메주를 잘게 쪼개 말렸다가 3월의 따뜻하고 맑은 날에 장을 담그는데 3월 첫 말날[吾日(오일)]에 간장을 담그면 맛이 좋다고 하여 이날 장을 담근다. 장 담그는 항아리에는 버선본을 붙이고, 장에는 숯, 대추, 밤, 고추 등을 띄우기도 한다.

---

22) 국립민속박물관, 앞의 책, 212쪽.

23) 윤승준, 앞의 책, 287쪽.

(2) 여름의 세시풍속과 민속놀이

단오

단오(端吾)는 음력 5월 5일을 명절을 일컫는 말로, 중오절(重伍節), 천중절(天中節), 단양(端陽)이라고도 한다. 단오의 단(端)은 첫 번째를 의미하고, 오(吾)는 오(伍), 곧 다섯과 뜻이 통하므로 단오는 초닷새를 말한다. 단오는 1년 중 양기(陽氣)가 가장 왕성한 날이라 하여 큰 명절로 여겨왔다. '수리'의 뜻에 대해서는 수레바퀴라는 뜻과 '신(神)', '높다'라는 뜻이 모두 통용된다.

단오의 풍속에 대해서 『동국세시기』에는 궁중 풍속으로 공조(工曹)에서 단오부채를 만들어 바치면 임금은 이것을 궁중의 재상들과 시종들에게 하사한다 하였다. 또한 내의원에서 여러 약초가루를 꿀에 넣어 끓인 제호탕(醍醐湯)을 임금에게 올리면 임금은 신하들에게도 나누어주었다고 하는데 이는 여름의 더위를 대비하기 위한 보양음료이다. 액을 쫓기 위한 풍속으로 민가에서 부녀자들은 창포 뿌리를 깎아서 비녀를 만들고 혹은 그 끝에 연지로 '수(壽)' 자나 '복(福)' 자를 새겨 쪽에 꽂아 전염병을 예방한다고 하는데, 이것을 단오치장[端吾粧(단오장)]이라고 한다. 단오 절식(節食)으로 수리치떡[24]을 먹는데 이에 대한 『동국세시기』의 기록은 다음과 같다.

> 단오를 속칭하여 수리날[戌衣日(술의일)]이라고도 하는데 '수리'란 우리나라 말로 수레[車(거)]다. 이날 쑥을 뜯어 찌어서 멥쌀가루에 넣고 초록색이 나도록 반죽을 하여 수레바퀴 모양으로 떡을 만들어 먹는다. 그래서 이날을 '수릿날'이라고 하는 것이다. 떡집에서는 이것을 시절음식으로 판다. 이

24) 수리치떡은 수리취떡이라고도 불리는데 문헌에는 수리치라고 기록되어 있다.

> 쑥을 천년애(千年艾)라고 하고 중국 사람들은 구설초(狗舌草)라고 한다. 쑥잎 중 겉이 흰 것을 볕에 바짝 말려 비벼서 부싯깃[火絨(화융)]을 만드는데 이것을 수리치[戌衣草(술의초)]라고 한다.[25)]

음력 5월은 여름이 오는 절기로 질병의 위협이 많은 달이므로 '악월(惡月)'이라고도 하였다. 율면 단오의 풍속은 풍작(豊作)과 액을 물리치기를 기원하는 의례로 나타난다. 각 가정에서는 수리치떡을 해먹고, 창포 끓인 물에 머리를 감는데 이는 모두 벽사의 의식이다. 기름떡[26)]과 미나리를 먹기도 하는데 미나리를 먹으면 더위를 먹지 않는다고 한다. 여자들은 그네를 뛰는데, 그네를 멀리 뛰면 모기가 물지 않는다고 하여 그네를 뛰면서 "모기 몰자."라고 소리치기도 한다. 여자들의 놀이가 그네라면, 남자들은 씨름을 하는데 구경하는 이들의 응원 속에서 힘과 기량을 겨루어 우승을 하면 황소 한 마리를 상으로 받게 된다. 이천에서는 단오, 추석, 백중날 씨름대회를 열었다.

유두

유두(流頭)는 음력 6월 15일로 물맞이하는 날이다. 음력 6월은 본격적인 더위로 접어든 시기이다. 이날 부녀자들은 동쪽으로 흐르는 물에 머리를 감고, 기름떡을 해먹는다. 이천시 장호원읍 진암리에서는 유두날 물탕골로 물맞이를 하러 가는데, 햇과일과 쌀, 촛불과 술을 준비하여 광암폭포에서 목욕을 하고 음식을 만들어 먹으면서 즐긴다. 이날은 여인들이 목욕하는 날이라서 남자들은 광암폭포에 갈 수 없다고 한다. 대신 남자들은 발에 물을 담그는 탁족(濯足)을 하면서 더위를

---

25) 국립민속박물관, 『조선대세시기 Ⅲ: 동국세시기』, 국립민속박물관, 2007, 234쪽.

26) 기름떡은 밀가루에 김치를 넣어서 지진 일종의 빈대떡이다.

식힌다.[27] 율면에서는 유두차례를 지내기도 했다.

『동국세시기』에는 유두절식으로 멥쌀가루를 쪄서 둥글고 긴 가래떡을 만든 다음 그것을 구슬같이 잘게 썰어 꿀물에 담갔다가 얼음을 채워 먹으며 제사에도 쓰는데 이를 수단(水團)이라고 한다. 차가운 경단인 건단(乾團), 상화병(霜花餠)에 대해서 기술하고 있으나 이천에서 이러한 절식을 먹는다는 사실을 확인할 수는 없다. 다만 밀가루를 반죽하여 기름에 지진 다음 콩과 깨에 꿀을 섞은 소를 넣어 여러 가지 모양으로 오므려 만든 것을 연병(連餠)이라고 하는 것을 먹는다 하였는데 이것이 이천에서 유두날 먹는 기름떡과 연관이 있는 것으로 추정된다.

삼복

음력 6월에서 7월 사이의 절기로 하지를 기점으로 세 번째 드는 경일(庚日)을 초복, 네 번째 경일을 중복, 입추 후 첫 번째 드는 경일을 말복이라 하여 세 번의 복날이 지나는 기간을 의미한다. 복날은 장차 일어나고자 하는 가을의 음기가 대지로 내려오다 여름의 양기에 눌려 엎드려 있는 날이라는 뜻이다. 복(伏) 자는 사람이 개처럼 엎드려 있는 형상인데, 이는 여름의 더운 기운이 가을의 서늘한 기운을 눌러 복종시켰다는 뜻을 갖고 있다. 오행에서 여름은 불[火]에 속하고, 가을은 쇠[金]에 속하는데, "여름 불기운에 가을의 쇠 기운이 세 번 굴복한다."라는 뜻으로 복종한다는 뜻의 복(伏)자를 써서 삼복(三伏)이라 하였다.

천간[天干: 甲(갑), 乙(을), 丙(병), 丁(정), 戊(무), 己(기), 庚(경), 辛(신), 壬(임), 癸(계)] 중 경일을 복날로 삼은 까닭은, 경(庚)은 속성상 약하고 오행으로 볼 때 금(金)이며, 계절로는 가을을 상징하기 때문이며, 가을을 상징하는 금의 기

27) 윤승준, 앞의 책, 291-292쪽.

운이 있는 경일을 복날로 정해 더위를 이겨내라는 뜻이 있다. 『동국세시기』에는 삼복의 절식으로 개장국과 팥죽에 대해 다음과 같이 기록하고 있다.

> 개고기를 파와 함께 푹 삶은 것을 개장[狗醬]이라고 하는데, 거기에 닭고기와 죽순을 넣으면 더욱 좋다. 또 개장국을 만들어서 산초가루를 치고 흰밥을 말면 시절음식이 된다. 그것을 먹고 땀을 흘리면 더위도 물리치고 보신도 된다. 저자에서도 이것을 많이 판다. 내 생각에는 『사기(史記)』에 "진나라 덕공(德公) 2년에 처음으로 복 제사를 지내는 사당[伏祠]을 짓고 사대문에서 개를 찢어 죽임으로써 충재(蟲災)를 예방했다."고 한 것을 보면, 개를 잡는 일이 곧 옛날 복날의 행사이며 지금 풍속에도 이것으로 인해 삼복더위 때 좋은 음식이 된 것이다. 붉은 팥으로 죽을 쑤어 먹는데 삼복, 즉 초복 · 중복 · 말복에 다 그렇게 한다.[28]

위의 내용으로 보아 개장국을 먹는 풍속은 개를 제물로 하여 사당에 제사 지낸 후 그 제물을 먹는 것으로 해석된다. 액을 막는 팥죽을 복날 먹는 것도 개장국을 먹는 것과 같은 맥락에서 벽사(辟邪)의 의미로 해석될 수 있다. 그 외에도 삼복의 절식으로 어린 닭에 인삼과 밤, 대추를 넣고 고아 먹는 삼계탕이 있다. 이렇게 복날의 절식을 먹는 것을 복다림이라고 하는데 이를 통하여 여름날 더위로 인해 지치기 쉬운 심신을 달래고 영양도 챙긴 것이다. 이천에도 복다림의 풍습이 전해지고 있다. 율면 석산2리 이지수 할머니(92세)는 복날 삼계탕을 끓여서 어른들께 드리고 아이들과 여자들은 국물이나 먹었다고 하였다.

28) 국립민속박물관, 앞의 책, 2007, 240쪽.

(3) 가을의 세시풍속과 민속놀이

칠석

율면 석산2리에서는 칠석맞이를 하는 풍습이 있었는데, 하늘의 일곱 칠성에게 드리기 위해 쌀 일곱 되를 빻아서 백설기를 만들어 제사를 지내는 풍습이 있었다고 한다. 특히 이날은 속병이 있는 사람들은 까치울탕에 가서 목욕을 하면 낫는다는 속설이 있어서, 속병이 있는 사람은 쌀과 미역을 정성스럽게 상에 올리고 목욕하고 가지고 간 음식을 먹고 왔다고 한다.

백중

율면에서 7월 보름날은 일군들의 명절로 쌀 두 말 값과 중의적삼을 해주고, 닭 잡아서 음식을 해주고, 떡도 해주었다고 한다. 머슴들은 이날 놀면서 즐기거나 고향을 다녀오기도 했다고 한다.

추석

이천의 대표적인 민속놀이로 전승되어오고 있는 거북놀이는 8월 보름날 밤에 행해지는 집단놀이이다. 율면에서도 거북놀이가 행해져왔으나 지금은 사라졌다고 한다.

이천의 거북놀이는 1972년 대월초등학교 김종린 교감이 발굴하여 민속학자 심우성의 고증을 받아 복원되었다. 이후 대월면 주민들과 대월초교 학생들이 중심이 되어 전수되다가 1978년 이천문화원을 중심으로 거북놀이보존회가 결성되어 연구, 조사, 정리를 통하여 오늘날 원형을 재현하는 데 이르렀다. 원래 거북놀이는 경기도의 여주, 용인, 광주, 평택 지역과 충청도의 청주, 충주, 음성, 홍성, 예산, 아산 지역과 전

〈그림 44〉 이천시립박물관의 거북놀이 재현 디오라마

라남도 해남과 경상남도 창녕에서 행해지던 집단놀이인데, 다른 지역에 비하여 이천의 거북놀이가 잘 보존되어 문화원형으로서의 가치를 인정받고 있다.[29] 이렇게 전승되는 농경문화가 이천 지역에 있다는 것을 보면 이천이 아직도 농경문화를 소중히 여기고 있고 주민들이 그것을 보존하려는 의지가 매우 높은 것으로 확인된다.

(4) 겨울의 세시풍속과 민속놀이

김장

겨울철 저장음식으로 가장 중요한 것이 김장이다. 김장은 담그는 방법, 들어가는 재료에 따라 그 종류도 다양하다. 이천에서는 대개 배추김치와 깍두기, 총각김치, 동치미를 담고 김치광에 보관했다고 한다. 김치광의 원리는 항아리를 땅 속에 묻어서 땅 속의 기운이 항온항습의 기능을 하게 하는 것으로, 김치 항아리를 묻은 위에는 볏짚을 이용해 서로

29) 윤승준, 앞의 책, 323-325쪽.

기대어 김치광을 만든다.

동지

동지(冬至)는 밤이 1년 중 가장 길고 낮이 가장 짧은 날이다. 그러니까 이날은 양(陽)의 기운이 새로이 시작하는 날로 '작은 설'이라고도 한다. 『동국세시기』에는 '아세(亞歲)'라고 하였다. 동지에는 붉은 팥죽을 쑤어 먹고 문에 바르거나 집 주위에 뿌리면 귀신을 물리친다는 풍속이 있다. 율면에서도 이러한 풍속이 있으며, 팥죽을 쑤어 사당에 올리기도 했다.

이처럼 율면에는 농경을 바탕으로 한 세시풍속이 다양하게 발달하였고, 지금은 소멸된 것도 많으나 연장자들에게는 아직도 당시의 풍속에 대한 기억이 남아있음을 알 수 있다. 이러한 세시풍속은 이천 율면 부래미 에코뮤지엄의 전시나 체험에서 활용할 수 있는 좋은 테마가 된다.

4. 이천 율면의 설화

율면에는 본죽리 열두밤골 이야기, 안장사 이야기, 며느릿감 고르기 이야기 외에도 재미있는 설화가 다수 전해진다. 지명에는 풍수적인 산과 마을이름도 있는데, 산양리에 있는 용산은 용의 형상을 지녔다 하여 붙여진 이름이고, 총곡리와 월포리의 경계를 이루는 곳에 있는 두루미산은 두루미처럼 생겼다 하여 붙여진 이름이다. 북두리는 지형이 북두칠성처럼 생겨서 붙은 이름이고, 석산리 비누구미는 갈매기가 나는 형국이라서 붙은 이름이며, 신추리 부로동은 마을 형국이 갈매기[鷺(로)]가 나는 형국이라 붙여진 이름이다.[30] 강남대학교 인문과학연구소에서 조사한 『이천시 율면 문화유적 · 민속조사보고서』에 나타난 율면설화표를 바탕으로 보완하여 이야기 유래장소를 표기한 율면 설화표를 만들어보았다.

설화표는 제목과 내용의 특징을 파악하여 분류하였고, 1997년 조사 당시 제보자의 이름과 나이, 이야기가 유래된 장소, 보고서의 쪽수를 표기하는 방식으로 정리하였다. 설화의 내용은 지명이 유래된 경위나 지명에 얽힌 전설, 명당터, 장수의 힘 자랑, 효행, 도술, 인물 등을 다루고 있어서 그 분류가 다양하게 나뉠 수 있다. 율면에 전해지는 재미있는 이야기들은 지역의 자원으로 매우 높은 가치를 지니는데 이러한 이야기를 발굴하는 것도 중요하지만 지역에 사는 주민과 지역을 방문하는 방문객에게 소개할 수 있는 방법을 모색하는 것도 중요할 것이다. 특히 에코뮤지엄은 지역의 범위에 산재하는 다양한 지역유산의 보존을 매우 중요한 가치로 여기는데 연장자의 기억을 발굴하고 채록하고 정리하는 측면은 구술사학의 관점과 일맥상통하는 점이 있다. 또한 문화콘텐츠학의 관점에서 이를 활용하는 방법을 모색하는 것이 이천 율면 부래미 에코뮤지엄에 적용될 때 지역의 자원을 통해 주민이 자긍심을 찾고 지역의 방문객이 지역을 이해하는 데 유용할 것이다.

〈표 8〉 율면 설화표

번호	제목	분류	제보자	이야기 유래장소	쪽수
1	감내골 거머리 이야기	생활	김교식(59세, 남)	율면 본죽리 감내골	82쪽
2	거무레 또랑 유래	지명전설	이명식(71세, 남)	율면 석산1리 할머니 할아버지 바위	85쪽
3	누에 머리와 상알 부락 지명 전설	지명전설	박영하(57세, 남)	율면 고당1리 누에바위	77쪽
4	도술 잘하는 김씨	도술	황걸준(87세, 남)	율면 오성1리	94쪽

30) 위의 책, 201-207쪽.

(계속)

번호	제목	분류	제보자	이야기 유래장소	쪽수
5	말무덤 이야기	동물	어윤원(82세, 남)	율면 산성1리 어재연 장군 생가	90쪽
6	며느릿감 고르기 이야기	생활	황걸준(87세, 남)	율면 오성1리	96쪽
7	바람바위 이야기	풍기	김교식(59세, 남)	율면 본죽리 본죽초등학교 뒤 상사바위	83쪽
8	바람바위 전설	풍기	안종오(63세, 남)	율면 신추1리 황새바위	79쪽
9	본죽리 열두밤골의 유래	지명유래	김교식(59세, 남)	율면 본죽리	81쪽
10	부엉바위에 얽힌 이야기	힘자랑	왕영범(52세, 남)	율면 오성2리 장산골 뒷산	100쪽
11	부처당 고개 이야기	죽음	양승변(61세, 남)	율면 산양2리 부처당 고개	84쪽
12	산성리 느티나무 전설	자연물	신재철(67세, 남)	율면 산성1리 느티나무	89쪽
13	석산리 암불암이 전설	지명전설	청봉스님(56세, 남)	율면 석산2리	86쪽
14	안장사와 석교	효행	최동순(71세, 남)	율면 석산3리 석원천 상류 돌다리	87쪽
15	어래바위 전설	자연물	조신구(57세, 남)	율면 산성2리 팔성산 어래바위	91쪽
16	어씨 집안 망한 이야기	명당	정복식(78세, 남)	율면 산성2리 오래된 절터	93쪽
17	어재연 장군 전설	인물	박영하(57세, 남)	율면 산성1리 사장골	74쪽
18	여주 명지관 이야기	인물	황걸전(87세, 남)	율면 오성1리	97쪽
19	유효자 전설(1)	효행	이상진(67세, 남)	율면 월포1리 마을 입구 완산 유씨 삼대 정문	103쪽
20	유효자 전설(2)	효행	이상진(67세, 남)	율면 월포1리 마을 입구 완산 유씨 삼대 정문	104쪽
21	율면의 유래(1)	지명유래	박영하(57세, 남)	율면 본죽리	76쪽
22	율면의 유래(2)	지명유래	박영하(57세, 남)	율면 본죽리	76쪽
23	이태조와 어래암	자연물	조신구(57세, 남)	율면 산성2리 팔성산 서편 산동마을 어래암 ·	91쪽
24	임오산 빈대절터	사찰전설	이상진(67세, 남)	율면 월포2리 임오산 기슭	102쪽
25	임오산 지형 전설	지명전설	박영하(57세, 남)	율면 고당1리	73쪽
26	자오리 개성 왕씨네 명당 이야기	명당	왕영범(52세, 남)	율면 오성2리	101쪽
27	장수바위 전설	힘자랑	왕영범(52세, 남)	율면 오성1리 장수바위	100쪽
28	장수바위와 도둑골 이야기	지명유래	안종오(63세, 남)	율면 신추1리 도둑골	78쪽

(계속)

번호	제목	분류	제보자	이야기 유래장소	쪽수
29	전암의 유래	지명유래	조신구(57세, 남)	율면 산성2리 팔성산 전암동 바위	92쪽
30	중구봉 전설	지명유래	박영하(57세, 남)	율면 고당1리 김복순 묘소 뒤 봉우리	75쪽
31	처녀를 거꾸로 묻은 이야기	죽음	김교식(59세, 남)	율면 본죽리	82쪽
32	추바위(장수바위) 전설	자연물	안종오(63세, 남)	율면 신추1리	79쪽
33	칠장사 쪽다리 이야기	지명유래	김정천(71세, 남)	율면 북두1리 돌다리	83쪽
34	토깨장꾼 이야기	생활	남광현(52세, 남)	율면 월포4리	104쪽
35	팔성산 유래	지명유래	왕영범(52세, 남)	율면 오성2리	102쪽
36	피씨들이 망한 이야기(1)	명당	최동순(71세, 남)	율면 석산3리 돌다리	88쪽
37	피씨들이 망한 이야기(2)	명당	최동순(71세, 남)	율면 석산3리 바우배기산	88쪽
38	효자 조시한 전설(1)	효행	조남용(66세, 남)	율면 오성1리	98쪽
39	효자 조시한 전설(2)	효행	조남용(66세, 남)	율면 오성1리	99쪽
40	효자 황위 이야기	효행	황걸준(87세, 남)	율면 오성1리	98쪽

5. 이천 율면의 농경문화콘텐츠

1) 축제: 율면의 사계

이천 율면에서는 2005년부터 '율면의 사계'라는 축제를 개최하는데 추수가 끝난 늦은 가을 주민이 한자리에 모여서 즐기고 나누는 장으로, 평생학습 프로그램 작품 전시, 공연, 체험행사 등을 통해 더 큰 나눔과 배움을 실현하고자 하는 의도에서 실현해가고 있다. 2011년에는 10월 28일부터 30일까지 3일간 개최되었는데 첫날은 길놀이, 사물놀이와 함께 개막식이 개최되고 록밴드 연주, 품바놀이 공연 등이 진행되었다.

날짜	행사명	시간	주관	지원
10월 28일 (금)	길놀이	10:30~11:00	사물놀이반	찾아가는 문화예술 행사(이천예총)
	식전행사 사물놀이	11:00~11:30	사물놀이반	
	개막식	11:30~12:00	주민자치위원회	
	락밴드 연주	12:00~12:30	까치놀 밴드	
	풍바놀이 공연	14:00~15:00	주민자치위원회	
	우리집 가훈써주기	11:00~15:00	우보 황경식	
	메주 만들기	10:00~16:00	주민자치위원회	
	인절미 만들기	12:00~13:00	새마을 협의회	
	다육식물 심어가기	10:00~16:00	고운꽃 친구들	
	민화로 그린 접시와 부채 만들기	11:00~16:00	전통민화반	
	감물로 그린 손수건 만들기	11:00~16:00	색누리	
	산야초 발효효소 음료 시음회	11:00~17:00	주민자치위원회	
	농주(막걸리)시음회	11:00~17:00	생활개선회	
10월 29일 (토)	국화 텔하기	10:00~12:00	율면사랑공부모임	
	연만들기 체험	12:00~14:00	율면사랑공부모임	
	우리집 가훈써주기	11:00~15:00	우보 황경식	
	메주 만들기	10:00~16:00	주민자치위원회	
	다육식물 심어가기	10:00~16:00	고운꽃 친구들	
	감물로 그린 손수건 만들기	11:00~16:00	색누리	
	산야초 발효효소 음료 시음회	11:00~17:00	주민자치위원회	
	농주(막걸리)시음회	11:00~17:00	생활개선회	
10월 30일 (일)	메주 만들기	10:00~16:00	주민자치위원회	
	다육식물 심어가기	10:00~16:00	고운꽃 친구들	
	감물로 그린 손수건 만들기	11:00~16:00	색누리	
	산야초 발효효소 음료 시음회	10:00~17:00	주민자치위원회	
	농주(막걸리)시음회	10:00~17:00	생활개선회	
	우리집 가훈써주기	13:00~16:00	우보 황경식	
	인절미 만들기	13:00~14:00	새마을 협의회	
	청소년 락 밴드 연주	13:30~13:50	율면중고등학교	
	노래교실 특별공연	13:00~14:00	노래교실반	
	한마음 노래자랑	14:00~16:00	율면사무소·주민자치위원회	
	어르신 건강체조 시범공연	16:00~16:10	신추3리,노인대학	

※수시체험 - 농주, 산야초 발효효소 음료 시음회(2층 전시실)
- 다육식물 심어가기(2층 하늘공원)
※행사 일정은 사정에 따라 변경 될 수 있습니다.

〈그림 45〉 '율면의 사계' 리플릿

3일 동안 우리 집 가훈 써주기, 메주 만들기, 인절미 만들기, 다육식물 심어가기, 민화로 그린 접시와 부채 만들기, 감물로 그린 손수건 만들기, 산야초 발효효소 음료 시음회, 농주 시음회, 연 만들기, 노래교실 특별공연, 한마음 노래자랑, 어르신 건강체조 시범공연 등을 진행하였다. 장소는 율면 주민자치학습센터에서 진행되고 주최 및 주관은 율면 주민자치위원회에서 하였다. 특히 농사일에 바쁜 주민들이 틈틈이 주민자치센터에서 배운 기량을 발표하는 무대와 전시회를 가졌다.

율면에는 율면사랑 공부모임, 고운꽃 친구들, 색누리, 전통민화반 등 다양한 주민자치 모임이 있는데, 이러한 동아리 모임을 하는 중점 센터로서 주민자치활동센터가 장소와 주민 간의 네트워크 형성에 기여하고 있다. 이러한 주민자체 조직과 프로그램의 양상은 율면의 주민 네트워크의 현황을 말해준다. 특히 율면의 지역주민들이 모여서 지역의 역사와 현황에 대해서 공부하고 토론하는 모임으로 율면사랑 공부모임이 있다. 이것은 향후 율면 전 지역을 대상으로 한 에코뮤지엄을 제안하고 운영하게 되었을 때 매우 중요한 구심점으로 작용할 수 있다.

황정주는 지역과 주민참여의 문제에 있어서 급격한 산업화와 도시화 속에서 정주의식과 공동체성이 약화되었으며 자발적이며 주체적인 주민의식과 공감대 형성(consensus building)이 부족한 실정이며, 장기적인 관점에서 공동체성을 높이는 시민의식이 성숙될 수 있도록 지속적으로 노력해야 함을 주장한 바 있다. 이를 위해서 주민들이 적극적으로 참여할 수 있는 참여 동기(motive)를 부여하고 생애학습을 통해 공동체의식과 지역문제에 실천적으로 나서는 의식을 높여야 하며 주민참여를 유도하기 위한 마을 내 다양한 민주자치조직을 만들어나가는 지속성이 주민참여를 높이는 데 기본이 된다고 본다.[31)]

〈그림 46〉 '율면의 사계'의 개막식과 전시장 모습

31) 황정주, 「마을만들기에서 지역문화자원 활용에 대한 고찰」, 성공회대학교 문화대학원 문화예술학과 석사학위논문, 2009, 13쪽.

곽동원은 주민참여형 마을만들기가 실현되기 위해서는 주민과 행정이 긴밀한 협조를 구축해야 한다고 말한다. 지역사회 주민이 주도적으로 지역생활의 개선사항을 제안하고 토론하면서, 지역의 실천과제를 발굴하고 추진하는 데에 적극적으로 참여하도록 지역만들기에 대한 활발한 공론화와 토론이 이루어져야 하며, 지자체는 지역주민의 의견과 요구를 취합하여 지역 여건에 맞는 사업을 기획하고 추진하면서, '마을만들기센터'나 조례 정비 등을 통해 지역사회 활동을 지원하는 종합적인 기획자 역할을 수행하여야 한다고 보았다. 또한 지역을 움직이는 시스템 · 자치조직 · 시민의식 등의 소프트웨어 측면에 대한 관심도 중요하다고 강조하였다.[32)]

그렇게 되기 위해서는 농업을 기반으로 한 농촌에서 농민을 포함한 지역의 주민들이 지역의 역사와 현황 등을 알고 자신들의 삶을 스스로 비추어볼 수 있고 미래의 모습까지도 예측할 수 있는 힘이 필요한 것이다. 율면 주민자치센터의 경우는 지자체에서 지원하는 예산을 바탕으로 주민자치조직을 만들어서 평생학습과 자치조직이 운영되는 형태인데 주민들이 열정을 바탕으로 다양한 활동이 활발하게 전개되고 있는 상황이다.

2) 농촌 체험농장

율면 본죽리 222에 있는 농촌 체험농장 임마누엘 포도원에서는 율면의 당도 높고 향기로운 포도농사 체험 프로그램을 운영하고 있다. 포

32) 곽동원, 앞의 책, 30쪽.

도 수확 체험, 포도주스 및 와인 만들기, 포도 체험 캠프 등을 운영하고 있다. 임마누엘 포도원이 위치한 본죽리의 옛 명칭은 본율동과 죽율동이었으며 행정구역 개편 시 두 개의 부락을 합하여 본죽리로 개칭되었다. 율면의 열두밤골 이야기가 전해지는 지역으로 과거에는 밤나무가 많았는지 모르겠으나 지금은 밤나무를 찾아보기 힘들었다. 진입로를 따라가는 길에 포도농장이 이어져 있으며 마을에는 작은 물길이 나 있었다.

포도원에는 포도를 수확할 수 있는 체험농장과 포도로 다양한 체험을 할 수 있는 비닐하우스로 만든 체험장, 나눔터 등이 마련되어 있다. 이 안에서는 다양한 행사를 개최할 수 있으며, 와인 만들기, 시음회, 세미나 등에 활용되고 있다.

이곳은 주로 가족 단위의 체험객과 어린이, 학생, 단체 체험객이 많

〈그림 47〉 임마누엘 포도원의 입구와 포도 체험시설

이 찾고 있는데 가을에 포도 수확이 끝난 후에는 별다른 대체 프로그램이 없고 포도 수확기에 집중적으로 체험이 많은 편이다. 이곳에서 가까운 위치에 이제는 폐교가 된 본죽초등학교가 있다. 현재 본죽초등학교는 율면지역 교사들의 기숙시설로 만들어져 활용되고 있고, 운동장에는 축구장과 간단한 체육시설이 마련되어 있어서 주민들이 체육활동을 할 수 있는 장소로 활용되고 있다.

3) 농가 체험

율면 산양리 121에 있는 고운꽃 식물원은 실내공원형 야생화 단지로 식물원 견학, 야생화 심기, 짚풀공예, 원두막 체험을 할 수 있다.

고운꽃 식물원은 부래미 마을과 인접한 위치에 있어서 부래미 농촌체험 프로그램과 연계하여 야생화 체험을 할 수 있는 프로그램을 기획할 수 있다. 고운꽃 식물원과 가까운 위치에 율면초중고등학교가 있다.

〈그림 48〉 고운꽃 식물원

고운꽃 식물원이 있는 산양리는 과거에는 음죽군 상율면 지역이었다. 조용한 농가마을로 306번 국도를 따라 나오면 안성시와 바로 연결되는 지역이다.

그 외에 농가 체험으로 율면 총곡리 143-3에 있는 샘골 버섯농장이 있는데, 주테마는 버섯이다. 버섯의 재배과정 관람 수업을 할 수 있다. 특히 김민호 대표는 과거 교직에 있었던 경험을 바탕으로 학생들의 관람을 알기 쉽게 진행하고자 노력한다고 한다. 이곳에서 일하는 근로자들은 결혼이주여성 혹은 외국인 근로자들로 구성되어 있었는데 외부로부터 오는 방문객을 교육하는 것도 중요하지만, 이렇게 지역 안에 존재하는 다문화의 요소를 자연스럽게 수용하고 소통하기 위한 방안도 율면이 안고 있는 지역의 문제라고 본다.

이곳에서는 재배된 버섯을 산지에서 바로 구매할 수도 있다. 특히 샘골 버섯 농장이 있는 총곡리는 면소재지가 있는 고당리에서 출발하면 월포리를 지나 율면의 동쪽 끝 지점에 거의 다다라서 있다. 이곳은 도로변을 따라 너른 논이 펼쳐져 있고 도투미산이 보이는데, 과거에는 음

〈그림 49〉 샘골 버섯농장과 주변 환경

죽군의 하율면 지역이었다. 샘골농원 옆에는 잔디가 있는 원두막이 설치되어 있어서 농장 체험 후에 잠시 쉴 수 있는 여건이 마련되어 있다. 쉼터 옆의 마을회관은 비어 있는 채로 방치되고 있었는데 이곳에 농장 체험 프로그램과 연계한 활동을 할 수 있는 여건을 조성하는 것도 좋을 듯하다. 또한 가까이 월포4리 610번지에 율면초등학교 월포분교장이 있었는데, 1965년 개교하여 1994년 폐교되어 율면초등학교로 통폐합되었다. 총 28회의 졸업기수에 816명의 졸업생을 배출하였으나 현재는 아세아항공전문학교 월포실습장으로 이용되고 있었다. 향후에 율면 지역의 농촌 체험활동이 더 활발해지고, 이천 율면 부래미 에코뮤지엄의 활동영역이 확장된다면 이런 폐교를 활용하여 다양한 전시와 지역 연구활동을 할 수 있을 것이다. 월포분교는 이미 건물이 철거된 상황이므로 아담한 건축물을 만들어 주민들과 어울릴 수 있는 다양한 지역문화 운동을 펼칠 수 있을 것이다.

4) 농촌 체험마을: 부래미 마을

(1) 부래미 마을의 유래

부래미 마을은 경기도 이천시 율면 석산2리를 지칭하는 말이다. 석산2리는 원래 동네에 부처 모양의 돌이 있어 '불암(佛岩)리'로 불리던 것이 세월이 지남에 따라 발음이 변하면서 '부래미'로 불리었다고 한다. 여기에 '이 마을을 방문하는 모든 분이 풍요로움과 아름다움을 가져가기를 바란다.'는 뜻으로 '부래미(富來美)'라는 한자어 이름을 주민들이 만들

었다고 한다.[33)]

부래미 마을은 인접 마을과 연계하여 2005년 정보화 마을로 지정되었는데, 그 구성은 석산1리, 석산2리, 석산3리, 오성1리이다.[34)] 석산1리는 원래 동리 뒤에 있는 바위를 기준으로 서북쪽 벌판에 있는 마을로 바위의 바깥쪽 마을이란 뜻의 바깥불암이(外石山), 벌불암이 등으로 불리기도 한다. 전하는 말에 의하면 석산1리와 석산2리 사이에 부처의 모습을 한 바위가 있었는데 이 바위를 기준으로 석산1리와 석산2리를 나누게 되었다고 한다. 석산3리는 석교촌(石橋村)이라 불리는데 이 석교(石橋)에는 전래되는 이야기[35)]가 있다.

석산리 석교(石橋)는 음죽군에서 발원하여 북으로 흘러 청미천에 합류하는 석원천(石院川)을 가로질러 놓여 있는 작은 다리이다. 이 다리를 경계로 남쪽은 음성군 삼면이다. 마을 노인 분들에 의하면 이 다리를 통하는 작은 길이 옛날에는 충청도 남부에서 용인을 거쳐 한양에 이르는 중요한 길목이었다고 한다. 그만큼 이 다리의 역할도 중요하였을 것이

---

33) 부래미 마을, http://buraemi.invil.org/, 검색일: 2011. 8. 10.

34) 최경은, 「농촌지역 발전과 학습 네트워크에 관한 연구: 경기도 이천 부래미 마을 녹색관광사업을 중심으로」, 서울대학교 환경대학원 환경계획학과, 2006, 58쪽.

35) 율면 석산리 석교촌과 산양리 양아 부락 사이를 흐르는 석원천 상류에 오래된 돌다리가 놓여 있는데 이미 오래전에 무너진 채로 방치되어 있다. 그러나 과거에는 충청도나 경상도에서 한양을 가기 위해 거쳐 가는 중요한 길목이었다.
전하는 이야기에 따르면 옛날 석교촌은 안(安)씨들이 모여 사는 집성촌이었다 한다. 이 마을에 사는 안씨 남자가 임신한 젊은 아내를 두고 이름 모를 병이 들어 앓다가 죽는다. 혼자 남겨진 여인은 아들을 낳았는데 그 아이가 초인적인 힘을 지닌 장사였다고 한다. 청상과부의 몸으로 아들만 바라며 키우던 안씨의 미망인은 이웃마을 양안리에 사는 외간남자와 눈이 맞아 밤마다 아들 몰래 내를 건너서 이웃마을 외간남자를 찾는다. 아들은 이미 열다섯 살 청년으로 자랐고, 밤마다 집을 비우는 어머니의 행동으로 정황을 눈치채게 된다. 하루는 잠든 척하고 있다가 몰래 어머니의 뒤를 밟아 보았는데, 추운 겨울날 신발을 벗고 내를 건너는 어머니의 모습을 보고 몹시 안타까웠다. 효성이 지극했던 아들은 어머니를 위해 다리를 놓아드려야겠다고 마음 먹고, 틈틈이 돌을 모아두었다가 하루는 어머니가 내를 건너간 사이에 모아둔 돌을 날라다가 새벽녘 어머니가 돌아오시기 직전에 다리를 완성하였다고 한다. 그 후, 이 다리를 효성이 지극한 장사가 놓은 다리라 하여 '안장사 다리'라 부르게 된다. 그가 태어난 마을은 석교촌이라 부르게 되었다(간호배, 앞의 책, 382쪽).

다. 지금은 도로 확장공사로 시멘트 다리가 새롭게 축조되어 옛날의 석교는 흔적도 없다. 단지 이 다리를 구성했던 석재들만 주변에 남아 있다. 석교촌은 이 돌다리의 존재에서 유래된 지명이다. 오성1리는 본래 음죽군 상율면의 지역으로 옛 명칭은 척오리(尺伍里)[36], 장성동(長城洞)이었다. 1914년 행정구역 폐합에 따라 척오리와 장성동을 병합하여 오성리라 해서 이천군 율면에 편입되었다. 지명의 유래는 마을 뒤에 있는 팔성산 줄기가 길게 성을 쌓아 놓은 모습과 흡사하여 '장성골(장성)'이라고 했다 전해진다.

(2) 부래미 마을의 지리적 특성

이천은 최근 들어 급속하게 변모하면서 도농복합도시로서의 면모를 갖추게 되었다. 즉 농업사회에서 도시사회로 변모하는 과정에 있다고 볼 수 있다. 그러한 변화의 과정에서도 농촌의 모습을 많이 갖고 있는 지역이 율면이다. 이천시의 가장 남단에 위치한 율면은 북쪽으로 설성면(雪星面)·장호원읍을 접하고 있다. 남쪽으로 충북 음성군 금왕읍(金旺邑)·삼성면(三成面), 동쪽으로 음성군 감곡면(甘谷面)·생극면(笙極面)과 접하고, 서쪽으로 안성시 일죽면(一竹面)과 접한다. 율면은 동남쪽에 산지가 발달하고, 북서쪽으로 경지가 펼쳐져 있으며, 서쪽에 발달한 경지의 중앙을 남북으로 도로가 지나간다. 동남쪽에 임오산(330m)과 도투미

---

36) 율면 오성2리의 팔성산과 매봉재를 뒤로 하고 자리 잡은 농촌마을로 50여 호 가운데 절반가량이 개성 왕씨인 왕씨 집성촌이다. 개성 왕씨는 고려의 왕족으로 500년 왕족의 영화를 누리다, 조선의 건국으로 몰락한다. 많은 사람들이 죽임을 당하였고 생존자는 신분을 숨긴 채 겨우 명맥을 이었다. 이런 연유로 이천 율면 오성리에 흘러들어온 왕씨들이 삶의 터전을 삼으면서 집성촌을 이루게 된다. '척오리(尺伍里)'는 '자오리'의 한문 표기로, 왕씨들을 이 마을에 위리안치하고 사방 5리 밖으로 절대로 나오지 못하게 한데서 유래된 이름이라고 전해진다(이인수 외, 앞의 책, 65-66쪽).

산(165.4m)이 있고, 남서쪽에 마이산(471.9m)이 있으며, 북서쪽에 묘룡산(173.8m)이 있고, 중앙에 가래산(129m)이 있다. 북부 경계선을 따라 청미천(清渓川)이 흐르고, 남북으로 석원천(石院川)이 흘러 유역에 취락 · 경작지를 이룬다. 면적은 36.77km^{2}이고, 인구는 3,011명으로 이천에서 가장 인구수가 적은 면이다. 도로는 383번 지방도가 남북 방향으로 중앙을 지나며 이것과 연결되어 마을도로가 있다. 취락은 대부분 80~100m에 위치한다. 경지는 구릉지에 소규모 밭이 형성되었고, 하천을 따라서 논이 넓게 발달하였다.[37] 부래미 마을이 위치한 석산리는 오성리와 산성리에 접하고 있으며, 333번 지방도로를 사이에 두고 북두리에 인접하여 있다.

(3) 부래미 마을의 지역문화자원

부래미 마을은 주민의 70% 이상이 안성 이씨이고, 마을은 총 30가구로 구성되어 있으며 마을 주민 중 70세 이상의 고령자들은 체험 프로그램을 진행하는 데 어려움이 있어서 체험 프로그램의 운영 및 진행에 참여하는 가구는 16가구이다.[38] 마을이 보유한 문화자원을 주민 스스로가 가꾼 마을의 문화자원을 마을 안내도로 만들어 마을을 찾은 관광객에게 제공하고 있었다. 마을회관에서 바로 보이는 위치에 친근한 느낌의 그림지도로 표현되어 있어서 마을을 찾은 사람에게 친절한 안내를 제공하는 기능을 한다. 마을 입구에서 진입방향의 오른쪽에 부래미 쌀농장을 시작으로 물고기 나라를 지나면 마을회관과 인절미 떡 체

---

37) 김춘수, 「1900년대 지역생활」, 『이천시지 제5권: 사회와 문화』, 이천시지편찬위원회, 2001, 207쪽.

38) 최경은, 앞의 글, 47쪽.

〈그림 50〉 부래미 마을 안내도

험장이 있다. 마을회관 맞은편에는 그린스쿨이 있고, 그 옆에 작은 공원과 모내기 체험장이 있다. 그린스쿨의 바로 위에 주차장이 있는데, 바닥을 돌로 정성스럽게 깔아 놓았다. 주차장 맞은편에 다목적 체험장이 있는데 이곳은 단체로 예약한 체험자들이 숙소로 이용하고, 식사도 할 수 있고, 단체로 교육을 받을 수 있는 강당이 마련되어 있다. 다목적 체험장 맞은편에 큰 마당이 있어 다양한 행사가 이루어지고 있으며, 그 옆으로 포도농장과 짚공예장, 이상옥 배농장이 있다. 그곳에서 조금 내려가다 작은 숲길을 따라 올라가면 우당 도예원과 남혜인 자연염색 체험장이 있다. 다시 내려와서 길을 가다 언덕으로 올라가면 안성 이씨 사당에 다다르게 된다. 다시 내려와 논을 따라 난 작은 길을 가면 20여 년간 방치된 논이 습지 형태로 있으면서 자연 발생적으로 만들어진 생태공원을 만날 수 있다. 그 외에도 안성 이씨 사당에서 큰 마당 윗길로 연결되는 마을 등산로가 있고, 이 등산로의 중앙에 부래미 마을 정상이 있다.

마을에는 다양한 농사 체험장이 마련되어 있다. 복숭아농장, 딸기농장, 대한 배농장, 이상택 복숭아 · 배농장, 미꾸라지 체험장 등 다양한 체험장이 있다. 그 외에 이곳을 찾은 방문객이 숙소로 활용할 수 있는 이상택 민박집이 있다. 마을의 모든 요소에는 특유의 안내표지판이 있는데 과거 우리 조상들이 마을 어귀에 세워두었던 솟대의 이미지를 활용하여 디자인한 녹색의 표지판에 체험장으로 가는 길, 그 장소의 명칭 등을 표시하여 두었다. 마을이 그리 넓지 않은 탓도 있지만 처음 마을을 찾은 방문객도 안내도와 안내 표지판에 의지하여 마을의 각 요소들을 찾아가는 데 그리 어렵지 않도록 배려해두었다.

그린스쿨

그린스쿨은 2002년 12월 농림수산식품부로부터 '녹색농촌 체험마을'로 지정받은 후 2003년 11월 주민의 힘으로 완공한 통나무 체험 교육관이다. 그린스쿨의 시공비는 총 5억여 원이 들었는데, 녹색농촌 체험마을로 지정되면서 받은 돈 2억 원에 각종 대회와 공모전을 통하여 받은 상금과 수익금 8,000만 원을 제외하면 나머지 비용은 모두 주민들이 자체 부담하였다고 한다. 마을 소유의 공동 토지를 활용하고, 농사일을 끝내고 밤늦게까지 주민들이 힘을 모아 공사에 참여하였다. 그 과정에 외지에서 마을로 귀농한 도예가가 벽화를 그리고, 전직 건설회사 현장 감독이 총책임을 맡는 등 마을의 인적자원이 적절하게 활용되었다. 이 과정에 마을 토박이들과 외지에서 마을로 이주한 귀농인 간에 뿌리 깊은 신뢰가 형성되었다고 볼 수 있다.[39)]

이 체험관이 완공되면서 부래미 마을의 녹색농촌 체험사업이 시작되었다. 오랜 시간 농사를 지어온 주민들이 경험을 바탕으로 농사 체험

39) 위의 글, 48쪽.

〈그림 51〉 그린스쿨

프로그램에 참여하고, 자신의 집을 농가 민박으로 활용하기도 하며 형편대로 체험 프로그램에 기여하였다. 부녀회원들은 식당 운영에 참여하고, 나머지 주민들은 마을정비와 청소 등에 참여하면서 모두 뜻을 모아 체험마을을 운영하는 데 동참하였다.

석산 저수지를 활용하여 만든 물고기 나라

부래미 마을 진입로에는 물이 맑은 석산 저수지가 있는데, 이곳은 원래 농업용 저수지였던 것을 마을사람들이 가꾸어 '물고기 나라'라는 명칭의 테마 공간으로 개발한 것이다. 물가에는 부래미 마을을 표시하는 마을 표지가 있고, 그 뒤로 저수지의 아름다운 경치가 펼쳐진다. 부래미 마을 사람들이 소원한 아름다운 마을이 저수지를 통해서 어느 정도 구현되고 있다.

마을 표지판 옆에는 낚시, 우렁이 잡기 금지 안내문이 있는데, 내용을 살펴보면, 이 저수지 안에는 부래미 마을 주민들이 참붕어 1만 5,000마리를 풀어 기르고 있으며, 슬로푸드 개발을 위한 우렁이가 자생하고 있으니 낚시를 금하고 있음을 명시하였다. 우렁이가 저수지에

〈그림 52〉 물고기 나라, 석산 저수지

유입된 것은 경기도의 지원에 따른 것이다. 경기도청은 부래미 마을에 슬로푸드 사업을 추진하여 우렁이 요리를 개발할 수 있도록 지원하였다.[40] 맑은 물을 풍부하게 마련해 놓고, 소가 느긋하게 누워 있는 형상이라고 하는 이 저수지에는 윗목으로 늪이 조성되어 여러 가지 수초들이 많이 자생한다.

농지가 변하여 형성된 자연 늪지를 활용한 생태공원

부래미 마을의 생태공원은 2,000평 규모의 광대한 면적에 형성되어 있다. 생태공원은 20년 전까지는 논이었지만 땅이 너무 질어 농기계가 들어갈 수 없게 되어 농사를 짓지 않게 되자 방치해두었던 곳이다. 오랜 시간 방치한 결과 과거의 논은 늪으로 변해 갖가지 희귀 생물들이 서식하게 되었다. 습지에서 잘 자라는 버드나무와 갈대 등의 식물들이 자생하고 있으며, 청설모, 고라니, 너구리, 오소리 등의 동물들이 서식

40) 위의 글, 68쪽.

안내표지 마루를 깔아 관람객을 인도하는 구조물 코너별 안내표지 늪 바닥 모습

〈그림 53〉 생태공원 모습

하고 있다. 백로, 왜가리, 꿩, 물총새, 청둥오리와 다수의 철새가 관찰되며, 참붕어, 미꾸라지, 개구리 등이 자생하고, 나비, 반딧불이 등의 곤충들도 발견된다.

특히 주민들의 정성과 마을 가꾸기에 대한 애정이 눈에 띄는 것은 마을에서 생태공원까지 이어지는 중간에 표지판에 있어 생태공원을 찾을 수 있게 되어 있고, 생태공원 내부로 진입할 수 있도록 마룻바닥을 연결한 다리 가장자리를 둘러서 설치함으로써 좀 더 가까운 위치에 늪지대를 관찰할 수 있도록 되어 있다는 점이다. 이곳에서 과학과 자연 생태계를 체험하는 프로그램이 치밀하게 계획되어 이루어진다면 인근의 초 · 중 · 고교생들에게 매우 유익한 생태 체험학습장으로 활용될 수 있을 것이다. 특히 근거리에 있는 율면 초 · 중 · 고교 학생들의 과학수업과 연계한 교과연계 체험 프로그램을 시범적으로 시행하면서 도내 각급학교와 연계하는 방안을 모색하는 것도 좋을 것이다.

안성 이씨 집성촌 마을에 자리 잡은 안성 이씨 사당

부래미 마을이 마을공동체로서 집결할 수 있는 단결력을 발휘할 수 있는 기저에는 이 마을이 안성 이씨 집성촌이라는 대가족 문화가 있었다는 점을 간과할 수 없다. 이러한 마을의 특성을 반영하는 것 가운데 하나가 마을에 있는 안성 이씨 사당이다. 조선시대 유교생활의 가장 큰 덕목 중 하나가 조상숭배라면, 그 흔적을 잘 엿볼 수 있는 곳이 사당이다. 전통 유교사회에서 가족은 조상까지 포괄하는 개념이었기에, 집안 대소사가 있으면 후손들은 먼저 사당에 모신 조상에게 고했다. 조상은 후손과 함께 살아갈 뿐 아니라 그들의 삶에 큰 영향을 미치는 존재로 여겨졌다. 조상의 혼을 위로하는 제례의식도 그래서 생겨났다. 이러한 조선시대 유교문화 속에서 산 자는 제례를 통해 죽은 자와 서로 교통한다고 믿었고, 조상을 매개로 가족과 문중은 결속을 다졌다. 부래미 마을은 안성 이씨 집성촌으로 마을 내에 위치한 안성 이씨 사당에서 매년 조상을 모시는 제례를 행한다. 또한 마을 중턱에 위치한 안성 이씨 가문의 묘소는 마을 사람들이 죽은 조상들과 함께 살고 있다고 느끼는 요소 가운데 하나라고 여겨진다. 마을의 방문자는 자신과 전혀 관계없는 다른 마을에 방문하였다고 하더라도 안성 이씨 가문의 선산과 사당을 접하면서 우리 조상들의 삶의 방식을 접하게 되는 것이다. 부래미 마을 체험 프로그램에 이러한 생활문화로서 의례교육을 할 수 있는 단초를 제공하는 공간으로 볼 수 있을 것이다.

부래미 미술관에서 우당 도예원으로

우당 도예원은 당초에 부래미 미술관이라는 이름으로 시작되었는데 부래미 마을로 귀농한 도예가 우당 김영국의 도자기 작품들과 그림이 전시되어 있다.

우당 도예원의 도예교실에서는 상상과 창작을 경험할 수 있는 도예 체험교실이 운영 중이다. 부래미의 전통도자기 공방에 위치한 도자기 가마는 도자기를 구울 때 이천의 여느 도자기 가마에서 그렇게 하듯이

〈그림 54〉 우당 도예원 전경

제사를 올리고 가마에 불을 지피고 있다.

남혜인 자연염색

우당 도예원과 이웃하여 남혜인 자연염색 체험장이 있다. 작은 오솔길을 따라 올라가면 나타나는 남혜인 자연염색 체험장으로 가는 길에 '우당 도예원 · 남혜인 자연염색'이 하나의 표지판에 안내되는 것을 볼 수 있다. 우당 김명국과 남혜인은 남편과 아내로서 부래미 마을을 예술가적인 영감으로 이끌어내는 데 주요한 몫을 담당한 마을의 인적자원이다. 자연염색 체험장은 두 개의 비닐하우스와 너른 마당을 갖고 있는데 이곳에서 체험자들이 다양한 자연염색 체험을 하게 되는 것이다.

자연염색은 간단하게 물들이는 염료라고 하더라도 물을 많이 사용하고 경우에 따라서는 오랜 시간 염료와 염색천을 끓여야 한다. 그 외에도 염색이 다 된 천을 통풍이 잘되는 곳에 여러 시간 말리는 과정도

〈그림 55〉 남혜인 자연염색 체험장

필요한데 이러한 조건을 만족시키기 위한 시설과 넓은 공간을 갖추고 있다.

다목적 체험장

마을 중앙에 정갈한 붉은 벽돌로 된 2층 건물과 세 동의 별채를 보유한 다목적 체험장이 있는데, 여기에 사무실과 식당, 다문화가정 화상상봉장, 강당 및 다수의 숙소를 보유하고 있다. 이 시설은 부래미권역 농촌마을종합개발사업이라는 명목으로 2005년에 농림수산식품부가 지원을 하여 설치되었으며, 2007년 완공되었다. 시설규모는 지상 2층으로 연면적 1,243.85m^2이다. 단체로 체험을 하면서 숙박을 하기에는 최적의 시설을 갖추고 있다고 볼 수 있다. 사무실에는 사무국장 1인과 관리인 1인이 근무하는데, 이들이 체험과 관리 전반 업무를 맡아서 진행하고 있다. 특히 사무국장은 지난 5년간 농림수산식품부로부터 급여의 일부를 지원받고 마을 주민이 일부를 충당하는 형태로 근무하고 있었는데 부래미 마을이 자립형 마을로 분류되면서 농림수산식품부의 지원이 중단되었다고 한다. 이에 주민들은 스스로 경비를 마련하여 사무국장의 급여를 충당하면서 마을을 운영할 수 있도록 지원하였다고 한다. 반면 관리인은 행안부에서 지원하고 있는데 이에 대해서는 급여 전액이 지원되고 있다고 한다. 마을의 공동체험 프로그램이 운영되는 가운데 다양한 시도와 시행착오를 거치면서 부래미 마을의 주민들은 스스로 자신의 역할을 규정짓게 되었다고 한다. 처음 부래미 마을의 체험 프로그램이 개발되던 당시에 참여했던 인력들 가운데는 어언 10년의 세월이 지난 지금 자신의 건강을 돌보기에도 벅찬 연령의 노인이 되기도 하여 마을 공동체험에서 빠지고 자신의 농사에만 전념하는 경우도 있다고 한다. 부래미 마을의 체험은 누구나 특기가 있으면 사무소에 신

숙소동　다목적 체험장 전경　식당　강당

〈그림 56〉 다목적 체험장

청만 하면 된다. 체험비 수익은 체험을 진행하는 제공자에게 80%, 마을 공동 경비로 20%로 배분되며 이 경비는 다시 체험 활성화를 위한 제반 경비로 사용되는 것이다.[41]

숙소와 다목적 체험장이 잘 갖추어 있고, 단체 체험자들이 자유롭게 토론하고 다양한 활동을 할 수 있는 강당과 위생적인 식당이 갖추어져 있다는 것은 농촌 체험마을로서의 제반 여건을 잘 구비하였다고 볼 수 있다. 부래미 마을에서 특이한 점은 마을 어디에도 슈퍼마켓이 없다는 점인데 인스턴트 식품과 술, 담배 등 기호식품을 잊고 자연 속에서 농촌 체험을 할 수 있도록 하기 위하여 슈퍼마켓을 마을에 두지 않는다는 점이다. 이러한 의도를 실천하기 위하여 마을주민들 모두가 술과 담배를 끊고 절제된 생활을 한다고 한다.

마을회관 옆의 인절미 체험장과 농기구 전시장

마을 진입로를 따라 곧장 들어서면 마을회관이 있는데 이곳은 노인정을 겸하고 있어서 마을의 노인들이 쉬면서 친목을 도모하는 공간으로 활용되고 있다. 마을회관 옆의 창고 건물에는 인절미 체험장이 있어서 인절미 반죽을 떡판에 떡메로 치는 체험을 할 수 있다. 그 한쪽 옆에는 농기구 전시장이 있어서 과거 기계화 영농이 실현되기 전의 전통농

41) 사무국장 채보현 인터뷰, 2011. 8. 9.

경문화를 만날 수 있는 작은 공간이 연출되어 있다.

이곳에는 농경문화의 자취를 보여주는 전통 농기구들이 소장되고 전시되어 있는데, 기계화되기 전 농사를 지을 때 사용된 농기구들과 농가에서 사용되었던 물레, 망태기 등 생활용구들도 전시장에서 볼 수 있다. 특히 농사를 위해 땅을 일구고 가는 연장인 쟁기, 곡류의 가루내는 데 사용되었던 디딜방아 · 연자매, 운반연장인 걸채 · 길마 등등 전통 농기구들을 볼 수 있으며 그 외에도 지금은 사라진 농촌의 생활소품들이 전시되어 있다. 이러한 전시장이 있다는 것은 주민들이 스스로 농사와 농사 관련 유물의 소중함을 인식하고 있다는 것을 의미한다. 매우 서툴고 소박한 방식이지만 주민들이 스스로 모은 농기구를 전시하고 마을의 후손은 물론이고 관람객에게 보여주기를 원한다는 것은 인간생활의 증거의 수집, 연구, 전시, 교육을 통해 후손에게 이바지하려는 박물관 정신과 맞닿아 있는 것이다. 지금은 인절미 체험장과 공간을 겸하고 있는 관계로 농기구의 훼손이나 파괴 우려가 있는 상태이므로 이에 대한 보안이 필요하다고 생각된다. 농기구를 박물관의 유물처럼 매우 정돈된 상태로 항온항습 기능을 갖춘 전시장 안에 넣는 것이 어렵다고 할지라

〈그림 57〉 농기구 전시장

도 전시와 보존에 대한 인식은 필요하다고 보인다. 이제는 이러한 농기구를 사용하면서 농사를 짓는 농경문화 자체가 소멸되고 있는 상황이므로 이에 대한 보존인식이 필요한 시점이다.

모내기 체험장과 짚공예 체험장

부래미 마을의 벼농사 체험 중에 중요한 것이 모내기 체험이다. 모판에서 자란 벼를 논에 가지런히 심는 작업을 체험할 수 있는 체험 논이다. 짚공예 체험장에서는 벼를 수확한 후에 쌀을 가리고 남은 짚을 이용한 짚공예 체험을 진행한다.

〈그림 58〉 모내기 체험장

다양한 농사 체험장과 큰 마당

부래미 마을에는 다양한 체험농장이 있다. 부래미 마을에서는 논도 쌀농장이라고 표현할 만큼 체험농장을 비중 있게 여긴다. 딸기농장, 포도농장, 복숭아농장, 옥수수농장, 배농장 등 다양한 체험농장이 있어서 농산물을 테마로 하는 계절별 체험 프로그램을 운영할 수 있도록 구성되어 있다. 또한 다목적 체험관 앞에는 큰 마당이 있는데 그곳에는 널뛰기를 할 수 있는 시설이 있다. 그 외에도 마을의 서쪽 끝에 위치한 미

부래미 포도농장 부래미 복숭아농장 부래미 배농장 부래미 옥수수농장 부래미 큰 마당

〈그림 59〉 다양한 농장과 큰 마당

꾸라지 체험장에서는 미꾸라지를 비롯한 민물고기 잡기 체험 프로그램을 운영하고 있다.

아주 작은 공간이라도 수확할 수 있는 과실수를 심어서 자신들의 마을 브랜드를 공간의 명칭으로 부여한 것이 나타난다. 이 다양한 체험장에서 체험객은 씨 뿌리고, 키우고, 거두고, 준비하는 농부의 마음으로 농촌 체험을 하게 된다.

이상택 민박을 비롯한 민박집

부래미 마을에는 마을의 총무로서 체험마을 머슴이라 자칭하는 이상택 농부가 운영하는 이상택 민박을 비롯하여 다섯 개의 민박집이 있다. 이상택은 마을의 농사 체험을 이끄는 주요 인력으로 자신의 집을 민박으로 활용하고 있다. 민박은 1일에 4만 원으로 4인 기준 1실을 제공하고 있다. 부래미 마을 투숙객은 일주일 전에 미리 예약을 하지 않으면 방을 잡기 어려울 정도로 민박의 인기는 높다. 그러나 식사가 제공되지 않아 불편한 점이 있다. 민박의 구조가 조리시설을 갖추지 못한 상황에 마을에 딱히 음식점이나 슈퍼마켓도 없기에 외부에서 식사를 하지 않고 마을로 들어온 투숙객의 경우는 식사 문제가 해결이 되지 않는 어려움이 있다. 일반적인 관광지라면 당연히 음식점이 있어서 관광객이나 체험객의 편의를 도모하겠지만 농사일을 겸하면서 체험마을을 운영해야 하는 상황에서 민박을 운영하는 농민의 선택은 식사를 위한 서비스

제공보다는 자신의 농사일에 집중하는 모습을 보인다.

가옥과 마을길

마을에는 율면 농가의 모습을 간직한 구옥과 현대적인 건물로 다시 지은 가옥이 혼재하고 있다. 또한 이들 가옥과 가옥 사이를 연결하는 마을길이 곳곳에 있다. 마을의 뒤를 감싸고 있는 야트막한 능선을 따라 산책로가 형성되어 있어서 마을 정상을 지나 안성 이씨 사당에 다다를 수 있도록 오솔길이 나있다.

전형적인 농가와 새로 지은 현대주택이 공존하는 부래미 마을에는 곳곳에 크고 작은 길이 있고 그 길가에는 코스모스를 비롯한 다채로운 꽃들이 피어 있어 정취를 더하였다. 마을의 자원은 이렇게 과거의 삶과 현대의 삶이 공존한다. 각각의 가옥에 살다가 이제는 마을을 떠난 혹은 다시 돌아와 마을을 지키는 사람들, 아예 외지에서 들어와 마을에 정착한 사람들의 인생에 대한 이야기와 그들이 터전을 삼고 있는 이 마을과 마을에 남아 있는 가옥들이 중요한 향토자원이다.

민박집 가는 길 | 붉은 지붕 집 | 마을 정미소 | 토담집 | 마을 등산로

코스모스 길 | 시화를 전시한 집 | 현대적 2층집 | 붉은 벽돌집 길 | 꽃이 핀 돌담길

〈그림 60〉 부래미의 집과 길

(4) 부래미 마을의 주요 농산물과 특산물

율면의 주요 농산물은 쌀 · 보리이며, 그밖에 콩 · 옥수수 · 잎담배의 생산도 활발하다. 부래미 마을은 마을 앞에 저수지와 마을의 작은 뒷산을 배경으로 한 배산임수의 전형적인 명당의 입지를 갖춘 농경지역이다. 적합한 기후와 비옥한 토양, 깨끗한 수질 등 농업생산에 유리한 여건을 기반으로 다양한 농산물을 생산하는 조용한 농촌마을이다. 주민들은 주로 농업에 종사하는데 쌀을 비롯하여 배, 복숭아, 고추, 강낭콩 등이 주요 산물이다. 특산물은 '임금님표 이천쌀', '장호원 복숭아', '율면 포도' 등으로 이천의 우수브랜드 농산물이다. 그러나 마을의 브랜드화에 대한 주민의식이 생기면서 부래미쌀, 부래미오리쌀, 부래미잡곡, 부래미배, 부래미복숭아, 부래미고추 등 부래미 브랜드를 내세운 특산물을 상품화하고 있다. 최근에는 친환경 농업과 도농교류 사업 등 소득증대를 위한 새로운 활로를 개척해나가고 있다.

(5) 부래미 마을의 주민 주도적 농촌 체험 프로그램

마을의 주민조직

부래미 마을은 농림수산식품부와 행정안전부, 경기도, 이천시의 관심과 지원을 이끌어내면서 주민자치형 마을만들기를 실현해내었다. 이 과정에 주민들의 자발적인 조직력이 있었기에 척박한 농촌마을을 오늘날의 부래미(富來美) 마을로 이끄는 것이 가능하였다. 마을의 주민조직은 스스로 찾은 질서와 마을에 대한 열정을 가지고 단단한 결속력을 갖고 있다. 당초 마을만들기에 활력은 불어넣은 사람은 출향인사의 부인이며 스스로를 마당쇠라 일컫는 사업단장 고경필이다. 역할은 대외홍보 및 마케팅, 교육, 컨설팅을 담당하고 있다. 다양한 경험과 도전하는 것을 좋아하는 성격과 마을에 대한 사랑을 바탕으로 마을을 브랜드화하고 현대 도시인이 원하는 욕구를 파악하여 체험 프로그램을 기획하고 개발하는 데 중요한 역할을 하였다. 또한 인근지역까지 마을의 체험 프로그램을 다양화하고 인근마을도 함께 공생하는 방법에 대해 전략적 방법을 모색하고 있다. 위원장 이기열은 남사당을 전수받은 귀농인이며, 노인회장을 겸직하고 있다. 마을의 체험 프로그램의 차별화와 초기 체험 프로그램 개발에 기여하였다. 이장 이대섭은 전체적인 마을 업무를 총괄하고, 총무 이상택은 마을의 정부지원 사업을 기획하고, 운영하면서 재무회계를 담당하고 있다. 부녀회장 이미용은 공동식사와 먹거리 체험을 담당하고 있다. 사무장 채보현은 2010년부터 일하기 시작하였는데, 농림수산식품부와 마을에서 주는 급여를 받다가 2011년부터 농림수산식품부의 지원이 만료되었다. 이때 마을 주민회의에서는 마을의 공동경비로 사무장의 급여를 전액 지급하여 고용을 계속하는 것을 결정하였고 현재 계속 근무 중이다. 과거의 농민조직이 '두레'였다면 오늘날 부래미 마을의 농민조직은 마을의 공동 체험학습과 체험학습 분담을 통하여 나름의 규약과 결속을 다지는 일련의 과정을 거쳐서 합의점을 도출하였다. 마을 주민들은 공식적인 의사소통의 장으로서 마을회의를 소집하고 당면한 문제는 물론이고 마을의 미래를 설계하기 위한 의견을 교류한다. 이 회의는 2002년 10월 29일 녹색농촌 체험마을에 대한 논의를 하면서 시작되었는데 회의내용은 '부래미 마을 모임 이야기'를 작성하면서 지속되고 있다. 마을회의는 주로 토론식이며 선진 마을을 견학한 사람의 보고나 부래미 마을에 적용 가능한 체험 프로그램 개발 등 정보 교류와 학습을 병행하는 형태를 보인다. 마을의 회의는 각 가구에 한 사람 이상 의무적으로 참석하는 것을 원칙으로 하는데, 불참 시 특별한 제재조치는 없으나 묵시적인 강제성을 띠고 있어 참석이 매우 중요하다. 마을회의의 참석 범위는 석산리 마을 주민에 한정되지 않고 출향인사, 정부의 지원기관 관계자, 외부 전문가 등이 모두 포함된다. 열린 구조로 마을을 이끌어가는 모습을 읽을 수 있는 면모이다. 특히 2005년 정보화 마을 지정 이후에는 석산1 · 2 · 3리, 오성1리 주민들도 마을회의에 참석하였다.[42)]

이정화는 농촌마을의 발전성과 평가를 위한 평가지표[43)]에 의거하여 부래미 마을의 혁신 요소를 의식개선 부문, 소득향상 부문, 환경개선 부문, 조직체계 부문으로 나누어 1단계부터 4단계까지 분류한 바 있다.[44)] 이제 2002년 10월 녹색농촌 체험마을 신청을 위해 마을회의가 개최된 것으로부터 10년의 세월이 지났다. 마을은 계도기, 혁신기, 성장기, 안정기를 거쳐 정체기에 접어들었다고 볼 수 있다. 연도별로 각 단계별 마을과 주민의 변화를 〈표 9〉로 정리하였다.

1단계는 계도기로, 마을에 새로운 청사진을 제시하면서 마을의 리더가 주민들을 설득하는 단계로 주민의식을 일깨우는 단계라고 할 수 있다. 마을을 새로운 각도에서 보기 위한 교육의 필요성이 제기되는바, 그 효율성을 고취하기 위하여 사물놀이 교육을 병행한 바 있다. 마을회의를 통해서 마을 공동의 관심사에 대해서 조금씩 집중하게 된다. 이 과정에 배움이 짧고 자신의 의사를 표현하기 어려워하는 주민들의 입장을 객관적으로 보고 조언해줄 수 있는 외부전문가의 도움이 필요했다. 녹색농촌 체험마을이라는 새로운 도전을 실현하기 위해서 주민들은 고

---

42) 최경은, 앞의 책, 49-55쪽의 기록과 사무장 인터뷰를 종합하여 정리.

43) 강원도, 「새농어촌건설운동 혁신방안」, 110-111쪽.

44) 이정화, 「지속가능한 농촌지역 개발을 위한 마을 혁신사례의 비교분석 연구」, 강원대학교 대학원 농업자원경제학과 석사학위논문, 2007, 31쪽.

〈표 9〉 부래미 마을 주민의 단계별 활동

구분	1단계 계도기	2단계 혁신기	3단계 성장기	4단계 안정기	5단계 정체기
연도	2002	2003~2005	2006~2007	2008~2010	2011~
의식 개선 부문	• 주민 교육 • 사물놀이 교육	• 주민정보화 교육 • 홈페이지 개설 • 조리사 교육	• 녹색농촌 체험 마을 교육 • 야생화 전문교육	• 권역주민 교육	• 가치재발견의 요구 • 재충전 필요
소득 향상 부문		• 농촌관광사업 운영	• 홈커밍데이 개최 • 자매결연	• 인근농가 연계사업 진행	• 자립형 농가 마을
환경 개선 부문	• 마을 청소 • 도로 정비	• 노인일거리 창출 • 정보화실 확보 • 그린스쿨 건립 완공	• 전시회 개최 • 다목적 체험장 건립	• 권역환경미화 • 다목적 체험장 건립 완공	• 초기 시설의 재보수 필요 • 오래된 마을시설에 대한 보수요구
조직 체계 부문	• 외부전문가 도입 • 주민모임 실시 • 농촌관광 운영조직 구성	• 사업운영조직 • 핵심리더조직 • 사무장 도입 • 수익분배규약 확립 • 율면사랑 공부 모임 발족	• 마을봉사단 결성 • 율면사랑 공부모임 활성화	• 권역자치규약 확립	• 주민고용 사무장 도입 • 상근 관리인

민하면서 서로 소통하기 시작하였고, 아울러 스스로 주민조직을 구성하게 된다.

2단계는 혁신기로, 마을에서는 처음 시도되는 다양한 활동들이 전개되는 시기이다. 농림수산식품부로부터 녹색농촌 체험마을 지정을 받고 체험사업을 시작하는 과정에 사업운영조직을 만들었다. 이렇게 하여 핵심리더 조직이 조성되었다고 볼 수 있다. 마을에 외지에서 온 체험객이 마을을 찾고 체험수익이 생기자 주민들은 자신들이 시작한 새로운 일에 비전을 발견한다. 이 단계에서 주민들이 자신들의 몫을 챙기기에 급급했다거나, 자신과 타인의 노동의 경중을 따졌다면 오히려 정부의 지원금과 체험수익금은 마을을 분열시키고 파괴하는 요소로 작용하였을 것이다. 그러나 주민들은 매주 녹색농촌 체험마을을 성공적으로 이끌기 위한 회의를 개최하여 서로의 뜻의 모았고, 농사 후에 틈틈이 힘을 모은 결과 주민들의 힘으로 통나무 체험 교육장인 그린스쿨을 완공하였다. 또한 주민들은 교육의 필요성을 절감하였고, 율면사랑 공부모임을 2004년 3월 발족하여 한 달에 한 번씩 정기모임을 갖게 된다. 이러한 교육의 기회를 통해서 농업경영기술, 농업정책, 지역개발 등 새로운 농업의 가능성을 발견하면서 친목과 결속을 다지게 된다. 마을의 주민들은 원활한 마을 경영을 위하여 자신들이 하고 있는 일을 객관적으로 판단하고 전반적인 행정업무를 담당할 사무장을 원하게 되었고, 자격이 되는 사람을 공채로 선발하여 2004년 10월부터 근무하게 되었다. 또한 체험수익금에 대한 분배규약을 확립하여 체험에 봉사한 사람에게만 분배하는 원칙을 세운다. 2005년 석산1 · 2 · 3리와 오성1리를 통합하여 정보화 마을로 지정되면서 마을 정보화 교육이 시작된다.

3단계는 성장기로 녹색농촌 체험마을 사업이 성공적으로 수행되고, 부래미 마을이 브랜드 가치를 갖게 되어 대중에게 알려지는 시기이다. 마을에서는 야생화 전문교육을 주민에게 실시하였고, 출향인사들을 초청하여 홈커밍데이를 실시하면서 마을을 홍보하는 시기이다. 출향인사들을 중심으로 마을봉사단이 조직되기도 한다. 이 시기에 농림수산식품부의 지원을 받아 다목적 체험관의 건립을 위한 설계와 구상이 시작되었다. 학교와 연구소, 재단 등에서 관심을 갖고 마을에 대한 연구를 시작하였으며 이들과 자매결연을 맺는다. 3회째를 맞는 부래미 미술대회를 통하여 마을 전시회를 개최하여, 주민들을 다양한 활동을 외부로 알리는 기회를 가졌다.

4단계는 안정기로 부래미 마을이 율면 일대의 권역주민들과 교류하면서 인근농가와 연계한 사업을 진행하는 시기이다. 마을은 시선을 돌려서 주변 권역으로 에너지를 나누는 작업을 진행한다. 권역 환경미화와 주민교육으로 영역을 확장하고 권역 자치규약을 정하였다.

5단계는 정체기로 주민들의 가치 재발견과 재충전이 요구되는 시기이다. 그동안 함께 해왔던 사무장이 마을을 떠나고 새로운 사무장이 마을에 오게 된다. 이 과정에 농림수산식품부에서 지원되던 사무장 급여의 반액 지원이 만료되는데, 마을 주민들은 사무장의 급여를 마을에서 전액 지급하는 것으로 결정하고 새로운 사무장을 계속 채용하게 된다. 2002년을 시작으로 하여 마을이 변모하는 과정에 일심으로 동참하였던 주민들은 이제 노인이 되었다. 이제는 체험형 교육에 집중되어 있는 마을의 구조를 정비하고 새로운 가치를 발견할 때가 왔다고 볼 수 있다.

지원기관

부래미 마을의 다양한 자치활동은 농림수산식품부, 경기도, 이천시의 지원과 행정안전부의 지원을 받아서 탄력을 받을 수 있었다. 2003년에는 농림수산식품부로부터 녹색농촌 체험마을로 지정되어 2억 원을 지원받고, 이천시로부터 도로포장, 배수로, 가로등 추가 설치 사업비 1,000만 원과, 붕어 1만 5,000마리, 벚나무 300그루, 산수유 나무 180그루, 연산홍 1,000그루, 컴퓨터 2대, 프린터, 복사기를 지원받았다.[45)] 2004년에는 경기도에서 슬로푸드 사업지원 8,500만 원, 이천시청으로부터 미술대회 진행비 200만 원을 지원받았다. 2005년에는 이천시청으로부터 미술대회 진행비 300만 원을 지원받았다. 특히 2005년에 농림수산식품부로부터 다목적 체험관 건립지원을 받게 되어 2007년 완공되었다. 사업비는 15억 7,700만 원이 소요되었고, 그 가운데 국비가

45) 최경은, 앞의 책, 88쪽.

80%이고 지방비가 20%였다.

이러한 지원의 효과는 마을 주민을 독려하고 마을의 체험학습 관련 인프라와 마을 경관 조성 등에 매우 유용하게 사용되었다. 만약 이러한 지원금으로 마을 사람들의 욕심을 채우거나 잘못된 리더가 유용하였다면 오늘날 부래미 마을의 영광은 없었을 것이다. 중요한 것은 주체가 마을 주민이었고 정부와 지자체는 주민들이 나아가기 위하여 필요한 경비를 지원해주는 상향식 행정이었다는 것이다.

마을의 주민 운영 체험 프로그램

부래미 마을 사람들의 생업은 농업이므로, 품질 좋은 농산물을 생산하기 위해 모든 정성과 노력을 기울이고 있다. 여가시간에는 귀농한 남사당 풍물패 전수자 백강 이만길이 지도하는 사물놀이를 배우거나, 도예작가 우당 김영국과 함께 도자기공예를 배우기도 한다. 이처럼 농사와 여가를 함께 하는 생활을 하면서 과거의 생산중심적 마을공동체보다 더 공고한 문화공동체로서의 의식을 갖게 된다. 총 30가구에 체험 참여 농가는 16가구인 작은 시골마을이지만 주민들의 애향심과 자부심은 높은 편이다. 마을에서 운영하는 체험 프로그램을 살펴보면 다음과 같다.

■ 농사 체험

농사 체험은 이상택 총무가 진행하는데, 부래미 마을에는 사시사철 다양한 농사 체험이 진행된다. 봄이면 배꽃 향기를 맡으며 모종 심기, 콩 심기, 옥수수 따기, 고구마 캐기를 체험할 수 있으며, 여름에는 조생종 배 수확을 비롯하여 감자와 고구마 캐기, 옥수수 따기 체험을 할 수 있고 가을에는 벼 수확과 배 수확으로 농사 체험의 절정기를 이룬다. 겨울에는 씨앗 심기와 모판 만들기로 다음 해 농사를 위한 준비를 한다.

현재 우리나라에는 전통농업기술을 유산으로 보는 시각이나 연구가 부족한 상황이다. 김재호는 농업을 위시한 전통생업기술의 보존과 전승에 대하여 강조하는데, 전통생업지식은 여타의 지정된 무형문화유산들처럼 예술적 가치나 역사적 가치가 크지 않지만, 학술적 가치가 매우 크다고 강조한다. 민족문화의 역사성을 밝히는 데 필요한 좋은 자료가 되고, 지속가능한 삶을 보장해주는 다양한 미래적 실용가치를 가졌다는 점에서 전통생업지식에 대한 새로운 인식과 더불어 무형문화유산의 지정과 보존 등 새로운 방향설정이 요구된다고 주장한다.[46] 농촌현장에서 이러한 일련의 과정을 체험 프로그램으로 만들어 마을을 방문하는 방문객과 함께하는 것은 그 의의가 크다고 본다.

• 봄 농사: 전통적으로 농촌의 봄은 한 해 농사를 준비하기 위해 농기구를 정비하고, 얼었던 땅을 다지는 매우 중요한 시기이다. 농가의 봄 농사는 거름내기, 논갈이, 밭갈이, 논밭둑 다듬기, 물대기, 논 삶기, 못자리 만들기, 씨앗 뿌리기와 볍씨치기 등의 과정을 거친다.[47]

입춘 즈음에 농민들은 한 해의 농사를 준비하는데 본격적으로 농사가 시작되는 것은 음력으로 2월경부터이다. 농가에서는 2월 첫 소의 날에 그해의 첫 논갈이를 시작한다. 그해에 처음으로 소에 쟁기를 메워 논갈이를 하는 날을 첫 소의 날로 한다는 것은 매우 상징적인 의미가 있다. 전남 함평에서는 이날 소의 뿔 사이에 나무칼을 묶고 종이꽃을 장식하여 논으로 몰고 가는 풍습이 있다.[48]

---

46) 김재호, 「무형문화유산으로서 전통생업지식의 가치와 보존의 필요성」, 『2008 한국민속학자대회』, 한국민속학술단체연합회 · 국립민속박물관, 2008, 313쪽.

47) 농협중앙회 농업박물관, 『2007 농업박물관 기획전, 봄 농사』, 2007, 18쪽.

48) 농협중앙회 농업박물관, 『2010 농업박물관 특별전, 관람객이 뽑은 우리 농기구 24선』, 2007, 19쪽.

부래미 마을의 봄 농사 체험은 농작물 파종, 모종 옮겨심기, 모내기 등이다. 보통 농가에서는 4월 중순경 씨앗을 파종하게 되는데, 일명 씨뿌리기라고도 하며 작물에 따른 적기와 실제 재배상의 시기를 고려하여 결정한다. 이 시기에는 감자, 콩, 옥수수 등의 작물들을 파종하는 체험을 한다. 다음은 모종 옮겨심기인데, 땅을 뚫고 나온 어린 새싹을 다른 곳에 옮겨심는 작업이다. 좋은 모종을 골라, 가꾸는 순서와 방법을 체험하게 된다. 봄의 체험 가운데 가장 절정은 봄에서 여름으로 넘어가는 초여름에 행해지는 모내기이다.

모내기는 못자리에서 기른 모를 본 논에 옮겨 심는 일로 모심기라고도 한다. 모를 심기 위해서는 못자리에 볍씨를 뿌리고, 이 볍씨가 일정 기간 자라서 모가 되면 논에 옮겨심는데, 이것을 이앙법이라 한다.[49] 부래미 마을에서는 못자리를 만들어 볍씨를 뿌린 후 10~15cm 정도까지 자란 모를 논에 옮겨심는 체험 프로그램을 운영한다. 모내기 체험은 현대인과 도시에서 자라는 아이들이 직접 모내기를 하며 농촌 생활을 이해하고, 체험을 통해 우리 민족의 주식인 밥의 재료인 쌀의 소중함을 깨닫는 계기가 된다.

• **여름 농사**: 여름의 벼농사 체험은 김매기인데, 김매기는 논에 심어 놓은 벼 사이에서 자라난 잡초를 뽑는 작업이다. 식물의 성장이 왕성하게 자라는 시기에 벼의 성장을 가로막는 잡초를 제거하는 김매기는 벼농사의 중요한 과정이다.

여름에는 벼가 자라는 시기이면서 다양한 종류의 농작물을 수확하는 시기이다. 7월 말경이면 첫 고추 수확을 체험하게 되고, 그 후로 8월 말일까지 3~4회 더 수확하게 된다. 그 외에 4월 초순경에 씨앗으로 파종

---

49) 위의 책, 23쪽.

하여 6월 말부터 시작되는 옥수수 수확, 강낭콩 수확, 복숭아 수확, 캠벨포도 수확, 사과 수확 등 여름 수확 체험 프로그램이 있다.

• 가을 농사: 가을에는 벼를 수확하는 프로그램이 있다. 그 외에 부래미 배농장에서는 신고배 따기 체험행사를 개최한다. 봄에 신고배를 분양받은 회원이 직접 기른 배를 따는 체험이다. 이날은 비분양 회원도 함께할 수 있으며, 현지에서 구입도 가능하다. 고구마 캐기 체험, 캠벨포도 따기 체험, 복숭아(황도) 따기 체험, 사과 따기 체험 등 다채로운 가을 농사 체험 프로그램이 있다. 자연에 순응하여 땅에 심고 거두는 농부들과 함께하는 순박한 농촌 체험은 도시에서 각박한 삶을 살아가는 현대인에게 정서적 충족감을 준다.

• 겨울 농사: 여느 농촌과 마찬가지로 부래미 마을도 추수가 끝난 겨울 동안은 1년 중 가장 한가한 농한기이다. 농기구를 정리하고, 퇴비를 만들어 거름을 주고, 과수의 가지치기 등 다음 해 농사를 준비하는 데 동참하는 체험 프로그램이 있다. 타작이 끝난 볏짚으로는 사랑방에 둘러앉아 새끼를 꼬기도 하며, 좋은 퇴비를 만들기도 하고, 농사의 시작을 위해 가지치기를 하며 다음 해 농사의 준비작업을 같이 해볼 수 있다.

■ 놀이와 풍습 체험

과거 농경사회에서 세시풍속과 놀이문화는 우리 민족의 주요한 삶의 동력이 되었다. 어린이들은 이러한 세시풍속을 익히고 즐기면서 전통적인 농경사회의 일원으로 성장하였다. 현대화와 도시화로 인하여 망각한 가치 중의 하나인 전통놀이는 이제는 우리 사회에서 소멸되고 있다. 부래미 마을에서는 이러한 전통놀이와 풍습 체험을 계절별로 나누어 진행하고 있다. 한 가족이 같이 둘러앉아 식사시간을 같이하기도 어려운 생활을 하는 현대에, 가족이 함께 전통놀이와 풍습을 체험하는 것은 재미와 함께 농경민족의 가치를 전승하는 중요한 계기가 될 것이다. 놀이와 풍습 체험은 이기열 위원장이 진행한다. 썰매 타기, 연날리기, 팽이치기, 널뛰기 같은 전통놀이와 자전거 타기, 아빠와 함께 낚시하기, 등산하기 등 다양한 놀이가 있다.

• **봄의 놀이와 풍습 체험**: 줄부채 만들기 체험이 있다. 줄이란 연못이나 냇가에서 자라는 식물로 키는 1~2m에 이른다. 이 줄기를 이용하여 부채나 돗자리를 만드는데, 부채를 부칠 때마다 살랑살랑 불어오는 바람을 느낄 수 있고, 식물로 만들어진 부채의 부드러운 감촉을 느낄 수 있다.

• **여름의 놀이와 풍습 체험**: 풀피리 만들기와 줄부채 만들기가 있다. 풀피리를 부는 방법은 가늘고 얇은 풀잎(벼과 식물, 버드나무과 잎 등 길쭉하고 얇은 잎)을 반으로 접어 부는 것인데, 두 손바닥을 마주하고 엄지손가락에 풀잎을 팽팽하게 끼운 다음 불거나 풀잎을 겹쳐서 불면 삐- 소리가 나게 된다. 줄부채 만들기는 봄부터 시작되어, 여름까지 이어질 수 있는 체험 프로그램이다.

• **가을의 놀이와 풍습 체험**: 곤충채집, 산밤 줍기 등이 있다. 곤충채집은 벼가 익어가는 논과 들판, 우거진 수풀 사이 어디든 곤충을 잡으러 뛰어다니면서 즐길 수 있는 체험 프로그램이다. 농약 사용을 자제하고 친환경 농업을 추구하는 부래미 마을의 청정한 환경에서 자라는 곤충을 잡으면서 도시민과 어린이들은 자연에 동화될 수 있을 것이다. 산밤 줍기는 모자와 면장갑, 긴 팔 티셔츠를 준비해야 하는 주의가 요구된다. 갈색으로 잘 영근 밤송이를 채취하는 것도 가을의 정취를 느낄 수 있는 프로그램이다.

• **겨울의 놀이와 풍습 체험**: 썰매 타기, 띠불놀이, 연날리기, 팽이치기 등이 있다. 썰매 타기는 겨울철에 얼음이 썰매를 만들어 타던 과거의 놀이문화를 체험할 수 있다. 나무쪽을 깎아서 한쪽에 날이 서게 만들고 철사를 입힌 것을 두 개 놓고 판자를 덮어서 썰매를 만들고, 썰매를 얼음 위에 놓고 두 발로 올라서서 긴 막대기 끝에 못을 박은 막대기를 갈라 쥐고 이것으로 얼음을 찍어 밀며 얼음바닥을 지치면서 썰매를 타는 즐거움은 디지털과 온라인 게임에 익숙한 어린 세대에게 추위와 맞서며 건강한 놀이를 즐겼던 조상들의 놀이문화를 만나는 계기를 제공한다. 띠불놀이는 정월대보름에 띠불에 소원을 적어 태우면서 소원을 비는 체험이다. 학생들은 각자의 소원을 기원하고, 불에 감자를 구워 먹으며 겨울의 농촌생활을 체험할 수 있다.

■ 음식 체험

부래미 마을의 음식 만들기 체험은 계절별로 부래미 마을에서 생산된 농산물을 활용하여 음식을 만들어 나누어 먹기도 하고 포장하여 가져가는 방식이다. 봄, 여름, 가을, 겨울 계절별로 수확되는 농산물을 활용하여 진행된다. 음식 체험인 먹거리 만들기는 이미용 부녀회장이 진행한다. 마을에서 직접 재배한 순수 우리 콩을 전통 맷돌에 갈아 순두부를 만드는 체험은 물론 두부를 만든 후에 비지는 집에 가져가서 콩비지찌개를 만들어 먹을 수 있다. 유기농으로 재배한 부래미찹쌀로 떡메를 쳐서 콩고물을 묻혀 만들어 먹을 수 있는 인절미 체험도 진행된다.

• **봄의 음식 체험**: 손두부 만들기, 봄나물 캐기와 인절미 만들기가 있다. 손두부 만들기는 순수 우리 콩을 전통 맷돌로 갈아 순두부 및 손두부를 만드는 체험이다. 두부를 만든 후에 나오는 비지도 콩비지찌개를 만드는 재료로 활용할 수 있다. 봄나물 캐기는 겨우내 땅속 깊이 간직

되었던 생명력이 봄의 기운을 받으며 자란 냉이, 쑥 등 봄나물에는 겨울 동안 부족하기 쉬운 비타민 A, C, D 등이 풍부하게 함유되어 있다. 나른한 봄기운에 입맛을 잃기 쉬운 계절에 생명력이 움트는 땅의 기운을 받으며 향기로운 나물을 캐는 '봄나물 캐기' 체험은 한국인의 식습관과 정서에 부합하는 체험 프로그램이다. 인절미 만들기는 유기농으로 재배한 부래미 찹쌀로 떡메를 쳐서 콩고물을 묻혀 만들어 먹을 수 있다.

• **여름의 음식 체험:** 감자 구워먹기, 옥수수 구워먹기, 복분자 따서 술 담그기가 있다. 감자 구워먹기는 부래미 마을에서 농사지어 수확한 감자를 장작불에 구워먹는 체험이다. 디지털 시대에 매우 아날로그적인 체험 프로그램이다. 감자를 구우면서 오늘날 패스트푸드에 길들여진 참여자들은 감자가 불에 익어가는 동안 익기를 기다리면서 수확과 조리과정의 기다림의 시간과 인내를 체험하게 된다. 옥수수 구워먹기 역시 부래미 마을의 옥수수를 거두어 구워먹는 체험이다. 여름날의 옥수수는 어른의 키보다 더 높게 자란다. 체험자는 우거진 옥수수밭을 헤치고 다니며 수확에 참여한다. 자루에 담아온 옥수수를 모닥불에 구워먹으면서 농촌에서의 여름 저녁을 경험하게 된다. 복분자 따서 술 담그기는 부래미 마을에서 자생하는 복분자를 채취하여 술을 담그는 체험이다. 6월경 붉게 익는 복분자는 차나 술을 담그기에 적합하다. 복분자는 결분자(缺盆子), 복분(覆盆), 오표자(烏藨子), 대맥매(大麥莓), 삽전표(插田藨), 재앙표(栽秧藨), 서국초(西國草), 필릉가(畢楞伽), 규(茥), 결분(蒛葐)이라고도 한다. 복분자 속에는 단백질, 지방, 당분, 섬유질, 비타민 등의 영양소가 고루 들어 있어 그 가치를 더하고 있다. 약리작용으로 항염작용, 항산화작용, 항 헬리코박터 파이로리 작용이 보고되었다. 이러한 복분자가 산에서 자생하므로 이것을 활용한 체험 프로그램을 개발하였다. 복분자

열매를 따다 복분자주를 만들거나 복분자차를 만들기도 한다.

• 가을의 음식 체험: 손두부 만들기와 도토리묵 만들기가 있다. 도토리묵 만들기는 마을에서 직접 채취한 도토리로 자연 천연 조미료만을 사용하여 도토리묵을 만드는 체험이다.

• 겨울의 음식 체험: 손두부 만들기와 메밀묵 만들기가 있다. 가을부터 시작된 손두부 만들기는 겨울에도 체험할 수 있다. 겨울철 별미인 메밀묵은, 메밀, 녹두, 도토리 등의 가루를 물에 가라앉혀 얻은 앙금으로 죽을 쑤어 식히어 엉기게 한 음식이다. 메밀묵을 가늘게 채로 썰어 뜨거운 물에 헹구어 물기 뺀 후 그릇에 담고 그 위에 배추김치를 송송 썰어 참기름, 깨소금에 버무려 올리고 살짝 구운 김을 부셔 올려서 먹는 겨울철 별미음식 체험이다.

■ 도예 체험

도예 체험은 부래미 마을로 귀농한 도예가 우당 김영국이 진행한다. 도예 체험은 복잡한 도심의 일상에서 벗어나 정신적인 휴식과 자연의 아름다움을 만끽할 수 있는 프로그램이다. 자신만의 도자기를 만들면서 예술적 경험을 할 수 있다.

■ 사물놀이

신나는 우리 음악, 풍물놀이를 체험할 수 있다. 부래미 마을에서 진행하는 풍물놀이교실에서는 남사당패의 사물을 전수받은 백강 이만길 선생으로부터 직접 사물놀이와 탈춤, 덩더쿵 체조 등도 배울 수 있다. 10인 이상 단체 예약을 받아 진행한다. 백강 이만길 선생은 귀농인으로 체험마을 만들기에 많은 노력을 한 인물이다.

■ 황토염색

남혜인 자연염색 체험장에서 황토염색교실을 열고 있다. 황토염색은 우당심 남혜인 선생이 진행한다. 천을 준비하여 염색해갈 수도 있고, 예약하면 원하는 천을 준비하여, 염색 체험을 할 수도 있다. 황토염색의 경우 황토 채취에서부터 매염제를 넣는 방법까지 배울 수 있으며, 황토염색 외에 쑥, 국화, 밤 껍질 등의 염색 체험도 가능하다. 황토염색은 자연염색으로서, 효능 면에서 황토는 습도가 높으면 습기를 흡수하고, 습도가 적으면 습기를 내보내주는 특성이 있으며, 원적외선 방출효과가 뛰어나 건강한 의생활을 할 수 있도록 돕는다.

6. 부래미 마을과 율면의 특성 분석

1) 부래미 마을 MACDAB 지수 분석

부래미 마을은 주민의 주도적인 참여와 개척정신으로 척박한 환경을 극복하고 농촌관광마을로 자리를 잡아 마을만들기의 국내외 우수사례로 손꼽히고 있다. 그러나 전술한 바와 같이 마을은 이제 정체기에 들어서고 있다. 부래미 마을이 미래에도 지금과 같은 발전을 하기 위하여 몇 가지 사항을 논하고자 한다.

부래미 마을의 그동안의 성과를 기초로 MACDAB 지수법을 대입하여 〈표 10〉과 같은 결과를 도출할 수 있다.

〈표 10〉 율면 부래미 마을 MACDAB 지수법 대입

이천시 율면 부래미 마을

↓

번호	MACDAB 리스트	적합여부
1	지역공동체에 의해 운영되어야 한다.	적합
2	모든 의사결정과정과 활동은 민주적인 방법으로 모든 이해당사자와 이익단체의 공공참여를 허락해야 한다.	적합
3	지역공동체, 학술적 자문위원들, 지역의 사업체, 지자체와 행정조직의 연계를 통한 운영과 소유권의 통합을 도모해야 한다.	적합
4	지역유산 상품의 소비보다 지역유산의 운영과정에 더 중점을 두어야 한다.	적합
5	지역의 장인들, 예술가들, 작가들, 배우들, 음악가들과의 협동을 도모하라.	적합
6	핵심적인 활동은 지역 이해관계자의 자발적인 노력에 의존하라.	적합
7	지역정체성과 장소성에 초점을 맞추어라.	적합
8	여러 개의 서로 다른 특징들로 구분된 '지리학적' 영역을 아울러라.	부적합
9	공간적 · 시간적인 측면 모두를 아울러라. 변화와 지속성은 한 시대에 가두는 것이 아니라 긴 시간에 걸친 것이다.	부적합
10	중심지와 다른 건물, 지역의 '안테나'를 통한 네트워크를 구축하면서 나누어진 가치를 연결하는 박물관의 모형을 갖추어라.	부적합
11	지역유산자원에 대한 보전, 보호와 안전관리를 증진시켜라.	적합
12	동산과 부동산을 포함하는 유형의 유산과 무형의 유산자원에 동일한 관심을 가져라.	적합
13	지역자원의 지속가능한 발전과 현명한 활용을 촉진하라.	적합
14	더 나은 미래를 위한 변화와 발전을 수용하라.	적합
15	진행 중인(물리적, 경제적, 사회적, 문화적, 정치적인 것을 포함한) 모든 환경적 요인에 의한 사람들의 상호작용과 과거와 현재의 삶에 대한 기록을 독려하라.	부적합
16	지역 전문가들의 조사와 이해부터 학자들의 조사까지 여러 단계의 연구를 증진시켜라.	부적합
17	연구에 있어서 여러 학문의 결합과 학제적 접근을 증진시켜라.	부적합
18	문화와 자연의 관계의 해석에 대한 전체론적인 학제적 접근을 독려하라.	적합
19	기술과 개인, 자연과 문화, 과거와 현재 사이의 관계를 설명하려는 시도를 하라.	적합
20	유산과 책임감 있는 관광의 교차점을 제공하라.	적합
21	지역공동체의 이익, 예를 들면 자부심, 재건, 또는 경제적 이익 등을 가져와라.	적합
MACDAB 지수		15/21

MACDAB 지수 분석 결과 21가지 홍목에서 15가지 항목을 충족시키고 있어, 에코뮤지엄으로 발전가능성을 내포하고 있음을 발견할 수 있다. 그렇다면 어떤 요인들이 부적합한 것으로 분석되었는지 살펴보면 〈표 11〉과 같다.

〈표 11〉 율면 부래미 마을 MACDAB 지수법 대입 부적합 요인

번호	MACDAB 리스트	적합여부
8	여러 개의 서로 다른 특징들로 구분된 '지리학적' 영역을 아울러라.	부적합
9	공간적 · 시간적인 측면 모두를 아울러라. 변화와 지속성은 한 시대에 가두는 것이 아니라 긴 시간에 걸친 것이다.	부적합
10	중심지와 다른 건물, 지역의 '안테나'를 통한 네트워크를 구축하면서 나누어진 가치를 연결하는 박물관의 모형을 갖추어라.	부적합
15	진행 중인(물리적, 경제적, 사회적, 문화적, 정치적인 것을 포함한) 모든 환경적 요인에 의한 사람들의 상호작용과 과거와 현재의 삶에 대한 기록을 독려하라.	부적합
16	지역 전문가들의 조사와 이해부터 학자들의 조사까지 여러 단계의 연구를 증진시켜라.	부적합
17	연구에 있어서 여러 학문의 결합과 학제적 접근을 증진시켜라.	부적합

이를 분석하면 아직 에코뮤지엄에 대한 개념이 없으므로 지역에 산재한 다양한 유산을 네트워크하고 결합하는 방법을 모르고 있으므로, 지역의 사이트를 개발하고 중핵과 위성을 연결하는 방식을 모르고 있다는 점이 부적합 요인이라고 할 수 있다. 또한 삶의 기록과 학제간 융복합적 연구가 진행되지 못하고 있다는 점이 부적합한 요인으로 분석된다. 율면 부래미 마을의 부적합 요인 분석 결과에 대한 시사점은 다음과 같다.

첫째, 기억과 마을의 이야기 수집이 요구된다. 부래미 마을의 구성원은 이제 70대 인구가 다수를 이루고 있다. 지난 10년간 그들은 마을을 체험형 농촌마을로 만들고자 각고의 노력과 열정을 기울였으나 이제는

연로하여 마음만큼 활발한 활동을 펼치기 어려운 상황이 되었다. 이렇게 마을의 연장자가 생존하여 있을 때 마을의 이야기를 정리할 필요가 있다. 이들은 마을이 과거 벼농사 중심의 전통적 농업을 생업으로 할 때부터 오늘날 체험형 마을로 변모하기까지의 과정을 몸으로 겪어서 기억하고 있다. 이러한 기억을 수집하고 기록으로 남길 필요가 있다. 국내외 연구자들이 관심을 갖고 부래미 마을을 찾아도 마을의 이야기를 기록으로 접할 수 없는 상황이다. 마을지도나 마을의 유래, 역사, 연혁, 마을의 인물 이야기, 마을 체험 프로그램 등 마을을 안내할 수 있는 다양한 콘텐츠를 발굴하고 정리할 필요가 있다. 이제 이들의 이야기는 한국 농촌의 이야기가 될 것이고, 또한 미래 우리 농촌의 이야기로 남겨질 것이다.

둘째, 자료실 등 연구시설의 부재가 문제로 제기된다. 마을을 찾은 체험자를 위한 체험관은 있으나 마을 주민들이 앉아서 공부하고 연구할 수 있는 공간이 없다는 것은 미래에 대한 투자가 없다는 것을 의미한다. 아주 작은 공간이라도 자료실 형태의 도서실과 연구시설이 요구된다. 최근 많은 연구자들이 부래미 마을을 연구하였고, 부래미 마을의 성공사례는 다수의 책에서 논의되고 있다. 마을에 이러한 자료들을 모아두고 주민들이 이러한 정보를 공유할 것이 요구된다.

셋째, 공동의 전시시설 부재에 대한 대안이 요구된다. 부래미 마을은 예술가가 사는 마을이며, 예술가의 시선을 가진 주민들이 사는 마을이다. 이들은 끊임없이 매일의 일상에서 작품을 만들고 있다. 때론 혼자서 때론 같이 만들어내는 이러한 작품이 소장되고 전시되어서 대중과 소통된다면 마을의 창조적 에너지는 새로운 가치를 창출할 것이다. 그와 더불어 마을에서 보유하고 있는 전통농기구들도 좀 더 많은 사람들이 볼 수 있도록 전시되어야 할 것이고, 잘 보존될 수 있도록 관리되어야 할 것이다.

넷째, 전통적 벼농사 마을의 농촌생활문화 보존에 대한 인식이 필요하다. 양질의 체험 프로그램을 이끌고 많은 관광객이 온다고 해도 절대로 양보할 수 없는 가치는 부래미 마을은 전통적인 벼농사 중심의 농촌마을이라는 것이다. 이러한 생활문화를 보존하고 유지하려는 노력을 계속할 때 마을의 정체성이 확립되고, 주민들도 가치판단의 기준을 세울 수 있을 것이다. 만약 너무나 많은 관광객이 마을을 찾게 되어 더 이상 농사를 지을 필요가 없을 만큼 관광수익이 높아진다고 하자. 그 순간에도 농사는 절대 포기할 수 없는 가치이고, 자신들은 농사를 짓는 농부라는 것을 포기하지 않을 만큼의 자부심이 필요한 것이다.

다섯째, 부래미 마을에서 주도적으로 이끌면서 진행해온 농촌 체험과 농산물 브랜드화를 경험으로 살려서 인근의 율면 지역으로 확대할 필요가 있다. 율면에는 이미 율면사랑 공부모임 등 지역의 자원에 대한 주민자치조직이 있고 이에 대한 지자체의 관심도 있다. 이를 활용하여 부래미 마을을 핵으로 율면 전체를 네트워크하는 방법론에 대한 연구가 필요한 시점이다.

2) 율면 SWOT 분석

이상과 같이 본 장에서는 부래미 마을을 집중적으로 연구하였고, 부래미 마을이 속한 율면의 다양한 역사, 자연환경, 현황과 산업, 문화유산, 민속, 설화, 축제, 농촌 체험농장과 농가 체험 프로그램, 농촌 체험마을 등에 대해서 연구하였다. 율면은 이천의 중심부에서 많이 떨어져 있어서 도시화나 산업화의 빠른 변화에 편승하지 못하여서 전통적인 농촌문화콘텐츠를 잘 보존하고 있는 녹색 청정지역이다. 율면의 특성에 대한 SWOT 분석을 해보면 〈표 12〉와 같이 정리될 수 있다.

율면의 강점은 문화자원의 측면에서는 망이산성을 비롯한 선사유적과 중요민속자료 어재연 장군 생가 등이 보존되어 있다는 것이고, 전통적인 벼농사 생산지로서 생산풍습과 세시풍속, 민속놀이가 전승되고 있다는 것이다. 다양한 소재와 구성을 갖춘 설화가 전승되는 것도 매우 주의 깊게 볼 대목이다. 그 외에 주민들의 화합과 역량을 보여주는 문화콘텐츠로서 율면 축제가 개최되고 있다. 또한 농촌 체험농장 임마누엘 포도원과 체험을 운영하는 농가로 고운꽃 식물원과 샘골 버섯농장이 있다. 또한 국내외에서 마을만들기의 성공사례로 꼽히는 부래미 마을의 다양한 농촌 체험 프로그램이 계절농사에 따라서 진행되고 있다. 다음으로 주민자치활동의 측면에서 주민자치센터의 활발한 활동을 주목할 가치가 있다. 주민들은 율면사랑연구회, 색누리, 고운꽃 친구들, 전통민화반 등 자치 모임을 활발하게 운영하고 있다. 특히 부래미 마을의 성공사례를 통하여 확인되는 것은 토착주민과 귀농인, 출향인사의 결집력이 강하여서 위기를 넘기고 기회를 포착하는 순발력이 있다는 점이다. 브랜드 가치 보유의 측면에서 율면은 전통적인 명품으로 인정받는 우수농산물 이천쌀의 생산지이다. 또한 성공적 마을만들기로 학계의 주목을 받은 바 있고 대중에게는 농촌 체험마을로 인지도가 상승한 부래미 마을의 명성도 율면의 브랜드 가치로 작용한다. 자연과 지리적 환경의 측면에서는 경기도 이천의 최남단에 속하여 수도권에 속하면서도 청미천, 팔봉산, 마이산 등 훼손되지 않은 자연자원을 보유하고 있으며, 자연친화적이고 전원적인 환경을 보존하고 있다는 강점을 갖고 있다. 그러면서도 도농교류가 원활한 지역이다.

율면의 약점은 도시와 이천 중심지에 비해서 의료시설, 교육시설, 보

〈표 12〉 율면 SWOT 분석

강점	약점
• 문화자원 - 선사유적과 중요민속자료 어재연 장군 생가 - 벼농사 생산풍습과 세시풍속, 민속놀이, 다양한 설화의 전승 - 율면 축제 개최 - 농촌 체험농장과 농가 체험 프로그램 진행 - 부래미 마을의 다양한 농촌 체험 프로그램 진행 • 주민자치활동 - 주민자치센터의 활발한 활동 - 율면사랑연구회, 색누리, 고운꽃 친구들, 전통민화반 등 주민자치모임 활발 - 토착주민과 귀농인, 출향인사의 강한 결집력 • 브랜드 가치 보유 - 전통적인 명품쌀 이천쌀 생산지 - 부래미 마을의 성공적 마을만들기 명성 • 자연과 지리적 환경 - 경기도 이천의 최남단에 속하여 수도권에 속함 - 청미천, 팔봉산, 마이산 등 자연자원 보유 - 자연친화적이고 전원적인 환경 - 도농교류의 원활	• 사회제반 시설 - 의료시설, 교육시설, 보육시설, 편의시설 등이 부족함 • 지역인재 영입 - 일자리의 부재로 젊고 창조적인 인력의 유치가 어려움 - 전문적인 능력을 갖춘 전문가 영입이 어려움 • 자연과 지리적 환경 - 이천시 최남단에 위치하여 생활권이 분리되어 있는 경향 - 남쪽으로 치우친 지리적 위치로 교통이 불편 • 기록의 취약 - 주민의 삶과 기억에 대한 기록에 대한 관심과 축적된 연구가 부족한 상황
기회	**위협**
• 지역문화사업의 활성화 - 지방자치제도의 발현으로 지자체 사업 활성화 - 부래미 마을의 활발한 사업과 인지도 상승 - 지역에 산재한 자원을 연결하려는 시도가 지자체를 중심으로 나타남 • 사회동향 - 도시인들의 귀농현상 - 녹색 체험마을 만들기의 성과로 정부와 지자체의 마을만들기에 대한 관심 고조 - 자연과 환경에 대한 인식 제고 - 자연과 환경의 중요성에 대한 인식 확산 - 전원생활에 대한 수요 증가 • 문화콘텐츠의 활성화 - CT기술과 접목한 다양한 문화콘텐츠의 등장과 새로운 지식에 대한 호기심의 증가 - 스토리텔링의 중요성 부각과 지역문화자원의 스토리텔링에 대한 인식 제고	• 인구분포 측면 - 율면 주민의 고령화 - 농사를 이을 다음 세대의 부재 • 이천 중심부와 북부의 도시화가 확산되는 경향으로 율면의 도시화 우려 • 불안한 농산물 시장환경 - FTA 발효 등으로 인한 값싼 수입농산물의 유입과 국산농산물 가격의 상대적 상승 • 문화전승의 측면 - 라이프스타일의 변화로 전승되는 문화와 민속의 소멸위기

육시설, 편의시설 등 사회 제반시설이 취약한 것이다. 또한 젊은이들이 선호하는 전문적인 일자리의 부재로 젊고 창조적인 인력의 유치가 어렵고 전문적인 능력을 갖춘 전문가 영입이 어려운 상황이다. 자연과 지리적 환경 측면에서 이천의 최남단에 위치하여서 생활권이 분리되어 있는 경향이 있고, 남쪽으로 치우쳐 지리적 위치로 교통이 불편한 측면이 있다. 그리고 지역의 생활문화자원에 대한 기록이 취약하여 주민의 삶과 기억에 대한 기록에 대한 관심과 축적된 연구가 부족한 상황이다.

율면의 기회 요소는 지역사업의 활성화 측면에서 찾을 수 있는데, 지방자치제도의 발현으로 경기도 이천의 지자체 사업 활성화를 들 수 있다. 또한 부래미 마을의 활발한 사업과 대중적 인지도 상승은 미래를 위한 더 좋은 프로그램을 준비하게 한다. 사회동향의 측면에서 도시인들의 귀농현상을 간과할 수 없다. 바쁘고 각박한 삶에 찌든 현대의 도시인은 더 느리고 여유 있게 삶과 자연을 음미하면서 살고 싶은 욕망을 갖게 되어 농촌에 대한 동경을 갖고 귀농의지를 갖게 되었다. 자연과 환경의 중요성에 대한 인식 확산과 전원생활에 대한 수요증가 현상은 수도권에 속하면서도 전원적인 환경을 보유한 율면에는 기회라고 볼 수 있다. 또한 녹색 체험마을 만들기의 성과로 정부와 지자체의 마을만들기에 대한 관심 고조도 기회라고 볼 수 있다.

율면의 위협 요소는 인구분포의 측면에서 율면주민의 고령화로 농사를 이을 다음 세대가 점차 줄어들고 있다는 것이다. 이러한 현상은 프랑스 브레스 부르기뇬 지역과 일본의 아사히마치 지역에 똑같이 나타났던 현상이다. 젊은이들이 일자리를 찾아서 떠나면서 점점 비어만 가는 마을에 대한 고민은 마을의 존속을 위협하는 요소이다. 또한 이천 중심부와 북부의 도시화가 확산되는 경향으로 율면의 도시화가 우려되는 측면이 있다. FTA 발효 등으로 인한 값싼 수입농산물의 유입과 국산

농산물 가격의 상대적 상승은 농사를 생업으로 하는 농민이 많은 율면의 상황에서 1차 산업에만 집중하면 경제적인 어려움을 맞이하게 되는 현실을 직면하고 있다. 또한 기계화와 산업화, 현대화의 여파로 라이프 스타일에 변화가 왔으며 이는 전승되는 문화와 민속의 소멸위기를 초래하고 있다.

본 연구에서는 이에 대한 방법으로 에코뮤지엄의 개념을 도입하는 것에 대한 논의를 하고자 한다. 에코뮤지엄은 과거의 유물을 보관하는 장소로서 지역에 대한 논의를 하는 것이 아니라 지역의 미래를 창조적으로 만들어가는 주체로서 주민의 위치를 찾아가는 과정에 대한 논의이다. 삶의 터전을 가꾸고 지키려는 부래미 마을과 율면 주민의 노력이 유산보존과 주민참여 면에서 에코뮤지엄의 두 가지 요소를 충족시켰다면, 여기에 박물관 활동이 더해져서 새로운 비전을 제시할 것이다. 이에 쌀을 테마로 한 농촌형 에코뮤지엄으로, 부래미 마을을 중핵으로 한 이천 율면 부래미 에코뮤지엄에 대한 구상을 다음 장에서 논의하고자 한

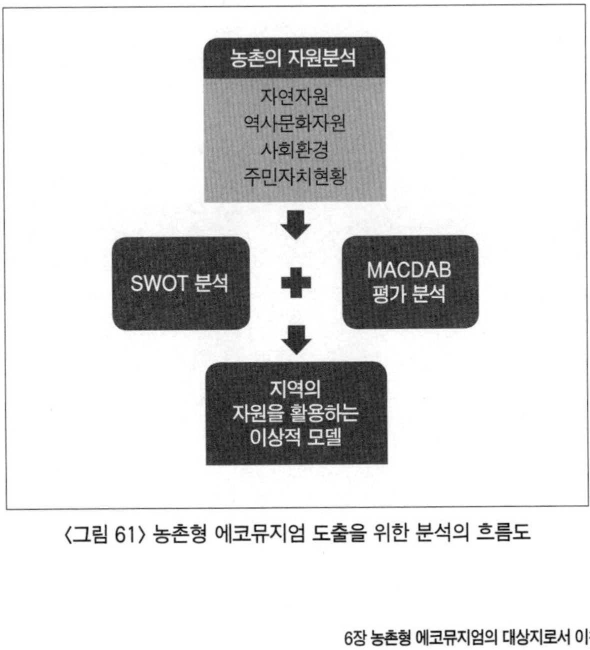

〈그림 61〉 농촌형 에코뮤지엄 도출을 위한 분석의 흐름도

다. 하여 마을의 미래를 만들기 위한 새로운 비전으로 에코뮤지엄 모델을 만드는데, 그 분석의 흐름은 〈그림 61〉과 같다.

농촌형 에코뮤지엄 도출을 위한 분석의 흐름은 먼저 농촌의 자원을 자연, 문화, 사회환경, 주민자치현황 등으로 나누어서 분석한다. 다음으로 지역의 현황에 대한 SWOT 분석과 에코뮤지엄 지수법 MACDAB 분석을 실시한다. 그리하여 지역이 안고 있는 약점과 위기를 파악하고 강점과 기회를 살리는 방안을 모색하면서 MACDAB 지수에서 부적합한 요인에 대한 보완점을 추출한다. 그 결과 지역의 자원을 문화콘텐츠적 관점에서 활용하는 이상적 모델이 도출될 수 있다.

7장

이천 율면 부래미 에코뮤지엄 설립과 경영

1. 설립계획 및 주민자치 추진방식

경기도 이천 율면은 전통적인 벼농사 지역으로 농경문화유산을 전승 및 보유하고 있는 지역이다. 6장에서는 이천 율면의 지역자원을 분석하였는데, 자연자원, 역사문화자원, 사회환경, 주민자치현황의 관점에서 분석하였고 현황에 대한 SWOT 분석을 하였다. 이천 최남단에 위치하여 자연과 농촌환경이 잘 보존되었지만 생활 편의시설이나 의료 및 교육시설이 취약하고, 인구의 고령화가 문제점으로 나타난 바 있다. 이러한 상황에도 불구하고 주민자치활동이 매우 활발하고 도시민의 접근이 용이한 수도권에 위치하여 체험마을이 활성화되어 향후 농촌문화콘텐츠를 활용한 발전의 가능성이 매우 밝게 전망됨을 알 수 있었다. 본 연구에서는 율면의 지속적인 발전을 위한 수단으로 에코뮤지엄을 도입하고자 하는바, 그 가운데 특히 주민자치활동이 활발한 부래미 마을의 사례를 면밀히 살펴보고 MACDAB 분석을 하였다. 그 결과 21개 항목 가운데 15가지 항목이 적합하고 6가지 항목이 부적합한 것으로 분석되어 부족한 점이 있기는 하지만 에코뮤지엄으로서의 방향에 근접한 속성이 있음을 알 수 있었다. 본 장에서는 이러한 점에 유의하여 이상적인 에코뮤지엄 모델을 만들기 위한 논의를 하고자 한다.

1) 이천 율면 부래미 에코뮤지엄 설립취지

이천 율면 부래미 에코뮤지엄의 설립취지에 대하여 몇 가지 정리하면 다음과 같다.

첫째, 전통적 벼농사 문화를 배경으로 한 이천시 율면의 지역자원을 수집, 보존, 활용하여 농업을 주요 산업으로 하는 율면의 지속적인 발전을 이루는 것을 목적으로 한다.

둘째, 평범한 농부와 농촌에서의 삶에 대한 자긍심을 발견하는 것이다. '부래미' 마을의 이야기를 적극적으로 표현하고 이를 율면 전체로 확산하여 지역문화운동으로 이끌고자 한다.

셋째, 농업의 기초지식과 농업의 중요성을 인식하는 것이다. 주민은 물론이고 마을을 찾는 방문객 모두 우리 삶의 근간이 농업임을 이해하고 인간 본연의 모습을 발견하는 데 있다.

넷째, 쌀을 매개로 한 다문화 이해이다. 동아시아의 나라들은 쌀을 주식으로 하여 벼농사를 짓기 위한 마을공동체를 발전시켜왔다. 최근 우리 사회에서 대두되는 다문화의 문제를 쌀을 매개로 한 식문화 탐색으로 이끌 수 있다.

다섯째, 도시와 공존하고 소통하는 농촌문화, 더 나아가 세계와 소통하는 율면을 구현한다.

오하라 가즈오키는 에코뮤지엄의 이념에서 중요한 특징은 어느 특정의 영역 또는 지역을 대상으로 보고 있다는 것이라고 한다. 이것은 두 가지 측면에서 고려되어야 한다. 하나는 지역사회와 주민의 일체화로 '주민의 주체적 참가'를 위한 '수단적 특징'을 갖고 있다는 것이다. 또 하나는 지역에 존재하는 다양한 '유산의 현지보전'이라는 '형태적 특징'을 갖고 있다는 것이다. '영역'이라는 개념 아래서 양자를 겸비하고 통합한 존재가 에코뮤지엄이라고 할 수 있다는 것이다.[50)]

이러한 전제에서 에코뮤지엄의 3요소가 도출되는데, 그것은 유산보존(Heritage), 주민참여(Participation), 박물관 활동(Museum)이다. 유산은 지역에 흩어져 있는 산업유산, 문화유산, 자연유산 등으로 지역의 현장성을 갖고 보존하는 것이다. 주민참여는 주민의 미래를 위해 주민 자신이 스스로 참여하여 운영의 주체가 되며 향수의 주체가 된다는 것이다. 박물관 활동은 전통적인 박물관 활동으로 수집, 조사, 보존, 연구, 전시, 교육 등의 기능을 한다. 이 세 가지 요소가 이상적으로 결합하면서 네트워크를 형성할 때 에코뮤지엄이 성립되는 것이다. 즉, 유산보존과 주민참여가 있는 마을의 경우 박물관 활동이 결합하면 에코뮤지엄이 성립되는 것인데, 이러한 세 요소를 모두 갖춘 중핵박물관을 중심으로 세 가지 요소 중에 박물관 활동과 유산보존, 또는 박물관 활동과 주민참여 혹은 주민참여와 유산보전의 요소를 가진 사이트(site)들이 서로 네트워크를 형성하면서 시간과 공간을 축을 연결하며 지역의 삶의 과정을 보여주는 종합적이고 복합적인 에코뮤지엄의 형태를 갖추게 되는 것이다.

전통적 박물관과 그 개념에 있어서 차이점을 갖는 에코뮤지엄의 개

50) 오하라 가즈오키, 앞의 책, 31쪽.

〈표 13〉 율면 부래미 에코뮤지엄의 구성요소

구분	전통적 박물관	에코뮤지엄	율면 부래미 에코뮤지엄
장소	건물	영역	경기도 이천 율면
내용 및 활동 대상	소장품	유산+기억	이천 율면의 유산+기억
사람	전문가+대중	주민+방문객	이천 율면의 주민+방문객

념을 한마디로 정의하기는 쉽지 않다. 그러나 이를 박물관 활동의 세 가지 요소에 적용하는 것이 가능하다. 전통적 박물관의 공간 개념이 건물이라면 에코뮤지엄에서는 이에 해당하는 것이 건물에 국한되지 않는 영역, 즉 지역이다. 또한 전통적 박물관의 내용 또는 활동의 대상이 유물 등 소장품에 집중되어 있다면, 에코뮤지엄에서는 지역의 유산, 무형의 기억 등을 모두 포함한다.[51] 그리고 전통적 박물관의 활동에서 주체는 전문가이고, 객체는 관람객 즉 대중이었다면 에코뮤지엄에서는 행위의 주체와 객체가 모두 주민이라는 것이다. 이를 부래미 에코뮤지엄에 적용하여 보면 〈표 13〉과 같다.

즉, 에코뮤지엄의 영역에 해당하는 것이 이천 율면이고, 내용 및 활동 대상에 해당하는 것이 이천 율면의 유산과 기억이며, 행위의 주체이자 객체는 율면의 주민이며, 여기에 율면을 방문하여 체험을 경험하게 되는 체험자를 포함할 수 있다. 그리고 한 가지 더 생각할 점은 문화콘텐츠의 요소를 더하여 율면 부래미 에코뮤지엄이 저탄소 녹색성장의 구심점으로 역할을 할 수 있는 방법을 찾고자 하는 것이다. 이러한 전제에서 부래미 에코뮤지엄을 구상하고자 한다.

51) 위의 책, 33-34쪽.

2) 중핵박물관과 위성박물관의 개발

중핵박물관은 율면 부래미 마을에 두고자 한다. 율면 전체를 놓고 볼 때 농촌 체험마을로서 가장 많은 인프라를 구축하고 있으며, 열정적인 주민자치조직이 있어서 최적지라고 판단된다. 그중에서도 중핵박물관은 그린스쿨로 하는 것이 좋을 것이다. 설립 초기에는 체험활동이 활발하였으나 지금은 다목적 체험관의 설립으로 인하여 건물의 사용 빈도가 줄어들었기 때문에 이것을 활용하는 것이 좋을 것이다. 율면 전 지역에 걸쳐서 농경문화콘텐츠 요소를 갖고 있는 지역을 선별하여 중핵박물관과 위성박물관으로 보면서 중핵박물관 1개소와 위성박물관 18개소를 정하였다. 특히 그린스쿨은 본부로서의 역할을 할 수 있도록 사무실과 자료실을 두고, 특산물 · 기념품 매장과 율면 이야기 전시실, 야외공연장, 장독대와 마당 등을 구비하도록 한다. 대략적인 계획을 잡아서 율면 부래미 에코뮤지엄 구성표를 작성하면 〈표 14〉와 같다.

장소의 근접성과 지역을 고려하여 테마별 단위로 묶었는데 농촌 체험마을 부래미 마을에 중핵박물관을 두고 위성박물관으로 모내기 체험장, 다양한 농사 체험장, 마을 정미소, 농기구 전시장, 생태공원, 물고기나라, 우당 도예원, 남혜인 자연염색, 다목적 체험장을 두었다. 농촌 체험농장은 본죽리에 있는 임마누엘 포도원으로 하였다. 자연과 생활 테마지역은 고당리 면소재지를 중심으로 한 지역으로 가까이 청미천이 흐르고 율면 주민자치학습센터가 있고, 면소재지 주변에 국도 333번을 타고 형성된 고즈넉한 시골 면소재지 모습이 펼쳐져 있다. 마을의 철물점과 약국, 정육점 등이 그 정취를 더하는데 이 지역은 그대로 보존하면서 방문객에게 지역의 모습을 보여줄 수 있는 좋은 경관이 있는 곳이다. 역사문화지역 테마로는 산성리 일원을 정했는데 어재연 장군 생

〈표 14〉 율면 부래미 에코뮤지엄 구성표

테마	명칭		내용
농촌 체험마을 부래미 마을	1	그린스쿨(중핵시설)	에코뮤지엄 본부(사무실, 자료실), 특산물 · 기념품 매장, 상설전시실, 야외공연장, 장독대와 마당
	2	모내기 체험장	벼농사를 체험하는 공간
	3	다양한 농사 체험장	다양한 농작물을 체험하는 공간
	4	마을 정미소	쌀문화관으로 쌀과 쌀음식 전시
	5	농기구 전시장	농경문화를 농기구와 세시풍속으로 구성하여 전시
	6	생태공원	늪지대의 생태계 관찰과 학습
	7	물고기 나라	석산 저수지의 경관 감상
	8	우당 도예원	도예 체험
	9	남혜인 자연염색	자연염색 체험
	10	다목적 체험장	숙박시설, 식당, 강당, 조리 체험장
농촌 체험농장	11	임마누엘 포도원	포도 재배와 수확, 와인 만들기
자연과 생활	12	청미천	청미천에서 시작되는 율면의 발견
	13	율면 주민자치학습센터	도서실, 교육실, 주민자치 학습공간
	14	율면사무소 앞길	정겨운 면소재지 풍경
역사문화	15	어재연 장군 생가	충장공 어재연의 생가
	16	충장사	충장공 어재연의 사당
	17	마이산성	삼국시대부터 시작된 역사를 간직한 산성
농가견학	18	고운꽃 식물원	야생화 심기, 짚풀공예
	19	샘골 버섯농장	버섯 재배과정 관람

가, 충장사가 있어서 율면 지역의 인물과 역사를 잘 보여줄 수 있다고 본다. 산양리 망이산성은 삼국시대부터 조선시대에 이르는 율면의 역사를 전해주는 매우 중요한 곳이다. 또한 이 지역은 마이산과 팔성산이 만나는 지점이므로 산길을 따라 걷는 율면 산길 탐방로를 개척해보는 것도 가능할 것이다. 농가견학 테마로는 산양리에 있는 고운꽃 식물원과 총곡리에 있는 샘골 버섯농장으로 한다.

〈그림 62〉는 이천 율면 부래미 에코뮤지엄의 중핵박물관과 위성박물

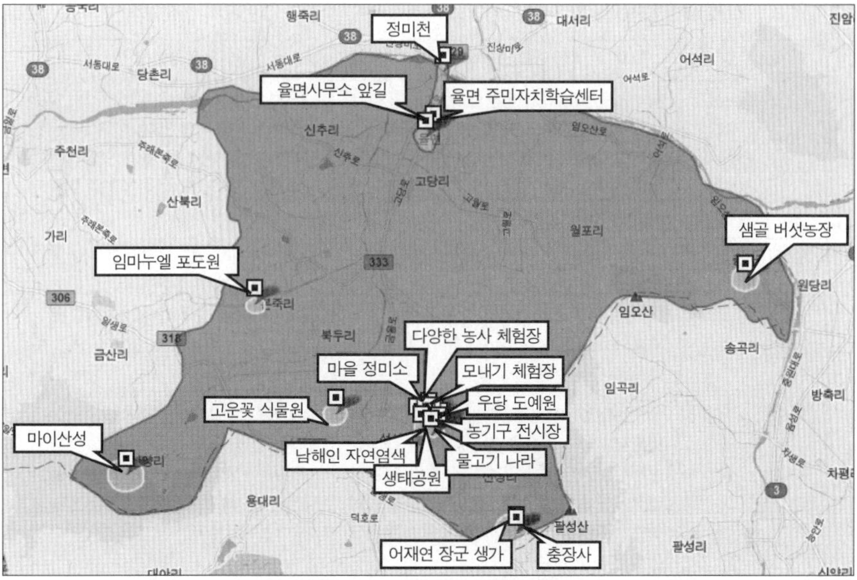

〈그림 62〉 율면 부래미 에코뮤지엄 지도

관을 지도에 표시한 것이다. 부래미 마을에 중핵박물관인 그린스쿨을 비롯한 농기구 전시장, 다목적 체험장, 우당 도예원 등 다수 시설이 모여 있는 것이 확인된다. 아울러 율면 전 지역으로 각 위성박물관이 흩어져 있는 것을 확인할 수 있다.

3) 주민자치 추진방식

에코뮤지엄이 설립되고 운영되기 위해서는 주민들의 자치적인 움직임과 지역에 대한 열정이 요구되는데, 그러기 위해서는 우선 에코뮤지엄에 대한 이해와 관련된 활동을 꾸준히 해가면서 가능할 것이다. 프랑스 브레스 부르기뇬의 사례를 예로 들자면, 우선 에코뮤지엄연구회를

〈표 15〉 율면 부래미 에코뮤지엄의 단계별 운영 특징과 주민자치 추진방식

단계	명칭	운영 특징	주민자치 추진방식
1단계	태동기	지역공동체의 가치 발견과 사람 간의 네트워크를 형성하는 것으로 능동적 지역공동체의 자각이 이루어지면서 지역주민이 지역의 자원을 조사, 발굴하면서 지역민으로서 자긍심을 갖는 단계	• 율면 부래미 에코뮤지엄연구회 발족과 지역에 대한 조사, 발굴 단계 • 지역의 다양한 인사들과 연계하면서 에코뮤지엄의 방향 설정을 위한 모색
2단계	형성기	발굴된 자원의 가치 부여를 통하여 자원 간의 네트워크를 형성하면서 사람과 자원이 연합하는 과정으로 지역공동체와 지역자원의 네트워크를 형성하면서 지속적으로 학습하는 단계	• 율면 부래미 에코뮤지엄의 사이트 구성 및 운영에 대한 지침 설정 • 주민 학예사 조직 결성과 학습활동
3단계	성숙기	에코뮤지엄이 외부와 관계 맺기를 하는 과정으로, 지역을 찾은 방문객 또는 각국에 존재하는 에코뮤지엄협회에 회원으로 가입하거나 같은 취지를 갖는 단체들과 연합하면서 활동을 하는 등 외부와의 네트워크를 형성하는 단계	• 에코뮤지엄의 방문객에게 지역에 대한 안내 제공 • 지역의 주인으로서 지역의 모습을 방문객에게 제공하고 이들과 연계

만들고 주민들이 지역의 역사와 연장자들의 기억, 지역의 유산을 파악하고자 하는 때부터 시작되었다고 볼 수 있다. 〈표 15〉는 에코뮤지엄의 단계별 운영 특징에 비추어 주민자치 추진방식을 살펴보고자 한 것이다.

1단계 태동기는 율면 내에 거주하는 주민들이 지역의 역사를 수집하고 지역의 유적을 찾기 위하여 노력할 수 있을 때 비로소 에코뮤지엄의 태동이 시작된다고 할 수 있다. 과거로부터 현재에 이르기까지 지역의 문제를 수집하는 작업은 매우 중요하고도 가치 있는 일이다. 율면의 경우는 1997년 강남대학교 인문과학연구소에서 조사하여 발간한 『이천시 율면 문화유적 · 민속조사보고서』를 토대로 지역의 역사, 유적, 민속, 생활유산을 체계적으로 조사하는 것이 가능할 것이다. 그 과정에 자발적으로 형성된 지역주민 조직을 중심으로 지역의 역사를 축적하는 작업이 수반되어야 한다. 다양한 연구활동과 이를 발표하는 장을 만들

어야 하고 그러기 위해서는 지역의 문화, 학술, 예술인들과 연계하는 작업이 필요하다. 또한 지자체와의 연계를 통해서 지원을 받을 수 있는 부분이 있는지 확인하는 작업도 필요한데, 경우에 따라서 지원이 불필요하고 스스로 충당하는 것을 더 가치 있게 생각할 수도 있으므로 주민들은 향후 에코뮤지엄을 어떻게 개관하고 어떻게 운영할지를 고민하면서 서로 의견을 교환한다. 일본 히라노 에코뮤지엄의 경우 외부로부터의 지원을 사절하면서 스스로 즐겁게 참여하는 것을 매우 중요한 가치로 생각하고 있다.

2단계 형성기에는, 이미 형성된 주민자치적인 힘을 바탕으로 주민과 지역의 유산이 서로 연계하는 과정이 필요한데, 이 단계에서 주민들은 자신들이 에코뮤지엄의 학예사임을 인식하고 주민 학예사 조직을 자체적으로 만들어서 스스로 지역자원에 대한 자긍심을 갖는다. 이 단계에서 주민들은 지역의 유산을 에코뮤지엄의 사이트로 선정하고 그 사이트를 연결하는 네트워크를 실행하는 실행력을 갖는다. 또한 에코뮤지엄을 운영하기 위한 규약과 원칙 운영의 지침, 재원 마련을 위한 노력 등을 지속적으로 해나가게 된다. 대체로 주민 학예사 제도는 자원봉사를 원칙으로 하나 일정한 교육과 학습과정을 거치고 난 후에는 안내를 통해서 수익을 창출할 수도 있는데, 일본 아사히마치 에코뮤지엄의 경우는 이러한 사례이다. 이러한 문제는 주민 스스로 회의와 합의를 통해서 결정하면 되는 것이다.

3단계는 성숙기로 에코뮤지엄이 외부와 관계 맺기를 하는 과정이다. 지역을 찾은 방문객 또는 각국에 존재하는 에코뮤지엄협회에 회원으로 가입하거나 같은 취지를 갖는 단체들과 연합하면서 활동을 하는 등 외부와의 네트워크를 형성하는 단계인데, 우리나라에는 아직 에코뮤지엄 협회가 없으므로 마을만들기를 하면서 에코뮤지엄을 지향하고 있는 사례들과 연계를 하면서 향후 전국적인 에코뮤지엄협회를 만든다면 어떻게 할 것인가를 같이 고민하면서 풀어가는 단계라고 보아야 할 것이다.

2. 운영방안의 정책과 전략수립

1) 중핵박물관으로서 그린스쿨

지역자원을 활용한 에코뮤지엄을 구성하는 데 있어서 현재 사용빈도가 약해진 그린스쿨을 활용하는 것으로 한다. 실내에 에코뮤지엄 본부사무실, 자료실, 특산물 · 기념품 매장, 율면 이야기 전시실을 배치한다. 이천시와 율면, 부래미 마을 및 농촌에 관련된 책자와 자료를 보관하고 열람할 수 있는 자료실을 두고, 사무실을 두어 행정과 연구를 겸할 수 있는 공간으로 활용한다. 전시실은 율면 이야기관으로 율면에 전해지는 다양한 설화를 재미있게 구성하여 보여주는 곳이다. 야외에는 장독대와 뒷마당, 원형의 스탠드식 야외공연장을 둔다.

위의 내용을 공간의 성격에 따라 나누면, 에코뮤지엄 본부사무실, 자료실, 율면 이야기 전시실, 특산물 · 기념품 매장, 야외공연장, 장독대와 뒷마당 등으로 나눌 수 있다.

〈표 16〉 율면 부래미 에코뮤지엄의 그린스쿨 중핵박물관 계획

구분	구성
실내	에코뮤지엄 본부사무실, 자료실, 상설전시실, 특산물 · 기념품 매장
야외	야외공연장, 장독대와 뒷마당

(1) 에코뮤지엄 본부사무실

에코뮤지엄 본부사무실에는 관장이나 학예직 직원이 상주하거나 파트로 근무할 수 있는 사무실 영역과 방문객에게 정보를 줄 수 있는 안내 팸플릿 배치와 관련 정보를 찾을 수 있는 인터넷 사용공간이 필요하다. 물론 각 사이트는 일본 아사히마치의 사례처럼 QR코드를 표시하여 스마트폰 검색이 가능할 수 있도록 정보를 제공하는 것도 필요할 것이다.

(2) 자료실

자료실은 관련 자료를 집적하여 보관하고 정보를 제공하는 공간이다. 율면의 주민들이 지역의 역사와 지역 관련 자료를 찾고자 할 때나 연구자들과 전문인들이 에코뮤지엄, 녹색농촌관광, 체험학습, 부래미 마을의 마을만들기 사례 등을 찾고자 할 때 방문할 수 있는 공간이다. 이 공간은 모든 체험자들에게 공개하기보다는 본부에 신청을 한 사람들에게 공개하는 것이 좋을 것이다.

(3) 상설전시실

전시공간은 상설전시실과 기획전시실로 나눌 수 있는데, 상설전시실은 이천 율면 부래미 에코뮤지엄의 정체성을 보여주는 전시공간이다. 주민 스스로 가꾸고 유지시켜나갈 수 있는 농촌형 에코뮤지엄의 요건을 확립하기 위한 방법이 모색되어야 할 것이다. 그린스쿨의 상설전시실에는 마을을 찾은 체험객에게 이천과 율면에 대해서 소개하고, 상설전시실에 대한 간략한 전시 시나리오를 구성해보았다. 전시를 실현함

〈표 17〉 그린스쿨 상설전시실 전시 시나리오

대 테마	중 테마	구현방법
율면의 문화유산	사진으로 보는 율면의 문화유산	영상패널, 사진
	율면의 설화	벽면 전체 영상, 구술영상

에 있어서 전시 시나리오가 필요한 것은 결국은 전시라는 것이 추상적인 사고방식을 물질과 정보장치에 의하여 전달하는 행위이며, 전시의 설계 및 설치과정에 많은 사람들이 힘을 하나로 모으기 위한 지침이 필요하기 때문이다.[52] 상설전시의 대 테마는 '율면의 향토문화유산'이며 이에 대하여 중 테마가 〈표 17〉과 같이 구성된다. 이하 소 테마에 대한 설명은 각각의 내용을 기술하면서 다루고자 한다.

사진으로 보는 율면의 문화유산

율면의 향토문화유산을 사진과 영상패널로 보여주는 공간이다. 율면에는 이천시 지정 중요민속자료 127호 어재연 장군 생가를 비롯하여, 어재연 장군과 어재순 형제의 충신 정문(旌門)인 쌍충문, 청동기시대 민무늬토기들이 다수 발견된 망이산성, 시부모에 대한 효성과 남편에 대한 정성이 가득했던 초계 정씨 정려, 홀로 된 어머니의 병환을 극진히 모시다가 어머니가 돌아가시자 묘 곁에서 초막을 짓고 3년간 애통해하다가 어머니의 뒤를 따라 세상을 떠난 효자 조시한 정문(旌門), 조선 영조 때 유시준, 승휴, 우문의 3대에 걸친 효자 간문에 내렸다는 일문삼효(一門三孝)의 정문(旌門) 등 역사문화자원이 있다. 이것을 사진으로 촬영하고 영상으로 담아서 보여주는 것이다.

52) 이영진 외, 『박물관 전시의 이해』, 학문사, 2000, 180쪽.

율면의 설화

이천은 전설, 민담, 지명유래 등 재미있는 설화가 많이 전해져 내려오는 지역이다. 이천의 설화를 유형별로 보면 명당, 터 이야기, 지명유래, 산, 바위, 나무, 고개, 사찰, 인물 일화, 효행담, 도깨비 이야기 등 328편의 설화가 전해진다.[53] 이천의 전설은 지명에 얽힌 것으로 호암산 삼형제 바위 전설, 넋고개 이야기, 도드람산 전설, 효양산 금송아지 전설 등이 있고, 역사적 인물과 지명에 얽힌 것으로 이태조와 어래암 전설, 남이 장군과 지네 이야기, 어재연 장군 전설 등이 있다. 민담으로는 호랑이로 변신한 송신령 이야기, 두 형제 이야기, 배냇저고리 이야기, 구렁이가 된 한 많은 여인, 며느릿감 고르기 이야기, 양자 아들 효행 이야기, 누이 좋고 매부 좋고 등이 있다. 이천의 풍부한 옛 이야기는 스토리텔링이 부각되는 시대에 지역의 매우 큰 자산이라 할 수 있다. 또한 율면에는 많은 설화가 전해진다는 것을 제6장 농촌형 에코뮤지엄의 대상지로서 이천 율면 편의 4. 이천시 율면의 설화에서 강남대학교 인문과학연구소가 조사한 『이천시 율면 문화유적 · 민속조사보고서』에 나타난 율면 설화를 바탕으로 율면 설화표를 전술한 바 있다. 총 40편의 율면 설화를 내용에 따라 분류를 하여 정리하여 대략 몇 가지 분류로 나누어보면 첫째 지명유래 설화, 둘째 지명과 명당에 얽힌 설화, 셋째 인물 · 효행 · 생활 관련 설화, 넷째 힘자랑과 기타 설화로, 다음 〈표 18〉~〈표 21〉과 같이 나눌 수 있다.

본죽리 열두밤골의 유래, 율면의 유래(1), 율면의 유래(2), 장수바위와 도둑골 이야기, 전암의 유래, 중구봉 전설, 칠장사 쪽다리 이야기, 팔성산 유래 등 지명유래 설화는 율면의 주민이나 방문객 모두에게 율면

---

53) 간호배, 「구비전승」, 『이천시지 제3권: 민속과 구비전승』, 2001, 377쪽.

〈표 18〉 지명유래 설화

번호	제목	분류	제보자	이야기 유래장소
1	본죽리 열두밤골의 유래	지명유래	김교식(59세, 남)	율면 본죽리
2	율면의 유래(1)	지명유래	박영하(57세, 남)	율면 본죽리
3	율면의 유래(2)	지명유래	박영하(57세, 남)	율면 본죽리
4	장수바위와 도둑골 이야기	지명유래	안종오(63세, 남)	율면 신추1리 도둑골
5	전암의 유래	지명유래	조신구(57세, 남)	율면 산성2리 팔성산 전암동 바위
6	중구봉 전설	지명유래	박영하(57세, 남)	율면 고당1리 김복순 묘소 뒤 봉우리
7	칠장사 쪽다리 이야기	지명유래	김정천(71세, 남)	율면 북두1리 돌다리
8	팔성산 유래	지명유래	왕영범(52세, 남)	율면 오성2리

〈표 19〉 지명전설과 명당 설화

번호	제목	분류	제보자	이야기 유래장소
1	거무레 또랑 유래	지명전설	이명식(71세, 남)	율면 석산1리 할머니 할아버지 바위
2	누에 머리와 상알 부락 지명 전설	지명전설	박영하(57세, 남)	율면 고당1리 누에바위
3	산성리 느티나무 전설	자연물	신재철(67세, 남)	율면 산성1리 느티나무
4	석산리 암불암이 전설	지명전설	청봉스님(56세, 남)	율면 석산2리
5	어래바위 전설	자연물	조신구(57세, 남)	율면 산성2리 팔성산 어래 바위
6	어씨 집안 망한 이야기	명당	정복식(78세, 남)	율면 산성2리 오래된 절터
7	이태조와 어래암	자연물	조신구(57세, 남)	율면 산성2리 팔성산 서편 산동마을 어래암
8	임오산 빈대절터	사찰전설	이상진(67세, 남)	율면 월포2리 임오산 기슭
9	임오산 지형전설	지명전설	박영하(57세, 남)	율면 고당1리
10	자오리 개성 왕씨네 명당 이야기	명당	왕영범(52세, 남)	율면 오성2리
11	추바위(장수바위) 전설	자연물	안종오(63세, 남)	율면 신추1리
12	피씨들이 망한 이야기(1)	명당	최동순(71세, 남)	율면 석산3리 돌다리
13	피씨들이 망한 이야기(2)	명당	최동순(71세, 남)	율면 석산3리 바우배기산

과 개개의 지명을 입체적으로 느끼고 상상할 수 있는 이야기로 전달될 수 있다.

다음으로 지명이나 명당에 얽힌 설화로 분류할 수 있는데, 〈표 19〉와 같다.

지명이나 명당에 얽힌 이야기는 실제로 존재했던 인물들과 가문이 율면의 각 지역에 살면서 혹은 조상의 사후에 이 지역에 무덤 터를 잡으면서 야기된 사연들을 모티브로 구전되어 전해지는 것으로 율면을 살아간 사람들과 율면이라는 땅이 서로 관계를 맺는 과정을 보여주면서 그 안에 투영된 사람들의 가치관, 기원, 기복 등이 나타난다고 할 수 있을 것이다.

〈표 20〉은 역사적 인물에 대한 설화, 효행에 관한 설화, 혼인, 사랑, 정절 등 생활에 관련된 설화를 분류한 내용이다.

〈표 20〉 인물 · 효행 · 생활 관련 설화

번호	제목	분류	제보자	이야기 유래장소
1	감내골 거머리 이야기	생활	김교식(59세, 남)	율면 본죽리 감내골
2	며느릿감 고르기 이야기	생활	황걸준(87세, 남)	율면 오성1리
3	안장사와 석교	효행	최동순(71세, 남)	율면 석산3리 석원천 상류 돌다리
4	어재연 장군 전설	인물	박영하(57세, 남)	율면 산성1리 사장골
5	여주 명지관 이야기	인물	황걸전(87세, 남)	율면 오성1리
6	유효자 전설(1)	효행	이상진(67세, 남)	율면 월포1리 마을 입구 완산 유씨 삼대 정문
7	유효자 전설(2)	효행	이상진(67세, 남)	율면 월포1리 마을 입구 완산 유씨 삼대 정문
8	토깨장꾼 이야기	생활	남광현(52세, 남)	율면 월포4리
9	효자 조시한 전설(1)	효행	조남용(66세, 남)	율면 오성1리
10	효자 조시한 전설(2)	효행	조남용(66세, 남)	율면 오성1리
11	효자 황위 이야기	효행	황걸준(87세, 남)	율면 오성1리

율면에는 애틋한 효자 이야기가 많은 편인데, 특히 효자 조시한의 이야기는 율면 오성리에 널리 알려져 전해진다고 한다. 현재 율면 오성1리에 효자 조시한 정문이 있고, 효행록이 전해지고 있어 전설과 실존 인물의 이야기가 한꺼번에 전해지고 있다. 또한 유효자 전설도 실존 인물과 관련이 있는데, 월포1리 도월 부락 동구에 전주 유씨 삼대정효려(三代旌孝閭)가 있다. 이는 조선 영조 때 효자 유시준, 승휴, 우문 등 일문 삼대에 걸친 일문삼효(一門三孝)의 정문이 있어 이야기와 함께 물질적인 증거를 제시한다. 그 외에도 청상과부가 된 어머니가 개울 건너 마을의 정인을 만나러 갈 때 물에 젖어서 발이 시릴 것을 걱정하여 다리를 놓아 드렸다는 안장사와 석교 이야기, 조상의 묘를 지키기 위해서 신문고를 울린 황위 이야기 등은 모두 효와 관련된 이야기이다. 토깨장꾼 이야기는 과거 어려운 시절 지금의 월표4리가 토깨로 불리던 시절의 이야기이다. 가난한 토깨장꾼들이 장호원 장터에서 막걸리는 조금 마시면서 무료로 나오는 안주 비지장으로 배를 채워서 장호원 장사꾼들에게 안주만 많이 먹는 토깨장꾼으로 소문이 나 핀잔을 듣게 되는데 그 이후로는 안

〈표 21〉 힘자랑과 기타 설화

번호	제목	분류	제보자	이야기 유래장소
1	도술 잘하는 김씨	도술	황걸준(87세, 남)	율면 오성1리
2	말무덤 이야기	동물	어윤원(82세, 남)	율면 산성1리 어재연 장군 생가
3	바람바위 이야기	풍기	김교식(59세, 남)	율면 본죽리 본죽초등학교 뒤 상사바위
4	바람바위 전설	풍기	안종오(63세, 남)	율면 신추1리 황새바위
5	부엉바위에 얽힌 이야기	힘자랑	왕영범(52세, 남)	율면 오성2리 장산골 뒷산
6	부처당 고개 이야기	죽음	양승변(61세, 남)	율면 산양2리 부처당 고개
7	장수바위 전설	힘자랑	왕영범(52세, 남)	율면 오성1리 장수바위
8	처녀를 거꾸로 묻은 이야기	죽음	김교식(59세, 남)	율면 본죽리

주만 많이 먹는 사람을 토깨장꾼이라고 부르게 되었다고 한다. 그 외에 율면의 애국 충절로 대표되는 어재연 장군의 전설, 감내골 거머리 전설, 며느릿감 고르기 이야기, 여주 명지관 이야기 등이 있다.

〈표 21〉은 힘자랑과 관련된 설화와 기타 다양한 설화이다. 벼농사를 생업으로 하여 살아가던 시절에 남성의 노동력은 생산성 향상에 매우 크게 작용하였을 것이다. 그래서 그런지 율면에는 장수바위 전설, 부엉바위에 얽힌 이야기 등 힘자랑 전설이 전해진다. 그 외에 바람나는 것이 바위에서 기인한 것이라는 전설, 처녀가 죽으면 거꾸로 묻어야 한다는 전설, 부처당 고개 이야기, 도술 잘하는 김씨 등의 이야기는 율면 사람들의 금기와 삶의 원칙 등이 나타나는 이야기이다.

이러한 율면의 이야기를 발굴하여 소개하고 이야기를 전하는 노인들의 모습을 영상이나 구술자료로 채록하여 들려준다면 마치 어릴 적 할머니의 무릎에서 이야기를 듣던 기억을 떠올리게 할 것이다. 이러한 작업은 에코뮤지엄이 기억을 소장품의 개념으로 갖는 것에서 착안한 것이다. 그 외에도 한쪽 벽면에는 율면의 재미있는 옛이야기를 들려주는 공간을 만들 수 있다. 에코뮤지엄의 개념에 입각하면 지역에서 전승되

〈그림 63〉 '심청전'의 용궁 장면

는 설화는 모두 전통박물관의 소장품 개념에 해당하는 것이므로 매우 소중하게 여기고 수집하고 보존해야 하는 대상이다. 〈그림 63〉은 국립민속박물관 어린이박물관에 전개된 '심청전'의 전시실 가운데 한 공간이다. 벽에 용궁의 모습이 투사되어 신비로운 바다 속을 연출하고 있다.

율면의 이야기 지도를 만들어서 벽에 대형 스크린에 투사하여 이야기가 표시된 율면의 지도가 떠 있고 누구든 먼저 지도의 특정한 부분을 터치하면 그 지역의 옛이야기에 관련된 화면을 보면서 들을 수 있도록 기획할 수 있을 것이다. 〈그림 64〉는 구글 지도에 전술한 율면 설화에 나타나는 지점을 표시하여 만든 지도이다.

이러한 지도를 좀 더 간략하게 디자인하여 누구나 쉽게 지도를 클릭

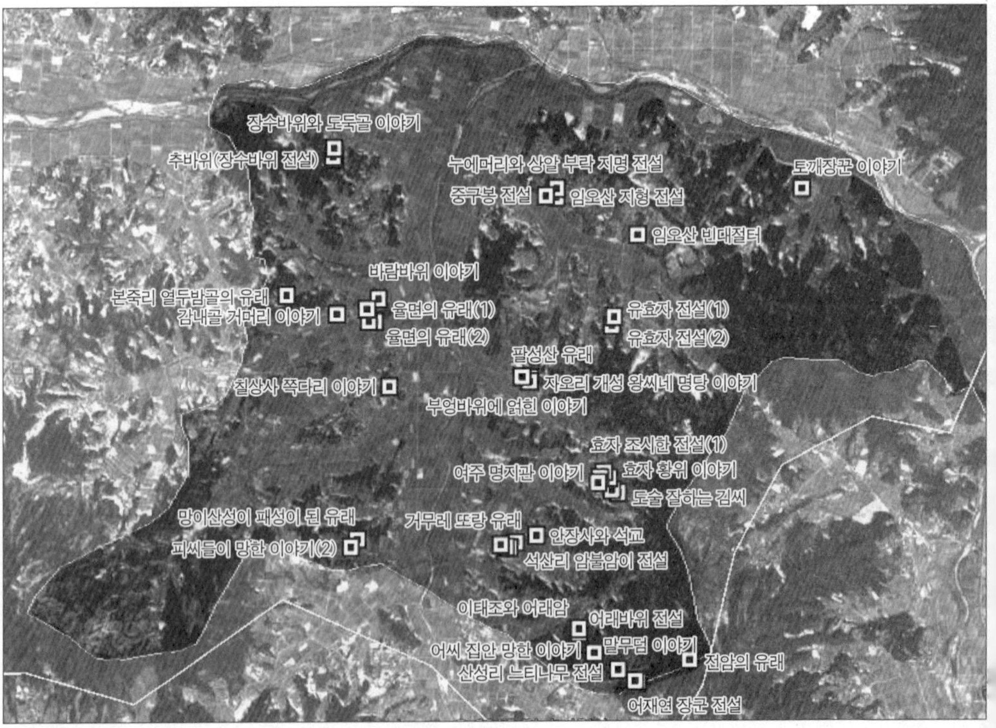

〈그림 64〉 율면 이야기 지도

하고 이야기를 듣거나 이야기 영상을 볼 수 있게 한다면 이야기를 전시의 대상으로 구현할 수 있을 것이다. 또한 방문객은 전설이나 설화가 얽힌 지점을 눈으로 확인할 수도 있어서 지역에 대한 이해를 쉽게 할 수 있다.

터치와 이야기의 구현방식은 한 편의 이야기가 끝나면 다음 이야기로 진행될 수 있도록 해야 이야기의 혼선을 막을 수 있다. 또한 전시실 벽면은 다양한 설화의 장면을 그림으로 표현할 수 있을 것이다. 율면의 설화는 결국 율면에서 살아온 조상들의 삶의 모습이며, 신앙, 금기, 소망 등이 반영된 율면 사람의 모습인 것이다.

(4) 특산물 · 기념품 매장

특산물 매장은 율면에서 생산되는 모든 곡류, 야채류, 수공예품, 가공품 등이 판매되는 곳이다. 전시실처럼 깔끔한 관리와 적절한 배치로 마을을 찾은 이들에게 산지 직판장의 저렴한 가격과 짧은 유통 시간의 장점을 부각할 수 있도록 설계되어야 할 것이다. 그 외에도 율면의 특산물인 쌀, 포도, 복숭아 등을 소개하는 코너를 통해 율면을 소개하는 것도 이 공간에서 할 수 있는 것이라고 본다. 기념품은 마을과 이천, 율

〈그림 65〉 알자스 에코뮤지엄의 기념품점

면 지역의 정보와 상품을 구입할 수 있는 공간이다. 이 또한 단정한 실내외 설비를 갖추고 있어서 손쉽고 쾌적한 구매를 창출할 수 있어야 할 것이다. 〈그림 65〉는 알자스 에코뮤지엄의 기념품점인데 마치 알자스 마을에 온 것 같은 착각이 드는 실내 인테리어와 알자스 풍의 상품 진열방법 등이 관람객의 구매를 유도하고 있다. 이들이 이곳에서 파는 것은 알자스 상품이라기보다는 알자스 문화를 담은 매개체를 파는 것이라고 볼 수 있다.

(5) 야외공연장

야외공연장을 기획하고자 하는데, 이는 주민과 체험자 간의 적극적인 소통을 위한 방안이다. 부래미 마을에는 남사당패의 전수를 받은 백강 이만길에게 사사받은 주민들이 있어, 이러한 공간을 배치하고자 한다. 야외공연장은 율면 부래미 에코뮤지엄의 너른 앞마당 같은 역할을 하면서 관람객과 주민이 어우러지는 공간이다. 때로 마을의 축제를 열거나 큰 행사를 주최하게 될 때 유용할 것이다. 계단식 층계를 서너 단 두어서 다수의 인원이 참석하였을 때 수용이 가능하도록 하는 것이 좋을 것이다. 율면 지역에서 내려오는 설화를 교육 프로그램에서 소개하고 어린이들과 함께 연극으로 표현하는 프로그램을 기획할 경우 이러한 공간이 사용되어도 좋을 것이다.

(6) 장독대와 마당

장독대는 독을 올려 놓는 낮은 축대로서, 제주도에서는 장항굽, 이북에서는 장독걸이라고 부르기도 한다. 대부분 부엌 뒷문에 가까운

뒤곁 공간에 두지만 격조 있는 집에서는 대청의 주축선과 연결시킨 정결한 자리에 배치한다. 'ㄱ'자 집에서는 안채의 옆 공간인 뒤뜰에 놓기도 한다.

이천에서는 대부분의 집에서 지금도 장독대를 설치해 놓고 살고 있다. 과거에는 큰 항아리에 간장을 담아서 1년 내내 보관하였으나 최근에는 중간 정도 크기의 항아리에 간장, 된장, 고추장을 담아서 보관한다. 원래 장독대는 평평한 돌로 단을 쌓던지 돌을 괴어서 만들었으나 근래에는 시멘트나 벽돌로 단을 만들어서 장독을 올려놓는다.

〈그림 66〉은 이천시 율면 석산2리의 이상택 가옥의 장독대 모습이다. 시멘트로 단을 만들어서 장항아리를 가지런히 놓아둔 것을 볼 수 있다. 이 그림처럼 실제로 장을 담그고 그 속에서 장이 익어가는 장독대를 두는 것이 좋을 것이다. 체험 프로그램으로 율면에서 생산된 콩을 갖고 메주를 담는 프로그램을 만들고, 그것을 장독에 담고 계절마다 농사 체험에 와서 자신의 장을 담아간다면 마치 고향집 어머니의 손길에서 느끼는 것과 같은 정성스러운 음식 맛을 경함하게 될 것이다. 부래미 마을 주민들이 만든 장을 판매하는 것도 상품으로 좋을 것이다.

그리고 장독대 옆에는 널찍한 마당을 만들어서 어린이들이 전통놀이

〈그림 66〉 이상택 가옥의 장독대

를 하면서 즐길 수 있는 공간을 만들 것을 제안한다. 학교에서 학원으로 전전하면서 유소년기를 보내야 하는 오늘의 어린 세대들이 가족과 함께 부래미 마을에 왔을 때 다양한 농촌 체험과 더불어 여유롭게 뛰어 놀 수 있는 공간이 주어지고 그곳에서 부모, 형제와 함께 숨바꼭질, 비석놀이, 땅따먹기 등 다양한 놀이를 할 수 있다면 좋을 것이다.

2) 위성박물관 구성

그린스쿨을 제외한 모내기 체험장, 다양한 농사 체험장, 마을 정미소, 농기구 전시장, 생태공원, 물고기 나라, 우당 도예원, 남혜인 자연염색, 다목적 체험장, 임마누엘 포도원, 청미천, 율면 주민자치학습센터, 율면 사무소 앞길, 어재연 장군 생가, 충장사, 마이산성, 고운꽃 식물원, 샘골 버섯농장은 모두 위성박물관으로 정하여 주민과 방문객들이 각각의 장소를 방문하여 율면의 지역자원을 체험할 수 있다.

(1) 모내기 체험장

부래미 마을의 벼농사 체험 중에 중요한 것이 모내기 체험인 것은 6장에서 전술한 바 있다. 모판에서 자란 벼를 논에 가지런히 심는 작업을 체험할 수 있는 체험 논이다. 모를 심기 위하여 물이 있는 못자리에 볍씨를 뿌리고 이 볍씨가 일정기간 생육되어 모가 되면 논에 옮겨심게 된다. 이 방법을 이앙법이라 하는데, 우리나라에서 이앙법이 널리 쓰이게 된 것은 조선 후기 이후이다.

율면에는 모를 심을 때 부르는 노래가 다음과 같이 전해진다.

여어 여기두 하나 저어 저기두 또 하나
여어 여기두 하나 저어 저기두 또 하나(후렴)
심어주게 심어주게
여어 여기두 하나 저어 저기두 또 하나
서마지기 논베미를 심어만 주게
여어 여기두 하나 저어 저기두 또 하나
심어주게 꽂아주게
여어 여기두 하나 저어 저기두 또 하나
삼백출 자리를 꽂아주게
여어 여기두 하나 저어 저기두 또 하나
여어 여기두 하나 저어 저기두 또 하나
여어 여기두 하나 저어 저기두 또 하나
여기저기 꽂더래두
여어 여기두 하나 저어 저기두 또 하나
삼백출 자리를 꽂아주게
여어 여기두 하나 저어 저기두 또 하나[54]

이러한 노동요를 소개하면서 모내기 체험을 한다면 그 체험의 의의가 더 클 것이다. 힘든 노동을 신명으로 이겨낸 선조들의 지혜를 같이 체험할 기회가 될 것이다.

(2) 다양한 농사 체험장

부래미 마을에서 그동안 실시하여온 프로그램을 활용하여 딸기농장, 포도농장, 복숭아농장, 옥수수농장, 배농장 등 농산물을 테마로 하는 계

54) 홍순석, 앞의 책, 197쪽.

절별 체험 프로그램을 운영하는 것이다. 미꾸라지 체험장에서는 미꾸라지를 비롯한 민물고기 잡기 체험 프로그램도 운영할 수 있다.

(3) 마을 정미소

마을 정미소는 현재 비어 있는 상태이다. 이곳에는 쌀을 테마로 한 쌀문화관을 기획하여 다양한 쌀음식을 전시하고자 한다. 이천 부래미 에코뮤지엄의 쌀문화관에는 우리나라와 쌀을 먹는 세계인의 쌀음식을 소개함으로써 쌀을 매개로 세계인과 소통하는 방법을 모색하는 관이다. 5장에서 소개한 계남정미소의 경우도 정미소를 개조하여 박물관을 만든 사례로 참고할 만하다. 또한 프랑스의 체리 에코뮤지엄의 경우도 체리를 만들던 건물을 활용하여 전시장으로 사용하고 있다.

전시내용은 브랜드화된 이천쌀과 부래미쌀을 다양하게 표현하여 전시한다. 원재료의 상태를 각기 다른 용기에 담아 표현하기도 하고, 다양한 포장에 담긴 상태를 보여주기도 한다. 카를로 페트리니는 음식은 그 지역의 산물이며, 그 지역에 일어났던 일들의 산물이자, 그 지역에 살고 있는 사람들과 그곳의 역사, 그 지역이 다른 지역들과 맺고 있는 관계의 산물이라고 말한다.[55] 지역의 문화를 보여줄 수 있는 요소 가운데 지역의 농산물을 활용한 향토음식을 보여줄 수 있다면 농촌형 에코뮤지엄의 이상과 그 뜻을 같이 한다고 볼 수 있을 것이다.

그 외에 우리나라 절기음식 가운데 쌀로 만든 것을 전시하여 보여준다. 밥, 죽, 술, 떡 등이 있다. 〈표 22〉는 사계절 절기 음식인데 이 가운데 각 절기에 대표성을 갖는 음식을 선별하여 전시하는 것도 좋을 것이다.

---

55) 카를로 페트리니, 『슬로푸드, 맛있는 혁명』, 김종덕 · 황성원 옮김, 이후, 2008, 63쪽.

그 외에 아시아의 쌀을 주식으로 하는 국가들과 세계의 쌀음식을 전시할 수 있다고 본다. 중국, 일본, 베트남, 미얀마, 캄보디아, 태국, 몽골, 우즈베키스탄, 유럽의 러시아, 프랑스, 이탈리아, 미국, 멕시코, 스페인 음식에 쌀음식이 나타나므로 기획전이나 율면 사계 축제를 통하여 전시하는 것도 가능할 것이다.

〈표 22〉 사계절 절기 음식

계절	절기 및 시기	음식의 종류
봄	설날 (음력 1월 1일)	떡국, 편육, 전유어, 누름적, 빈대떡, 도소주, 강정, 식혜, 수정과 등
	정월대보름 (음력 1월 15일)	오곡밥, 묵은나물(9가지), 복쌈, 김구이, 원소병, 귀밝이술, 부럼(호두, 잣, 땅콩) 등
	중화절 (음력 2월 1일)	노비송편(나이떡), 약주, 포, 절편, 유밀과, 생실과 등
	삼짇날 (음력 3월 3일)	진달래화전, 절편, 약주, 화면, 수면 등
여름	초파일 (음력 4월 8일)	느티떡, 쑥떡, 도미찜, 미나리강회, 콩조림, 녹두찰편, 석이단자, 해삼전, 편육, 도미회, 화채 등
	단오 (음력 5월 5일)	수리취떡, 앵두편, 앵두화채, 제호탕, 생실과 등
	유두 (음력 6월 15일)	임자수탕, 연병, 상화병, 밀쌈, 어선, 어채, 구절판, 생실과, 보리수단 등
	삼복 (음력 6월)	육개장, 개장국, 계삼탕, 오이소박이, 증편 등
가을	칠석 (음력 7월 7일)	밀국수, 영계찜, 밀전병, 열무김치, 증편, 복숭아화채 등
	추석 (음력 8월 15일)	햇콩밥, 토란탕, 갈비찜, 닭찜, 햅쌀송편, 햇실과, 송이산적, 누름적, 화양적, 송이찜 등
	중양절 (음력 9월 9일)	전골, 도루묵찜, 두부찌개, 호박고지시루떡, 국화전, 밤단자, 생실과 화채 등
	상달 (음력 10월)	무오병, 무시루떡, 생실과, 유자화채 등
겨울	동지 (음력 11월)	팥죽, 동치미, 경단, 식혜, 수정과 등
	섣달그믐 (음력 12월 30일)	골동반, 만두, 떡국, 완자탕, 전골, 장김치, 통김치, 잡과병, 수정과, 식혜 등

(4) 농기구 전시장

농기구 전시장은 현재 인절미 체험장과 같이 사용하고 있는데 농기구의 보존 측면에서 볼 때 따로 구분하여 사용하는 것이 좋겠다.

우리나라 전통 농사의 농기구는 김광언의 분류에 따라 가는 연장, 삶는 연장, 씨 뿌리는 연장, 거름 주는 연장, 물 대는 연장, 거두는 연장, 터는 연장, 말리는 연장, 고르는 연장, 알곡 및 가루 내는 연장, 운반 연장, 갈무리 연장 등으로 분류하여 전시할 수 있다. 농기구 전시는 농업 유물들을 실제로 전시하는 것이므로 전시 시나리오가 자세히 제시되어야 할 것이다. 대 테마, 중 테마, 전시항목에 따른 내용을 제시한다. 전시에서는 유물의 크기 및 전시장의 크기, 관련 자료 패널 등을 잘 정리하여 설치해야 할 것이다.

〈표 23〉 벼농사와 농기구

대테마	중테마	전시항목
이천의 벼농사와 농기구	가는 연장	쟁기, 가래, 괭이, 쇠스랑, 삽
	삶는 연장	써레, 번지, 나래, 고무래
	씨 뿌리는 연장	다래끼
	거름 주는 연장	오줌장군, 삼태기
	매는 연장	호미, 제초기
	물 대는 연장	맞두레, 용두레
	거두는 연장	낫
	터는 연장	도리깨, 그네, 탯돌과 개상, 탈곡기
	말리는 연장	멍석, 발
	고르는 연장	키, 체, 바람개비
	알곡 및 가루 내는 연장	절구, 디딜방아, 연자방아, 물레방아, 매통, 맷돌
	운반 연장	지게, 용구, 발채, 길마, 마차, 손수레
	갈무리 연장	독, 섬과 가마니, 통가리와 나락뒤주, 뒤주

〈표 23〉의 농기구는 기계화 영농으로 바뀐 이천 지역에서 대부분 자취를 감추었지만, 지금도 낫 · 호미 · 괭이 · 삽 등은 여전히 농촌에서 사용되고 있다. 부래미 마을의 농기구 전시장에는 마을 주민들이 모아 놓은 농기구들이 고스란히 모여 있다. 그러나 농기구의 명칭이나 사용 방법 등은 자세하게 설명되어 있지 않은 상황이다. 이러한 농기구를 잘 전시하고 친절한 설명을 덧붙여서 자라나는 세대들과 마을을 찾는 도시인들에게 보여준다면 의의가 있을 것이다.

〈그림 67〉은 이천시립박물관의 농기구 전시 모습이다. 벽면의 패널에는 농기구 사용방법에 대한 설명이 되어 있다. 농기계의 사용으로 농촌의 전통적인 삶의 양태는 많은 변화를 겪었다. 과거 이러한 농기구를 사용하던 농업생산 공동체 '두레'는 더 이상 존재하지 않지만 그 당시 사용된 다양한 농기구들이 남아 있어 벼농사가 삶의 중심이며 경제생활의 가치 척도로서 쌀이 가치의 기준이 되던 시기를 엿볼 수 있는 계기가 될 것이다. 패널의 설명은 너무 길지 않는 것이 좋을 듯하고, 유물의 배치는 사용방법에 따른 분류에 의거하여 전시하되 너무 조밀하게 전시하지 않는 것이 효과적일 것이다.

〈그림 67〉 농기구 전시 모습

(5) 생태공원

생태공원은 부래미 마을의 현재 상태를 그대로 활용하는 것이 좋을 것이다. 지금은 방문객과 체험객에게 단순 관람만을 제공하고 있는데 율면 지역의 자연환경과 동식물에 대한 탐구와 늪지대 생물에 대한 탐구를 병행하면서 방문자들과 함께 연구하고 연구한 것을 바탕으로 연구결과물을 만들어가는 것도 향후에는 필요한 작업이라고 본다.

(6) 물고기 나라

물고기 나라는 석산 저수지를 칭하는 것인데 현재는 물고기를 풀어서 기르고 있다. 이곳은 마을의 경관과 어우러져서 아름다운 풍광을 만들어내는 곳이다. 이 저수지에 서식하는 물속 생물에 대한 탐구도 향후에 필요하다고 본다.

(7) 우당 도예원

우당 도예원은 자유로운 도자기 만들기를 체험하는 장소로 현재 운영하고 있는 방식을 그대로 에코뮤지엄의 사이트로 기능할 수 있다고 본다. 특히 이천 지역의 도자문화는 매우 강력한 상징성과 브랜드 가치를 갖는다. 산업화에 따른 도농복합도시로서의 변화과정에서 이천시가 주력한 것은 도자산업의 육성이다. 이천시와 이천의 도자 예술인들은 도자 전문도시로서 면모를 갖추기 위한 관련 교육기관과 연구원을 포함한 도자 인프라를 구축하기 위한 노력을 꾸준하게 진행해왔다. 이러한 노력 가운데 도자기 전문인들이 자생적으로 만들어낸 도자기 축제의 성장은 주목할 만하다.

세계도자비엔날레 및 도자기 축제 등의 내실 있는 축제운영과 전문적인 도자업무를 담당할 수 있는 전담조직이 잘 갖추어져 있다는 점 등을 인정받아 2010년 7월 국내 도시 최초로 유네스코 창의도시 네트워크 민속공예 부분의 네트워크에 지정되었다. 유네스코 창의도시 네트워크 사업은 2004년 10월 '문화다양성을 위한 국제연대사업(Global Alliance for Cultural Diversity)'의 일환으로 시작된 사업으로서 문화발전의 핵심적 요소인 창의성에 주목하며 각 도시의 문화적 자산과 창의력에 기초한 문화산업 육성과 도시들 간의 비경쟁적인 협력과 발전 경험 공유를 통해 회원국 도시들의 경제적 · 사회적 · 문화적 발전을 장려하고 궁극적으로는 유네스코가 추구하는 문화다양성 증진 및 지속가능한 발전 등을 목적으로 하고 있다. 유네스코 창의도시 네트워크는 문학, 영화, 음악, 공예 · 민속예술, 디자인, 미디어예술 및 미식 등 일곱 개의 분야를 가지고 있으며 신청 도시의 문화적 특성과 환경, 선호에 따라 이들 분야 중 하나를 선택할 수 있다. 2010년 11월 현재 동 네트워크에 참여하고 있는 도시는 총 17개국 27개 도시이다.[56] 지역주민의 노력과 도예인 그리고 지자체의 끊임없는 노력과 축제의 개최, 홍보, 프로그램 개발 등이 이러한 결과를 가져오는 원동력이 되었다. 또한 축제 기간 중에 주민으로 이루어지는 자원봉사 조직의 주체적인 참여, 도예교실 운영, 도예 체험 진행 등은 축제를 풍성하게 하는 데 기여하고 있다. 축제 프로그램 가운데는 농경문화의 풍속인 놀이패의 길놀이가 있고, 도자기를 굽기 전에는 도자기 가마 앞에서 제사를 지내는 풍속이 있는데 이 또한 농경문화의 신앙을 보여주는 것이라 하겠다. 이러한 맥락에서 율

56) 이천시, www.icheon.go.kr/, 검색일: 2011. 8. 10.

면에 있는 우당 도예원의 자치적인 활동은 지역자원을 발현하는 중요한 역할을 하고 있다고 본다.

(8) 남혜인 자연염색

남혜인 자연염색은 전통염색을 통하여 전통섬유예술을 체험하는 공간으로 이 또한 현재 운영하는 방식을 활용하여 에코뮤지엄의 사이트로 볼 수 있다. 우당 도예원과 인접한 위치에 있어서 방문객은 도예 체험과 함께 한국 전통의 자연염색법을 배울 수 있는 기회를 가질 수 있다.

(9) 다목적 체험장

다목적 체험장은 숙박시설, 식당, 강당, 조리 체험장을 갖추고 있는 부래미 마을의 종합 체험시설이다. 이곳을 현재 상태 그대로 유지하면서 2층 강당을 조금 색다르게 운영하는 것도 좋을 것이다. 이곳을 영화관 콘셉트로 바꾸어 마을을 찾은 관람객이나 방문객에게 율면의 역사를 보여주는 장소로 활용하면서 그동안 수행했던 기능도 함께 하는 것이 가능하다고 본다. 입구 외관을 영화관처럼 만들고 영화 관람을 체험 프로그램의 하나로 만들어서 운영하는 것도 좋을 것이다.

〈그림 68〉은 한국 만화규장각의 영화상영관의 모습이다. 외부 모습은 마치 1970년대 영화관 같으며, 내부는 마루를 층계 형식으로 만들어 누구나 자유롭게 자리에 앉아서 볼 수 있도록 설계되어 있다. 이러한 개념을 2층 강당에 적용시켜서 마치 1970년대 지방의 작은 영화관 같은 느낌의 외관을 연출하고자 하는 것이다. 영화상영은 기존의 체험 프로그램과 일정을 조절하는 것이 가능하므로 새롭게 많은 시설이나 비

〈그림 68〉 만화규장각 상영실

용이 추가되는 것을 막으면서 효과적인 운영을 할 수 있는 방안을 생각할 수 있다. 운영은 이천 율면 부래미 에코뮤지엄 소개와 율면 소개를 5분 이내의 영상물로 만들어 보여주는 전시실이다. 과거 마을의 모습과 전통적인 농경마을에서 오늘날의 모습에 이르기까지 마을 사람들이 기억하고, 그들의 앨범에 간직된 마을의 이야기를 다큐멘터리 형식의 영상물로 만들어 상영하는 것이다. 마을의 이야기는 현재 마을을 지키고 있는 주민들과 외지에서 마을로 이주하여 이제는 마을의 주민이 된 사람들 또는 마을에서 자라나서 외지로 나간 출향민의 이야기, 마을의 다양한 체험을 위해 율면을 찾는 사람들에 대한 이야기 등 다양한 소재가 활용될 수 있는데, 궁극적으로 이천 율면 부래미 에코뮤지엄에 대한 소개의 공간이다.

한편 다목적 체험관에 있는 조리 체험장은 쌀요리 체험실로 활용될 수 있다. 쌀을 주재료로 하는 다양한 요리를 만들어볼 수 있는 체험형 조리실이다. 조리대와 가열대, 개수대 등 조리를 위한 기본시설을 갖추어져 있기에 가능하다고 본다. 율면은 이천쌀을 생산하는 양질의 쌀 생산지이므로 이를 테마로 부각시킬 수 있는 요리 프로그램이 개발되면 좋을 것이다. 한국음식은 물론이고 다양한 세계 쌀요리도 만들어서 시식을 통해 함께 나누는 것도 좋을 것이다.

(10) 임마누엘 포도원

율면 본죽리에 있는 임마누엘 포도원을 위성박물관으로 활용하여 기존의 포도 수확하기, 와인 만들기 프로그램을 에코뮤지엄의 활동으로 연계하여 진행하면 기존의 프로그램과 함께 활성화할 수 있을 것이다. 현재는 포도 수확과 포도를 이용한 와인 만들기 체험 프로그램이 있는데 프로그램을 좀 더 다양하게 하는 것도 좋을 것이다. 예를 들면 율면의 쌀과 어우러지는 포도죽, 포도약밥 등 다양한 음식 프로그램도 기획할 수 있을 것이다.

(11) 청미천

청미천은 율면이 보유한 천혜의 자연자원으로 에코뮤지엄의 위성박물관이다.

〈그림 69〉 고당교에서 바라본 청미천

고당교에서 바라본 청미천의 모습은 매우 아름답다. 청미천을 중심으로 강변의 생태계를 조사하는 것도 에코뮤지엄의 활동으로 좋은 대상이 될 것이다. 무엇보다 아름다운 풍광을 체험하는 것만으로도 방문객은 율면 부래미 에코뮤지엄의 감동을 체험하게 될 것이다.

(12) 율면 주민자치학습센터

율면 주민자치센터는 동아리 모임을 하는 중점 센터로서 주민 간의 네트워크 형성에 기여하고 있다. 율면에는 율면사랑 공부모임, 고운꽃친구들, 색누리, 전통민화반 등 다양한 주민자치 모임이 있고 매우 활발한 활동을 보이고 있다. 특히 '율면의 사계'라는 축제를 통해서 다양한 전시와 작품 발표를 한다는 것은 6장에서 전술한 바 있다. 율면의 지역주민들이 모여서 지역의 역사와 현황에 대해서 공부하고 토론하는 모임으로 율면사랑 공부모임이 있는데, 이러한 모임이 있어서 율면에 에코뮤지엄을 만드는 것이 가능하다고 본다. 각국의 사례를 볼 때 에코뮤지엄을 설립하기 이전에 지역의 문화를 탐구하는 에코뮤지엄 준비를 위한 연구회 모임이 있었던 것을 참고로 한다면 이곳에서 에코뮤지엄을 위한 준비 단계로 율면 부래미 에코뮤지엄 연구회를 학습 동아리로 만들어 꾸준하게 준비하면서 에코뮤지엄의 태동기를 준비하는 것도 방법이 될 것이다.

〈그림 70〉 율면 주민자치센터의 시설 현황을 보면 왼쪽부터 2층 교육실, 야외테라스, 1층에 있는 작은 도서관, 야외에 있는 작은 무대이다. 특히 작은 도서관은 율면 주민들의 힘을 모아 만들었는데 이곳에 율면 부래미 에코뮤지엄 준비를 위한 서적과 자료들을 배치하는 것도 학습활동에 도움이 될 것이다. 2층에 있는 교육실에서 에코뮤지엄 관련

〈그림 70〉 율면 주민자치학습센터의 시설 현황

교육활동도 할 수 있을 것이다. 면사무소에 바로 인접한 위치에 있으므로 율면 주민들이 모여서 서로의 뜻을 나누기에도 접근성이 좋은 위치라고 본다.

(13) 율면사무소 앞길

정겨운 면소재지 풍경은 율면지역의 정체성을 보여주는 정취 있는 모습이다. 이러한 거리 풍경은 도시화된 지역에서는 찾아보기 힘든 모습인데, 정육점, 약국, 철물점 등이 모여서 만드는 지난 시절의 모습은 현재에서 과거로 회귀한 느낌을 준다.

국립민속박물관에서 야외 전시에 과거의 거리를 재현한 시도를 한 사례가 있는데 〈그림 72〉는 야외 전시장의 모습이다. 관람객들은 레코

〈그림 71〉 율면사무소 앞길

〈그림 72〉 국립민속박물관 야외 전시장

드 가게에서 흘러나오는 1970년대 유행음악을 들으면서 마치 1970년대로 돌아간 것과 같은 향수를 느끼게 되는데 만화방에 설치된 흑백 텔레비전에서 나오는 옛날 만화영화를 보느라 어린 관람객은 전시 자체에 몰입한 모습을 볼 수 있다.

전통박물관의 개념으로는 매우 파격적으로 야외 전시장을 기획한 사례라고 볼 수 있는데, 에코뮤지엄의 개념에서는 굳이 박물관에서 표현하지 않아도 거리 자체가 갖고 있는 아름다움에 대해서 지역주민과 방문객에게 일깨울 수 있을 것이다.

(14) 어재연 장군 생가

어재연 장군 생가의 역사적 가치에 대해서는 6장에서 전술한 바 있다. 이러한 역사적 공간을 이천 율면 부래미 에코뮤지엄의 위성박물관으로 설정한다면 역사성과 함께 교훈을 줄 수 있는 좋은 테마가 될 것이다.

(15) 충장사

어재연 장군 생가와 마주보고 있는 위치에 있으므로 생가를 둘러보고 충장사를 돌아볼 수 있을 것이다. 지역의 인물을 통하여 역사를 알 수 있는 위성박물관이다.

(16) 마이산성

율면 산양리에 있는 마이산성은 차령산맥의 한 줄기인 망이산(望夷山:

472m, 마이산이라고도 함)에 축조된 성으로 안성시 일죽면과 충북 음성군, 이천시 율면에 모두 걸쳐서 있으며 1993년 6월 3일 경기기념물 제138호로 지정되었다. 망이산성(望夷山城) 또는 마이산성(馬耳山城)이라고도 한다. 『신증동국여지승람(新增東國輿地勝覽)』과 『여지도서(輿地圖書)』 등에 망이성 봉수가 기록되어 있다. 삼국시대부터 시작된 산성의 역사를 통하여 살아있는 역사의 현장을 만날 수 있는 곳이다.

(17) 고운꽃 식물원

율면 산양리에 있는 고운꽃 식물원은 그리 크지는 않지만 야생화를 심어보고, 잘 꾸며진 꽃밭과 어우러진 원두막 체험장에서 율면에서 자생하는 야생화에 대한 설명을 들을 수 있고 실내에 전시된 야생화를 관람할 수 있는 곳이다.

(18) 샘골 버섯농장

샘골 버섯농장은 면소재지나 부래미 마을에서는 제법 먼 곳에 위치하고 있지만 버섯 재배과정을 직접 견학할 수 있고, 현장에서 신선한 버섯을 매우 저렴하게 구매할 수 있는 장소이다.

중핵박물관과 위성박물관은 율면 전 지역에 걸쳐서 검토하고 가치가 있는 것을 선별하여야 한다는 원칙을 갖는 것이 필요한데, 이는 하드웨어를 건설하는 것에 투자하는 것이 아니라 이미 지역에 있는 자원들을 검토하고 선별하며 의미를 부여하는 작업이다. 방한영은 방문객 수용 및 편의시설 제공을 목적으로 설치되는 시설들로 인해 마을의 고유한 특색이 훼손되거나, 지역의 특성에 반하는 형태, 규모의 시설물을 설치하는 경향이 나타나고 있는 것에 대해서 문제점을 제기한다. 기본적으로 마을만들기는 현재의 상태를 그대로 보존하면서 가꾸어나가는 방식으로 추진되어야 하며, 마을 내 방치된 시설물들, 즉 폐교, 폐가, 축사, 창고 등을 적극 활용하는 방안이 강구되어야 한다고 보았다. 또한 기존의 마을회관이나 노인정 등 마을의 역사와 의미가 담겨진 시설들의 활용을 통해 마을을 활성화하는 방안에 대해 검토한 바 있다.[57] 이러한 관점에서 율면 부래미 에코뮤지엄은 지역에 산재해 있는 농경자원을 발굴하고자 하였으며 이것들을 서로 연결하는 것에 가치를 두고 있다. 이렇게 지역의 사이트를 서로 연결하는 길을 발견의 길이라고 한다.

〈그림 73〉은 율면 부래미 에코뮤지엄의 각 사이트와 발견의 길을 표

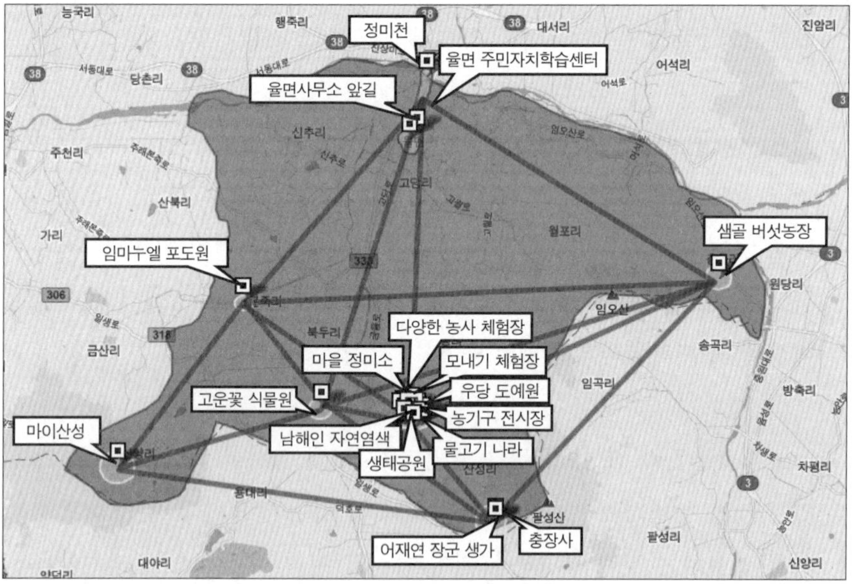

〈그림 73〉 이천 율면 부래미 에코뮤지엄과 발견의 길

57) 방한영, 앞의 글. 6쪽.

시하여 작성한 문화지도[58]이다. 임영상은 문화지도란 정확히 말하면 전자문화지도라고 말한다. 전자문화지도는 디지털 정보를 토대로 작성된 지도를 의미하며, 도면 상태로 존재하던 종래의 지도를 시간(Time), 주제(Subject), 공간(Space)의 다차원적 입체구조로 확장하여 구성한 문화정보 데이터베이스이다.

네모로 표시된 지점은 각 사이트이고, 사이트를 연결하는 선은 발견의 길이다. 에코뮤지엄의 중요한 가치는 발견의 길을 따라서 형성되는데 율면의 각 지역에 흩어져 있는 각기 다른 테마를 방문하면서 율면에 펼쳐진 농경문화를 배경으로 한 지역자원을 찾을 수 있게 되는 것이다.

그린스쿨을 포함한 부래미 마을의 농촌 체험이 활성화되면서 나머지 위성박물관이 서로 둘러싸는 구조로 서로 연계하게 되는 것이다. 다시 말해서 에코뮤지엄은 지역의 사람들이 서로 연계하고, 지역의 자원과 자원이 연계하고, 지역의 사람과 자원이 연계함으로써 살아서 움직일 수 있는 생명체와도 같이 지역을 살리는 기능을 하게 되는 것이다.

이상과 같이 이천 율면 부래미 에코뮤지엄에 대한 구상을 전개하였다. 논의된 내용을 에코뮤지엄의 목걸이 모델에 적용하면 〈그림 74〉와 같이 표현될 수 있다. 즉 율면의 지역의 경관, 각 사이트, 지역, 기억, 생산풍습, 세시풍속, 민속놀이, 설화, 자연, 전통, 유산, 지역공동체 등이 서로 유기적으로 연결되어 하나의 목걸이가 만들어진다. 그 가운데 지역의 장소를 연결하는 또 다른 목걸이가 만들어지는데 중핵시설인 그린스쿨을 중심으로 부래미 마을의 모내기 체험장, 다양한 농사 체험장, 마을 정미소, 농기구 전시장, 생태공원, 물고기 나라, 우당 도예원, 남혜인 자연염색, 다목적 체험장이 연결되고, 농촌 체험농장 임마누엘 포도

58) 임영상, 「연변조선족의 문화중심 용정과 '문화루트' 개발」, 『인문콘텐츠』 제13호, 인문콘텐츠학회, 2008, 214쪽.

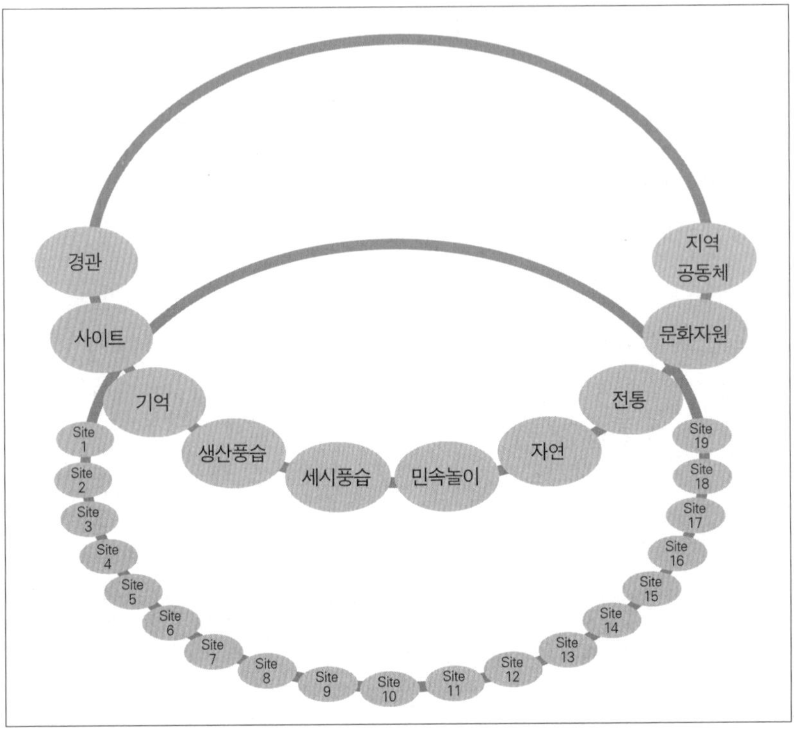

〈그림 74〉 율면 부래미 에코뮤지엄의 목걸이 모델

원, 자연환경으로 청미천, 생활문화로 율면 주민자치학습센터, 율면사무소 앞길, 역사문화자원으로 어재연 장군 생가, 충장사, 마이산성, 농가견학으로 고운꽃 식물원, 샘골 버섯농장이 지역의 사이트로 연결되어 에코뮤지엄은 이미 있는 지역의 자원을 연결하면서 형성되는 것이다. 이렇게 형성된 에코뮤엄에지 문화콘텐츠를 활용한 운영 활성화 방안에 대해서 생각하고자 한다.

3. 문화콘텐츠를 활용한 운영 활성화 방안

1) 지역문화의 발굴과 학제 간 연구를 통한 콘텐츠 개발

본 연구에서 대상으로 삼은 이천 율면 부래미 에코뮤지엄은 이천 율면의 지속적인 발전에 기여하는 것을 목적으로 하였다. 에코뮤지엄이 지역에 기여하기 위한 방안은 주민자치를 바탕으로 하여 지역문화와 문화콘텐츠의 연계하면서 활용을 극대화하는 것이라고 본다. 콘텐츠란 "말이나 문장 또는 여러 종류의 예술작품과 같이 어떤 매체를 통해서 표현되는 내용", "문자, 영상, 소리 등의 정보를 제작하고 가공해서 소비자에게 전달하는 정보상품"을 뜻한다. 즉 콘텐츠란 "각종 미디어에 담을 내용물"을 포괄하는 것이다.[59] 이기상은 문화콘텐츠란 결국 문화의 형태를 지시하는 모든 것, 인간의 뇌에 의해 의미 부여된 모든 것, 인간의 손길이 닿은 모든 것, 인간이 관계 맺은 모든 것을 다 포함한다고 말한다.[60] 지역문화와 문화콘텐츠의 관계에 대해서 류정아는 지역문화콘텐츠의 가치를 결정해주는 것은 지역문화가 가지는 문화적 역량과 가치이며, 이를 기반으로 해서 개발된 콘텐츠가 진정한 지역문화콘텐츠로서 가치를 가지게 된다고 보았다.[61]

백승국은 세계화와 함께 지역에 대한 관심이 높아지고 있는 현시점에 지역학의 새로운 패러다임은 지역이 내재적으로 함축하고 있는 생태역사문화자원의 생성, 유통, 응용화를 실천할 수 있는 학제적이며 산

---

59) 김기덕 외, 「문화 · 콘텐츠 · 인문학」, 『문화콘텐츠 입문』, 북코리아, 2006, 14쪽.

60) 이기상, 『콘텐츠와 문화철학』, 북코리아, 2009, 54쪽.

61) 류정아, 「지역문화콘텐츠 개발의 이론과 실제: 축제를 중심으로」, 『인문콘텐츠』 제8호, 인문콘텐츠학회, 2006, 41쪽.

업적인 관점을 필요로 한다고 보았다. 이런 접근방법은 지역의 정체성을 확립하고 지역의 잠재력을 실현하는 융합기술과 방법론을 개발하는 데 도움을 줄 수 있을 것이다.[62] 인터넷의 빠른 속도를 동반한 SNS(Social Networking Service)의 위력은 손 안의 모바일로 전 세계의 친구들과 소통할 수 있게 하였고, 다양한 매체를 활용하여 위락을 추구할 수 있는 대중은 박물관에서 제공하는 학습과 교육을 통하여 위락을 즐기기에는 너무도 다양한 욕구를 갖게 되었다.

최종호는 박물관은 유산의 보고이자, 삶의 질을 개선하는 공간으로서 언제 어디서나 누구에게나 체험의 기쁨과 삶의 지혜, 자연의 영감을 제공하는 복합적인 교육정보위락(eduinfotainment)[63]을 위한 비영리의 항구적 기관이라고 할 수 있으며, 앞으로 박물관은 삶 속에 필요한 교육정보위락을 제공하는 만인의 공간으로서 자료수집과 보존, 조사 연구, 전시와 교육, 정보교류, 지역사회 봉사 등을 통해서 삶의 질을 높이는 데 이바지하는 핵심기관이 될 것[64]이라고 전망한다. 또한 지역유산의 통합적 활용에 대해서 논하면서, 유형 · 무형유산과 자연유산을 통합적으로 활용하고, 지역주민들의 관광산업 참여가 적극적으로 이루어져야 관광산업으로 인한 지역주민의 피해를 최소화할 수 있다고 보았다. 지역주민이 참여하는 관광산업은 지역경제의 활성화뿐 아니라 공동체 성원들

---

62) 백승국, 「지역문화 브랜딩 프로세스 모델 연구: 호남지역 문화유산 브랜딩에의 적용 사례를 중심으로」, 『인문콘텐츠』 제12호, 인문콘텐츠학회, 2008, 219쪽.

63) eduinfotainment = education + information + entertainment ; 평생교육과 정보교류, 위락제공을 함축적으로 표현한 조어(造語)로서 박물관의 주요한 목적활동 가운데 하나이다. 최종호, 「한국 도시역사박물관의 현황과 과제」, 「도시역사박물관의 현황과 과제」(제2회 국제심포지엄), 서울역사박물관, 2003, 80쪽.

64) 최종호, 「무형문화유산을 활용한 관광자원화 방향」, 「문화재관리학」 제7호, 한국전통문화학교, 2010, 24쪽.

의 삶의 질 향상에 이바지할 수 있다고 말한다.[65)]

좀 더 가까이 현장에 접근하여 좀 더 생생하게 보고 느끼고 체험하기를 원하는 현대인은 이제 직접 농사 짓고, 직접 수확하고, 직접 만드는 체험을 원하면서 또한 편리한 서비스로 다각적 접근을 시도할 수 있는 것을 원한다. 대중의 요구에 부응하면서 지역주민의 삶의 질을 보장할 수 있는 다양한 연구와 시도가 이루어져야 할 것이다. 이런 관점에서 콘텐츠의 중요성이 부각되는 것이다.

(1) 체험과 교육 프로그램 개발

이천 율면 부래미 에코뮤지엄은 농경문화콘텐츠를 주제로 한 다양한 문화원형을 보유하고 있다. 특히 쌀을 소재로 한 지역의 문화원형이 남아있으므로 이를 활용한 체험과 교육 프로그램이 개발될 수 있다. 다양한 전통문화 체험교육을 통하여 농촌에서 생산된 생산물인 쌀을 입체적으로 만나게 되고, 조리에 참여하는 과정의 경험을 통하여 식문화를 전수받게 되는 것은 중요한 의미를 갖는다. 백승국은 지역의 음식문화콘텐츠는 기존의 지역자원과 다양한 연계를 통해 지역의 역량 강화를 창출하는 새로운 문화 브랜딩 요소로 활용될 수 있다고 보았다. 기존의 지역 핵심 음식콘텐츠와 상호연계가 가능하면서 새롭고 독창적인 음식문화콘텐츠를 개발하여 전통음식과 연계방안을 모색하고 지역 이미지 구축 및 관광콘텐츠로 활용될 수 있는 방안이 필요하다고 보았다.[66)]

쌀을 재료로 한 음식은 먼저 밥을 들 수 있다. 한국인의 주식인 밥은 흰쌀로 만든 흰밥을 비롯하여 다양한 잡곡이나 채소를 곁들인 현미밥,

---

65) 위의 글, 15쪽.

66) 백승국, 앞의 글, 229쪽.

보리밥, 차조밥, 팥밥, 콩밥, 표고버섯밥, 콩나물밥, 산나물밥, 오곡밥 등이 있다. 그 외에도 장국밥, 콩나물국밥, 닭온반, 전주비빔밥, 해주비빔밥, 헛제사밥 등 지역의 특성이 나타나는 향토음식도 있다.

다음으로 죽을 들 수 있는데 죽은 묽은 정도에 따라 가장 묽은 응이, 다음으로 미음, 암죽을 들 수 있다. 그 외에 쌀알을 통으로 쑨 옹근죽, 쌀알을 굵게 갈아서 쑨 원미죽, 쌀알을 완전히 곱게 갈아서 쑨 무리죽 등으로 나눌 수 있다. 죽에 사용되는 재료에 따라 쌀과 곡류를 섞은 죽으로 흰죽, 흑임자죽, 흑미죽, 차조미음, 들깨죽 등이 있고, 쌀과 두류를 넣은 것으로 팥죽, 콩죽, 녹두죽, 서리태죽, 땅콩죽 등이 있다. 그 외에 견과류를 넣은 잣죽, 대추죽, 호두죽, 밤죽, 오자죽과 채소를 넣은 아욱죽, 애호박죽, 근대죽, 마죽 등이 있다. 조선시대 왕이 먹은 타락죽에는 쌀과 우유가 들어간다.[67]

그 외에 떡을 들 수 있는데, 조선시대 고문헌에 나타난 떡의 종류는 200종에 다다른다. 떡의 종류는 조리법, 향토별 분류에 따라 살펴보면 다음과 같다. 조리법에 따른 떡의 종류는 찐떡, 친떡, 지진떡, 삶은떡 등 크게 네 종류로 나뉜다. 찐떡[甑餠(증병)]은 멥쌀이나 찹쌀을 물 담갔다가 가루로 만들어 시루에 안친 뒤 김을 올려 익히며 무시루떡, 도병, 국화병, 느티떡, 두텁떡 등이 있다. 친떡[搗餠(도병)]은 곡물을 탈각해서 곡립 상태나 가루 상태로 만들어서 시루에 찐 다음, 절구나 안반 등에서 친 것으로 흰떡, 절편, 수레바퀴 모양의 절편인 차륜병과 개피떡, 인절미, 단자류 등이 있다.

〈그림 75〉는 떡박물관 체험실에서 어린이들이 꽃산병이라는 떡을 만드는 모습인데, 반죽에다 소를 넣고 오므려서 수레바퀴 모양, 꽃 모

67) 윤숙자, 『입맛 당기는 별미죽』, 질시루, 2010, 14-15쪽.

〈그림 75〉 떡박물관에서 어린이들이 떡 만드는 모습

양, 기하무늬 등의 떡살을 찍어서 모양을 내는 떡이다. 특히 꽃산병은 반죽을 미리 익혀서 만들게 준비할 수 있으므로 어린이들이나 외국인 체험 프로그램으로 많이 활용되고 있다. 경우에 따라서는 야외체험장이나 조리대가 아닌 책상 위에서도 간단한 설치만 하면 체험할 수 있는 떡이다.

다음으로 지진떡[油煎餠(유전병)]은 찹쌀가루를 반죽하여 모양을 만들어 기름에 지진떡으로 전병, 화전, 주악, 부꾸미구절떡, 곤떡, 섭산삼병 등이 있다. 특히 노티떡은 반죽을 발효시킨 후 번철에 지지는 떡이다. 삶은떡은 찹쌀을 반죽하여 빚어 끓는 물에 삶아 건져서 고물을 묻힌 떡이다. 종류로는 경단, 대추단자, 잡과편, 오메기떡, 율무단자, 잣구리, 닭알떡 등이 있다. 우리나라는 남북으로 긴 지형으로 각 지역별 특산물이 다른 특징을 갖고 있다. 다양한 한국의 떡 가운데는 전국에 걸쳐 분포된 떡도 있지만, 지역별로 특징적인 향토떡이 발견된다.

서울 · 경기도는 떡의 종류가 많고 모양도 멋을 부려 화려하며, 종류는 봉우리떡(두텁떡), 상치떡, 물호박떡, 각색편(백편, 꿀편, 승검초편), 느티떡, 약식, 화전, 주악, 석이단자, 대추단자, 쑥구리단자, 밤단자, 유자단자, 은행단자, 건시단자, 율무단자, 솔방울떡 색떡, 여주산병, 우메기, 개성경단, 각색경단, 근대떡, 수수도가니, 수수지지미(부꾸미), 개떡 등이 있다.[68] 쌀로 만든 음식은 전통음식 가운데 밥, 죽, 떡을 활용한 다양한 콘텐츠 개발이 가능할 것이다. 음식은 문화정체성의 형성에 기여하는데, 사람들은 음식이라는 매개체를 통하여 자신들의 특징을 형성하고 구별한다.[69] 이천 율면에서 쌀음식 만들기 교육 프로그램을 개발하고 지역의 정체성을 보여줄 수 있다면 매우 성공적인 에코뮤지엄으로 성장할 수 있을 것이다.

(2) 지역자원을 매개로 세계문화와 소통하는 열린 행보

세계인이 즐기는 쌀요리 체험도 좋은 체험 프로그램이 될 것이다. 오늘날 다문화는 우리 사회의 화두로, 특히 농촌에서는 결혼이주여성의 한국문화 배우기가 아주 시급한 문제로 부각되고 있다. 그러나 여기서 간과할 수 없는 것은 결혼이주여성들의 문화를 도외시하는 문제이다. 김진영은 우리나라의 다문화교육은 통합 또는 동화의 의도로 나타나는데, 겉으로는 다문화주의를 표방하고 있음에도 불구하고, 복지와 교육을 도구로 결혼이주여성을 한국인으로 변화시키는 데 더 많은 관심을 보이고 있다고 지적한다. 이 과정에서 결혼이주여성의 문화정체성은 훼손될 수밖에 없으며, 인권도 무시될 수 있는 상황이므로 교육의 대상은 결혼이주여성뿐만 아니라 한국인 배우자와 가족이 필수적으로 포함되어야 하고 교육과정에도 상호문화교육(intercultural education)을 제도화하여야 하며 결혼이주여성을 교육의 대상이 아니라 교육의 주체로

---

68) 강인희, 『한국의 떡과 과줄』, 대한교과서, 2005, 182-198쪽.

69) 캐롤 M. 코니한, 『음식과 몸의 인류학』, 김정희 옮김, 갈무리, 2005, 29쪽.

활용할 수 있는 방안을 모색하여야 한다고 보았다.[70] 다문화 아동의 경우 자아를 형성하는 과정에 있어서 다문화가정 아동의 애착은 모애착이 가장 높으며 그 다음으로 부애착, 또래애착 순으로 나타났다. 이는 일반 가정과 마찬가지로 어머니와의 친밀감을 통해 가장 큰 애착을 느끼는 것으로 해석된다.[71] 그러나 우리나라 현실상 다문화 가정에서 자라는 어린 세대들에게 자신의 어머니의 문화를 진지하게 접하고 이해할 수 있는 기회는 현실적으로 부족한 상황이다. 이들에게 어머니의 나라에 대해 가르쳐주고 어머니의 나라 음식을 만들어볼 기회를 제공하는 것은 상호문화교육의 관점에서 의미가 있다. 이러한 견지에서 떡박물관에서는 2011년도 여름특별전으로 '어머니의 고향노래'라는 식문화 체험을 통한 다문화 이해하기 프로젝트를 진행한 바 있다.

전시 내용은 우리나라에서 가장 많은 분포를 이루는 결혼이주여성들의 국가 7개국의 주식을 비롯한 음식을 전시하였고, 체험 프로그램은 각 국의 음식을 만들어서 시식하는 것으로 하였다. 그 외에 독서토론을 통하여 수업에 참여한 어린이들이 각기 다른 문화를 접하고 생각하며 토론할 수 있도록 설계되었다. 각국의 음식 만들기 체험 및 독서교육 프로그램은 다음의 〈표 24〉와 같이 전시기간 중 7일 동안 한 나라씩 시

〈표 24〉 일별 다문화 체험 및 교육 프로그램 기획

1일차	2일차	3일차	4일차	5일차	6일차	7일차
베트남의 날	중국의 날	일본의 날	필리핀의 날	몽골의 날	태국의 날	우즈베키스탄의 날

70) 김진영, 「이주공동체를 활용한 다문화콘텐츠 개발방안 연구」, 한국외국어대학교대학원 글로벌문화콘텐츠학과 박사학위논문, 2011, 18쪽.

71) 황미경, 「다문화가정 아동의 부모애착, 또래애착 및 사회불안과의 관계 연구」, 부경대학교 교육대학원 교육심리전공 석사학위논문, 2010, 35쪽.

〈그림 76〉 어머니의 고향노래 전시 홍보물과 진행모습

행하는 것으로 하였다.

〈그림 76〉은 '어머니의 고향노래' 전시 관련 사진이다. 가장 왼쪽은 전시 홍보물이고, 오른쪽 그림의 위는 전시장 오프닝 기념사진이다. 오른족 아래는 베트남 음식을 체험하는 다문화 가족의 모습이다.

우리나라의 결혼이주여성은 동아시아의 비중이 높은 편이고, 중앙아시아의 경우도 있다. 아시아의 국가들은 오랜 역사적 전통을 배경으로 문화를 꽃 피운 나라들로 고유의 문화유산과 고유한 음식이 발달되어 있다. 체험과 교육 프로그램에 참가한 다문화 어린이들은 각국의 음식문화를 접하고 동화를 읽고 토론하면서 어머니의 문화에 대한 새로운 경험을 갖게 되었다. 이대영은 문화의 다양성을 논의하면서 문명은 상호 우열을 가리려 충돌할 때가 있지만 문화는 대화한다고 말한다. 문화는 잘살고 못살고를 떠나서 해당부족과 민족이 오래도록 지켜온 습관의 총체이기 때문에 좋거나 나쁘다고 표현할 수 없고, 낮은 곳으로 흐르는 것도 아니라고 말한다.[72] 문화는 다양한 방식으로 유혹하고 교류하고 접속한다고 본다. 그러므로 문화교육은 같은 시공간 안에서 인간을 포함한 모든 질료들과 함께 이루어져야 한다고 말한다. 이러한 시도를 율면 부래미 에코뮤지엄에서 프로그램으로 운영할 수 있을 것인데, 주요 소재인 쌀을 활용한 쌀요리 전시와 체험, 시식 등 다양한 모색을 통하여 지역을 기반으로 세계와 소통하는 방안을 마련할 수 있다고 본다.

(3) 원형의 발굴과 온라인 콘텐츠 개발

웹사이트를 통해서 율면의 쌀문화를 보여줄 수 있는데, 쌀을 소재로 한 사계절 음식은 물론이고, 벼농사의 근간이 되었던 세시풍속과 율면의 민속을 소개하는 다양한 자료를 발굴하여 소개할 수 있다. 프랑스 브레스 부르기뇬 에코뮤지엄과 일본의 아사히마치 에코뮤지엄의 경우 홈페이지를 통하여 다양한 농경문화를 소개하고 지역문화를 소개하고 있다.

이천 율면 부래미 에코뮤지엄의 경우에도 에코뮤지엄에 대한 소개와 다양한 문화원형을 소개할 수 있을 것이다. 〈그림 77〉[73]은 2010년 문화원형 창작소재개발사업 「재미있는 세시음식 이야기」의 웹사이트 화면이다. 이 사업은 한국콘텐츠진흥원이 공모하고 (사)한국전통음식연구소와 떡박물관이 수행한 사업으로 고문헌과 세시풍속에 남아있는 한국음식문화의 원형을 발굴하여 디지털 문화콘텐츠로 만드는 것으로, 사

72) 이대영, 「다문화교육의 매트릭스: 박물관을 중심으로」, 『박물관과 다문화교육』, 한국박물관교육학회, 2011, 11-17쪽.

73) 2010 문화원형창작소재개발사업, 「재미있는 세시음식 이야기」, http://cp1008.culturecontent.com/, 검색일: 2011. 12. 9.

〈그림 77〉 재미있는 세시음식 이야기 웹사이트

업의 목표는 크게 두 가지이다. 첫째, 농경사회의 발달로 세시풍속과 함께 세시음식이 발달하였으나 급속한 현대화로 세시음식이 점차 소멸되어가고 있는 현시대에 사라져가는 세시음식을 재현 복원하여 디지털콘텐츠화 한다. 둘째, 세시음식은 전통적 생활풍속의 한 단면으로 쉽게 잃어버려서는 안 되는 소중한 문화유산이다. 따라서 재미있는 세시음식 이야기를 발굴하고 이를 콘텐츠로 제작하여 널리 대중화하는 것이다.

기획 단계에서는 주제와 전체 사업의 흐름이 정해져야 하는데 이 단계에서 사업 결과물의 형태와 수량이 결정되면, 원형의 복원을 위한 문헌 자료 수집과 집안에 전해져 내려오는 내림음식 보유자의 이야기를 통한 구술자료 수집과정이 필요하다. 이렇게 모인 자료는 원문번역, 자문 및 감수, 저작권 확보 등의 과정을 거쳐서 문서로 작성된다. 다음으로 분석한 자료를 바탕으로 주제별 창작소재 시나리오를 만들고, 세시음식 관련 동영상과 사진을 제작한다. 이 단계에서 캐릭터 개발, 플래시 무비 시나리오 개발 등이 동시에 이루어진다. 이렇게 완성된 각 개발물들은 디지털로 가공되어 웹사이트에 올릴 수 있는 형태로 변화한다. 그 외에 QR코드를 게재한 출판물이 제작된다. 다음 단계에서는 당초 기획했던 웹사이트에 대한 점검이 이루어지는데 각 테마별 디자인 점검과 함께 이루어진다. 이 단계에서 캐릭터와 영상을 활용한 플래시 무비가 제작된다. 최종 단계에서는 이 모든 결과물을 웹사이트에 탑재하게 되는데, 그동안 기획과 수행에 참여했던 모든 영역의 전문가들이 점검하고 산학계 전문가의 감수를 거쳐서 하나의 웹사이트로 완성되는 것이다.

〈표 25〉에서 보듯이 모든 사업 수행의 과정에 다양한 전문영역이 결합하는 양상을 볼 수 있는데, 다양한 학문적 결합과 전문영역이 만나

〈표 25〉 문화원형사업 수행 단계

단계	내용	세부내용	전문영역
1단계	기획	주제를 선정하고 사업 수행방법과 최종 결과물의 형태 및 수량을 예측하여 설정	문화콘텐츠를 비롯한 다수 학문영역 연계
2단계	원천자료 수집	원천자료 수집	문화콘텐츠학, 국문학, 사학, 민속학, 식품영양학, 식품조리학 등
3단계	자료분석과 1차 가공	수집자료 분석과 문서 작성	문화콘텐츠학, 국문학, 사학, 민속학, 식품영양학, 식품조리학 등
4단계	2차 가공	창작소재 시나리오 개발, 세시음식 재현 동영상과 사진 제작, 출판물 기획, 캐릭터 기획 및 개발, 플래시 무비 시나리오 기획 및 개발	문화콘텐츠학, 국문학, 식품영양학, 식품조리학, 방송영상기술, 사진촬영기술, 일러스트
5단계	3차 가공	개발물의 디지털 가공, 출판물 제작, QR코드 제작	CT 및 정보학, 출판
6단계	4차 가공	웹디자인 점검, 웹프로그래밍, 플래시 무비 제작	CT 및 정보학
7단계	5차 가공	웹시스템 구축 및 결과물 탑재	CT 및 정보학, 문화콘텐츠학, 국문학, 사학, 민속학, 식품영양학, 식품조리학 등

서 이루어지는 시너지 효과가 있어야 하나의 문화원형 디지털 사업이 완성된다. 이러한 노력은 에코뮤지엄의 계획과 실행과정에도 요구되는데, MACDAB 지수에서 학제 간 연계가 요구되는 것은 전술한 바 있다. 특히 율면에서 현재까지 진행된 주민자치 현황과 부래미 마을의 농촌체험마을 만들기는 학제 간 연계 요소가 부족한 상황이므로 율면의 문화원형을 발굴하고 유형과 무형을 모두 아우르는 종합적인 정보체계로 만들어가는 것은 향후 에코뮤지엄의 시행에서 중요한 과제라고 생각된다.

2) 상징적 캐릭터를 활용한 지역 브랜드 확립

율면의 역사성과 지역 특징을 반영한 매력적인 상징을 갖는 캐릭터를 창출해야 한다. 캐릭터란 정체성을 지니는 것으로, 차별화된 창작물의 정형화된 이미지로, 만화, 애니메이션, 영화, 드라마, 소설, 게임뿐만 아니라 예술, 역사, 신화, 음악, 인물이나 주위에 항상 존재하는 모든 것이 캐릭터이다.[74] 일본의 시키 시의 경우 강물로 인하여 비옥한 땅을 가졌지만 그 강물의 범람으로 인하여 수해가 발생하여 물과 싸워온 역사를 갖고 있다. 재미있는 것은 그 시의 캐릭터가 물귀신 요괴인 갓파를 활용한 캐릭터라는 점이다. 옛날 호도지의 지장보살에게 혼난 갓파가 마음을 고쳐먹고 그 보답으로 붕어와 잉어를 가져오게 되었다는 전설을 바탕으로 시키 시에는 열아홉 개의 갓파 상이 있다.[75]

이 갓파 동상들은 우치다 에이노부(内田榮信)라는 시키 시에서 석재상

---

74) 김시범, 「캐릭터」, 『문화콘텐츠 입문』, 북코리아, 2006, 136쪽.

75) 시키 시티 안내 가이드맵, 'ようこそ志木へ~(어서오세요 시키로~)'

〈그림 78〉 일본 시키 시의 갓파 동상들

을 하는 주민이 직접 제작한 것이다.[76] 지역주민 스스로 고장의 상징물을 제작하고 보호함으로써 애향심을 고취하려는 모습을 확인할 수 있다. 이 동상은 때로는 혼자로 때로는 가족으로 구성되어 있으며 각기 다른 모습과 각기 다른 포즈를 취하고 있었다. 마을을 방문한 방문객은 이 캐릭터를 발견하는 순간 재미있고 익살스러운 표정과 각기 다른 설정이라는 점 때문에 매우 흥미 있게 갓파 동상을 찾아보게 된다는 점이다. 각 동상 옆에는 각각의 이름도 있어서 매우 친근감을 주고 있다.

또한 지역 특산물을 파는 상점을 상인회에서 갓파관이라고 이름을 붙이고 다양한 상품을 팔고 있었다. 시키의 명물이자 특산물로는 시키의 지방 술인 하타자쿠라, 이로하자쿠라, 시키노마쓰리가 있으며 무라

76) 시키 시, http://www.city.shiki.lg.jp/.

〈그림 79〉 일본 시키 시의 특산물 매장 갓파관

오카 지구의 쌀인 무라오카하루카마이[77]가 있다. 또 도키토기 쿠키와 하타자쿠라 만주, 하타자쿠라 모나카, 갓파 사쿠라 러스크 등의 과자도 명물이다. 이러한 특산물을 갓파관에 모두 모아놓고 팔고 있는데, 이것은 지역의 특산물과 지역의 상징적인 이미지를 같이 팔고 있다고 볼 수 있겠다. 율면 부래미 에코뮤지엄의 경우 쌀, 포도, 콩, 딸기, 배 등의 다양한 농산물을 이러한 전략을 세워서 판매하는 것도 좋을 것이다. 그렇게 하기 위해서는 율면의 이야기를 상징적으로 담아낼 수 있는 캐릭터를 개발하고 이러한 단서를 활용한다면 지역민의 정체성 확립과 함께 방문객에게 지역의 브랜드를 각인하는 유용한 도구가 될 것이다.

77) 무라오카하루카마이(宗岡はるか舞).

3) 지역자원을 테마로 한 주민자치 축제 개최

프랑스 프로방스 지방의 발렝솔(Valensole)에서는 매년 7월 중 일요일 하루를 정해 주민이 주체가 되는 라벤더 축제를 개최하는데, 지역 전체가 라벤더로 향연을 벌인다. 축제 프로그램은 전시, 뮤지컬, 오케스트라 공연 등이 마련되어 있는데 모두 주민자치 프로그램이다. 7월의 발랭솔은 라벤더가 흐드러지게 피어 있는 밭이 끝없이 펼쳐져 있는데, 축제장소를 가리키는 작은 표시를 따라 골목을 지나 마을 입구에 들어서면 관광안내소 앞에 다다르게 된다. 그런데 재미있는 것은 마을의 입구부터 가가호호 지금이 라벤더 축제 기간임을 알리는 표시를 창문 혹은 대문에 부착하여 누구나 지금 이곳에서 라벤더 축제가 진행된다는 것을 느낄 수 있도록 준비되어 있다. 지역을 찾은 방문객은 라벤더의 보랏빛과 진한 향기에 매료되면서 서서히 라벤더 축제에 몰입하게 되는데, 특히 마을 입구에 있는 관광안내소 앞에 라벤더 더미를 발견하게 되면 저마다 꽃다발을 만들게 된다. 아주 자연스럽게 라벤더에 접근하게 되는 것이다.

〈그림 80〉은 2010년 7월 18일에 개최된 라벤더 축제장의 모습이다.

〈그림 80〉 발렝솔의 라벤더 축제

첫 번째 그림은 넓게 펼쳐진 라벤더 밭이고, 두 번째 그림은 축제임을 표시하기 위하여 대문에 라벤더를 매달아 놓은 모습이다. 세 번째 그림은 관광안내소 앞에 놓인 라벤더 더미 속에서 꽃다발을 만드는 방문객의 모습이다.

마을은 온통 라벤더 축제가 한창인데, 주민들은 자신들이 수확한 라벤더로 만든 다양한 특산물을 갖고 나와 전시하면서 판매한다. 방문객은 그 자리에서 농민의 설명을 통해 특산물의 장점과 사용방법 등에 대한 정보를 받을 수 있다. 라벤더 향유에는 특별한 설명 문구가 부착되어 있어서 효능과 사용법을 알 수 있도록 배려하고 있다.

〈그림 81〉은 축제를 이끄는 주민들의 모습이다. 프로방스 전통복식을 입은 부녀자들은 방문객과 사진을 찍거나 자신들의 지역을 설명하

〈그림 81〉 라벤더 축제를 이끄는 주민들

〈그림 82〉 발렌솔의 라벤더 특산물

면서 방문객을 환영한다. 라벤더를 활용하여 직접 만든 비누를 판매하고 있는 주민의 모습, 증류기를 설치하고 라벤더 향유를 판매하는 할아버지와 손녀 등 이들은 1년간 농사지은 라벤더를 즐기고 소비하기 위하여 그들 방식의 프로그램으로 하루를 즐긴다.

방문객은 라벤더를 테마로 한 매우 독특하고 인상적인 경험을 하게 되는데 라벤더로 만든 비누, 라벤더 향유, 라벤더 꿀, 라벤더를 그려 넣은 도자기, 발렝솔의 상징인 보라색 매미 모양의 장식 등 다양한 지역 특산품을 저렴하게 구매할 수 있다. 이렇게 축제장은 오로지 라벤더로 충만하다. 일상에서 벗어나 새로운 경험을 추구하는 현대인에게, 아니 인간에게 있어서 축제의 의미는 무엇인가? 인간은 축제를 통하여 무엇을 얻기 원하는지에 대해서 하비 콕스는 "인간의 본성에 대한 성찰을 통하여 제축(festivity)과 환상(fantasy)을 갖고 있다"고 하였다.

> 인간이란 그 본성으로 미루어볼 때 노동을 하고 사색을 하는 생물일 뿐만 아니라 노래와 춤과 기도와 설화와 경축의 행위를 가지고 있는 존재이다. 인간은 호모 페스티버스(homo festivus: 제축인)이다.
>
> 사람은 또한 호모 판타지아(homo fantasia)이다. 즉 인간은 환영적(幻影的)인 공상에 잠기고 신화를 만들어내는 존재이다. 문화로서 일종의 축의형식(祝儀形式)을 갖추지 않은 것이 없듯이 문화치고 황당무계한 설화를 전달하지 않는 것이 없다. 선녀, 요마, 거인, 난쟁이, 또는 이에 준한 유형들이 모든 종족의 공상 속에 살고 있는 것이다. 또한 사회의 대다수가 과거에 있었던 황금시대에 관한 전설을 가지고 있으며 그중의 일부 사회는 앞으로 실현된 놀라운 시대의 이야기를 가지고 있다.[78]

---

78) 하비 콕스, 『바보祭』, 김천배 옮김, 현대사상사, 1977, 23-24쪽.

그는 지난 수세기 동안 서구문명의 방향이 노동하는 인간과 사유하는 인간에 대해서 강조하면서 산업화로 치달았다고 지적하면서 사람은 본질적으로 제축적 · 환상적인 존재이며 완전한 존재가 되기 위해서는, 서구 산업인은 춤추는 것과 꿈꾸는 것을 다시 배워야 한다고 말한다.[79)]

축제의 매력은 삶의 뒤집어보기, 즉 카오스적인 혼돈에 있다. 예로는 로마의 농경축제인 '새터네일리아(Saturnalia)'를 들 수 있다. 이 기간은 혼돈의 기간으로 노예와 주인이 함께 연회를 베풀면서 노예가 주인을 모욕하기도 하며 이 기간을 위한 혼돈의 왕이 선출되어 주인을 위협하기도 하다가 축제기간이 끝나면 평소처럼 되돌아감으로써 다시 질서를 회복한다.[80)] 축제의 제축적 예로는 조선시대의 굿에서 찾을 수 있다. 굿의 신명이 구경꾼의 신명으로 이어진다. 이러한 일련의 과정 가운데 정화가 이루어지고 삶은 그렇게 다시 흘러가는 것이다.

류정아는 의례적 축제와 카오스적 축제에 대해서 다음과 같이 말한다.

> 흔히 축제를 의례적 축제와 카오스적 축제로 구분하려는 경향을 자주 발견할 수 있다. 그러나 인류학적 시각에서 볼 때는 카오스적 축제도 결국에는 의례적 축제 속에 포함시킬 수 있다. 왜냐하면 카오스란 비일상적 상황이고 이것은 신성한 의례적인 상황으로 규정할 수 있으며, 궁극적으로 축제란 다시 현실로 회귀하려는 것이지, 현실을 뒤엎으려는 것이 아니기 때문이다. 후자가 목적이라면 그것은 이미 축제를 넘어선 혁명이다.[81)]

---

79) 위의 책, 19-31쪽.

80) 김태경, 『한국의 축제 다시보기』, 한국학술정보, 2006, 32-34쪽.

81) 류정아, 『축제 인류학』, 살림, 2007, 14쪽.

축제는 생의 역설적 찬미이고 해학이고 자조인데, 만약 이것이 현실을 뒤바꾸어 전복시킨다면 혁명이라는 것이다. 축제는 명석한 두뇌로 현실을 전복시키기 위함이 아니라 그대로의 현실 가운데 자신이 살짝 빠져나와 원래의 자신을 잊고 인간 본연의 자신을 체험하고 즐기고 만끽하는 것이다. 그리고 그 후에는 다시 원래의 위치로 돌아가는 매우 선량한 일탈이라는 것이다. 그렇다면 이러한 축제는 어떠한 기능을 하는가? 오늘날 축제를 개최하고 추진하는 세력들은 축제를 통하여 경제적 이익과 무엇인가 현실적이고 계산적인 이익을 따지고 그 수량을 파악하려고 한다. 궁극적으로 축제의 기능은 경제적 이익이나 도시 브랜드 가치를 높이기 위한 것은 아니다. 이상적인 축제는 그 자체로 인간의 인간됨을 회복시켜줄 수 있는 체험이 가능한 것이어야 한다. 축제의 진정한 기능은 인간의 인간됨을 실현하고, 잊었던 가치 즉 하비 콕스가 말한 제축과 환상을 되찾는 데 있으나 너무나 이성적으로 꽉 짜인 삶을 살아가는 현대인에게 축제의 제축적 기능을 되살리기는 어쩌면 어려울 것이다. 그렇다면 아주 희미한 환상이라도 가질 수 있게 해주는 것이 오늘날 축제의 기능이라고 할 수 있을 것이다. 발렝솔의 라벤더 축제는 일탈을 꿈꾸는 제축적 축제는 아니지만 지역의 자원을 활용하고 집중하게 하는 매우 강력한 흡입력과 매력을 갖고 있다. 축제에 참가한 방문객은 최소한 이날 하루는 라벤더에 폭 쌓여서 행복할 수 있기 때문이다. 이렇게 지역의 자원을 갖고 주민들이 자치적으로 만들고 이끌어가는 축제의 힘은 무한한 에너지로 작용하여 작은 시골마을의 하루 축제를 보기 위해서 프랑스 전역의 방문객을 끌어들이고 있다. 율면에는 '율면의 사계'라는 축제가 있어서 주민자치 프로그램의 일환으로 시행되고 있는 것을 전술한 바 있다. 이를 보완하여 일시적 일탈을 꿈꿀 수 있는 판타지가 살아날 수 있다면 지역의 주민은 물론이고 지역을 찾은 방문객도 축제를 통한 카타르시스를 경험하게 될 것이다.

4) 모바일콘텐츠의 활용

최근 모바일을 활용한 다양한 콘텐츠는 우리 생활 깊숙이 자리 잡아가고 있다. 모바일콘텐츠는 모바일 기기, 즉 휴대전화, 노트북, PDA, MP3 등을 이용한 업체들의 서비스를 통칭하는 용어이다.[82] 이동통신을 서비스하는 모바일 기술은 1, 2, 3세대로 변모하면서 그 속도와 서비스의 질을 향상시켜왔다. 3세대 이동통신은 음성과 문자는 물론이고 사진, 음악, 영상 등 멀티미디어 데이터까지 주고받을 수 있는 휴대전화 서비스이다.[83] 최근에는 모바일에 QR코드를 접속하여 다양한 오락과 서비스를 제공받을 수 있게 되었는데, 문화유산의 보존과 활용에도 이를 접목할 수 있다.

〈그림 83〉은 2010 문화원형 창작소재개발사업 「재미있는 세시음식 이야기」의 QR북 모습이다. 그림에 나타난 QR코드에 모바일 기기를 통하여 접속하면 모바일 웹페이지 안에 구현된 떡국의 유래에 얽힌 사연, 사진, 조리법 등의 정보를 제공받을 수 있다.

〈그림 84〉는 떡국을 소개하는 QR코드와 모바일에서 구현된 서비스의 모습이다. 모바일 웹사이트에 설계된 떡국의 이미지와 떡국의 유래에 대한 설명이 나타난다. 화면을 계속 터치하면 더 상세한 떡국 만들기 조리법 사진과 설명이 제공된다.

만약 여기에 떡국 만들기 동영상을 연결하여 두었다면 모바일 안에

82) 송영준, 「모바일콘텐츠 특집을 내면서」, 『한국콘텐츠학회지』 제19권 1호, 2011, 12쪽.
83) 정화영, 「모바일기술 기반의 U-투어리즘 서비스」, 위의 책, 19쪽.

서 떡국 만들기 동영상을 볼 수도 있다. 이러한 모바일콘텐츠의 활용은 유무형의 유산의 보존과 활용에 다양하게 사용될 수 있다. 이천 율면 부래미 에코뮤지엄의 경우 쌀을 농사짓는 방법부터 쌀을 가공하는 방

〈그림 83〉 재미있는 세시음식 이야기 QR북

〈그림 84〉 떡국을 소개하는 QR코드와 모바일 서비스

법, 쌀을 이용한 음식 만들기 방법 등 다양한 콘텐츠를 구상하여 에코뮤지엄의 소장품 개념으로 보존하고, 방문객의 체험 서비스로도 활용할 수 있을 것이다.

그 외에 장소적 가치를 보존하는 개념으로도 모바일콘텐츠를 활용할 수 있다. 오늘날 우리는 장소를 초월한 유비쿼터스 시대를 살고 있다. '유비쿼터스'는 원래 신학용어로 '편재하는, 어느 곳에나 존재하는'이라는 의미를 갖고 있는데, 오늘날 신이 공간을 초월하여 존재하듯이 컴퓨터가 어느 곳에나 존재하는 환경을 뜻한다.[84] 다시 말해 유비쿼터스 환경이란 시간과 장소에 구애받지 않고 자유롭게 네트워크에 접속하여 정보를 수용할 수 있는 정보기술 환경 또는 패러다임을 의미한다. 유비쿼터스 컴퓨팅은 단순히 컴퓨팅 환경을 개선하는 것에 그치는 것이 아니라 정치, 경제, 사회, 문화 전반에 걸쳐 구성원의 의식수준과 생활양식까지 변화시키고 있다. 특히 관광산업에 있어서 그 활용도가 매우 높을 것으로 전망되며, 새로운 관광산업의 패러다임으로 제시될 수 있다. 문화체육관광부는 관광 활성화를 위해 인터넷, 모바일, 유비쿼터스 등 정보기술을 활용하여 관광지, 숙박, 음식, 지리정보 등 지역정보를 실시간 제공하는 'U-Tourpia 사업'을 시행해오고 있다.[85] 이러한 기술과 문화의 접목은 다양한 양상으로 생활 속의 편의를 제공하고 있다. 지역을 찾은 방문객은 무엇인가 그 지역만의 특별한 풍광을 원하고 독특한 체험을 기대하게 된다. 이러한 욕구를 손 안의 모바일로 제공할 수 있다면 매우 유용한 지역 안내의 도구로 활용될 수 있을 것이다.

율면의 다양한 사이트는 앱으로 제작할 수 있다. 지역의 이야기를 발굴하고 가공하여 어플리케이션으로 구현하고 이를 상품으로 만들 수도

84) 최연구, 『문화콘텐츠란 무엇인가』, 살림, 2006, 31쪽.

85) 정화영, 「모바일 기술 기반의 U-투어리즘 서비스」, 『한국콘텐츠학회지』 제9권 1호, 2011, 18쪽.

있다. 예를 들면 율면의 설화를 바탕으로 율면 이야기 지도를 만들었는데, 이것을 답사 코스로 만들고 어플리케이션으로 구현하여 이야기를 들려주면 멋진 관광상품이 될 수 있을 것이다. 이야기를 들려주면서 형성되는 방문객과 주민 간의 연계는 또 다른 이야기를 만들어낼 것이다. 이러한 이야기들을 축적하여 모으면 이것이 곧 지역의 자원으로 축적되는 것이다. 이러한 작업은 지역의 과거, 현재, 미래를 연결하는 네트워크 역할을 하며 지역주민이 자신의 모습을 돌아보게 하고, 방문객 또한 이곳을 찾아서 지역주민의 모습을 만나게 되는 것이다.

지금까지 지역자원을 기반으로 한 이천 율면 부래미 에코뮤지엄의 계획에 대해서 연구하였다. 이 연구의 궁극적인 목적은 진정으로 주민이 행복하고 자긍심을 갖게 되는 마을만들기를 위한 에코뮤지엄의 모델 구축을 위하여 기존에 지역에 있는 자원의 가치를 발견하고 자원 간의 관계를 연결하고 주민과 주민을 연결하고, 또한 자원과 주민을 연결하여 과거, 현재, 미래를 연결하는 방법을 찾고자 함이다.

끝없이 건물을 만들고 새로운 이론을 도입한다고 행복하고 살기 좋은 마을이 될 수는 없을 것이다. 우리 시대 우리 농촌이 안고 있는 가장 큰 문제는 도시와 산업화로 인한 박탈감이며 이제 돌이켜 귀농하고자 하는 사람들을 보듬어서 같은 공동체로 수용하기에도 힘이 부치는 열악한 상황이라는 것이다. 이러한 때 에코뮤지엄의 방법론을 수단으로 하여 농촌이 안고 있는 문제를 문화로써 풀어갈 수 있다면 그동안 생산과 경제논리로는 해결되지 않았던 난제를 풀 수 있는 단서를 갖게 될 것이다.

에필로그

긴 기다림을 안고 농촌에 희망의 씨를 심다

본 연구는 농촌의 지속가능한 발전을 위한 수단으로서 에코뮤지엄의 개념과 이상을 한국에 적용하는 것을 목표로 연구를 진행하였다. 특히 농촌의 지속가능한 발전을 위한 수단으로서 농촌형 에코뮤지엄에 대해서 집중적으로 연구하였다. 지역문화유산으로서 농촌의 발견과 농촌형 마을만들기로서 에코뮤지엄의 해외사례와 국내 유사사례를 연구하였다. 해외사례로는 프랑스의 브레스 부르기뇬 에코뮤지엄에 대해서 분석하였고, 국내 유사사례로는 전라북도 진안군 백운면 에코뮤지엄의 마을만들기를 MACDAB 지수에 대입하여 분석하였다. 그 결과 브레스 부르기뇬은 매우 이상적인 에코뮤지엄의 양상을 보이는 것으로 분석되고, 전라북도 진안군 백운면의 마을만들기는 에코뮤지엄의 요소를 어느 정도 충족시키는 것으로 분석되어 향후 발전 가능성을 갖고 있다는 것으로 판단되었다.

또한 벼농사 전승지로 녹색 농촌 만들기 사업을 성공적으로 이끌어낸 경험이 있으며, 그 추진력과 협동조직이 검증된 바 있는 부래미 마을이 있는 경기도 이천 율면을 연구대상으로 하여 몇 가지 관점에서 연구를 진행하였다. 첫째, 벼농사와 농경문화 전승지로서 이천 율면의 지역문화를 역사와 자연환경, 문화유적과 민속, 설화 등으로 나누어 연구하였다. 둘째, 주민의 활동에 대해서는 이천 율면 주민 현황과 주민의 자치 활동, 이천 율면의 주민 축제인 '율면의 사계'를 조사하고 그 가운데 주민의 특성을 파악하여 에코뮤지엄을 운영할 수 있는 잠재력과 역량 배양을 위한 방법을 연구하였다. 이천 율면의 농촌문화콘텐츠 분석에서는 농촌 체험마을로서 모범적인 부래미 마을에 대해서 집중적인 연구를 하였는데, 이는 이 마을이 갖고 있는 마을만들기의 경험과 축적된 힘이 율면 전체에 파급력이 있을지에 대한 검증을 위해서이다. 그 외에도 율면에 소재한 체험농장 등을 조사하여 네트워킹하는 방안에 대해서 연구하였다. 이러한 연구를 바탕으로 한국 농촌에 적용할 수 있는 농촌형 에코뮤지엄의 모델을 도출하고자 하였다. 에코뮤지엄의 방법론은 이천 율면을 비롯한 우리나라 농촌이 그동안 실행해온 마을만들기를 토대로 에코뮤지엄의 이상이 실현된다면 더욱 가치가 있을 것이다. 끝없이 건물을 만들고 새로운 이론을 도입한다고 행복하고 살만한 마을이 될 수는 없을 것이다. 우리 시대 우리 농촌이 안고 있는 가장 큰 문제는 도시와 산업화로 인한 박탈감이며 이제 돌이켜 귀농하고자 하는 사람들을 보듬어서 같은 공동체로 수용하기에도 힘이 부치는 열악한 상황이라는 것이다. 이러한 때 에코뮤지엄의 방법론을 수단으로 하여 농촌이 안고 있는 문제를 문화로써 풀어갈 수 있다면 그동안 생산과 경제논리로는 해결되지 않았던 난제를 풀 수 있는 단서를 갖게 될 것이다.

본 연구는 몇 가지 점에서 의의를 찾을 수 있을 것이다.

첫째는 박물관과 지역사회의 연계성 확보에 대한 관심의 촉구이다. 전통적인 박물관은 지역사회와는 별개의 시설로 설계되고 운영되어왔기에, 지역의 유산은 물론이고 지역의 문화시설과 연계성을 갖지 않고 운영되어왔다. 최종호는 박물관을 성공적으로 경영하기 위해서는 지역의 정체성을 기반으로 그 지역이 갖고 있는 자산에 대한 체계적인 분류와 분석 작업을 통해서 사회간접자본 등을 재평가하여 지역사회의 위상을 정확하게 인식해야 한다고 주장한 바 있다. 지역사회의 문화유산과 자연유산은 기업으로 말하면 감가상각 없이 가장 오래 지속될 수 있는 자산이기 때문에 지역경제 활성화에 원동력을 제공할 수 있을 만큼 중요하다는 것이다.[1] 본 연구의 대상이 에코뮤지엄의 구성요소인 지역유산에 대한 고찰에서 이루어진 것과 지역의 유산과 중핵박물관을 연결하는 네트워크 구축하는 것을 방법론으로 채택한 것은 기존의 박물관들이 지역의 문제에 관심을 갖게 하는 계기로 작용할 것으로 기대된다.

둘째, 그동안 산업화에 의해서 소외되어 왔던 농촌에 대해서 다른 각도에서 조명하면서 농촌을 터전으로 살아가고 있는 농민을 지역문화의 주체로 보고 그 안에서 에코뮤지엄이라는 지역문화운동의 새로운 시도를 하고자 하는 점이다. 우리보다 먼저 개념을 받아들여서 적용한 일본의 현황에 대해서 연구한 여경진은 에코뮤지엄은 지역개발 중에서 특히 농촌 · 산촌 지역의 활성화라고 하는 부분과 깊은 관련이 있으며, 농촌 · 산촌 지역의 과소화 등의 문제가 심각해지고 있는 상황에서 최근에는 농업과 농촌에 대한 의식의 전환을 일으키고 있다고 보았다. 그 의식 전환이란 것은 농촌 · 산촌 지역에 남아 있는 자연 자원, 제1차 산업 등을 중심으로 농업, 임업, 어업이 만들어온 경관, 인문 자원, 역사

---

1) 최종호, 「박물관학의 이해와 앞서가는 뮤지엄」, 『제11기 초 · 중등 교원 박물관 문화연수』, 경기도 박물관, 2010, 21-34쪽.

등의 자원이 환경 속에 잘 결합되어 있는 것을 이용해 농촌 · 산촌 지역의 개발을 실시하려고 하는 의식 전환이 이루어졌다는 것이다.[2] 최효승은 농촌지역을 살기 좋은 곳으로 만들기 위한 기본계획은 전문가나 행정으로부터 만들어진 것을 받는 것이 아니라 주민이 직접 참여해 함께 만들어나가는 것이고, 결국 자신들의 생활환경에 보다 깊은 이해가 선행돼야 한다는 것을 주민과 행정이 모두 인식해야 함을 주장하면서, 주민 주도적 참여에 의한 상향식 계획은 시간이 걸리지만 가능하다고 보았다.[3] 주민 스스로 지역의 문제에 대해 깊이 성찰하고, 지역의 유산에 대해서 학습하고, 지역의 현안에 대해 논의하고 결론을 도출하게 되며, 그 과정에 지역에 살고 있는 자신을 발견하고, 정체성을 갖게 되는 것이다. 이러한 일련의 과정을 통하여 이웃과 지방자치단체와 함께 살아가는 사회를 만들 수 있는 구체적인 실천의 방안이 도출되는 것이다.

셋째, 미래 농촌의 지속가능한 발전에 기여하는 비전을 제시하는 수단으로서 한국형 에코뮤지엄의 제시와 적용가능성 모색이다. 프랑스에서 시작되어 세계 각국으로 퍼져나갔고 특히 일본에서는 마을만들기의 수단으로 받아들여져서 활성화된 에코뮤지엄을 적용할 수 있는 방안을 모색하고자 한국형 에코뮤지엄의 모델을 제시하였다는 것은 실용적인 관점에서 의의를 갖는다고 본다. 이러한 시점에 에코뮤지엄의 이론을 바탕으로 도출된 모델을 경기도 이천 율면에 적용하여 제시함으로써 한국형 에코뮤지엄이 한국 농촌에 적용되기 위하여 어떠한 요건들을 충족시켜야 하는지, 어떤 방법을 채택해야 하는지에 대한 연구와 그 성과물은 특히 농촌지역의 지속가능한 발전 모델로서 새로운 대안을

---

2) 여경진 외, 앞의 글, 128쪽.

3) 최효승, 「에코뮤지엄 개념의 농촌계획 적용가능성에 대한 연구」, 『청주대학교 산업과학연구』, 제24권 2호, 2007, 137-144쪽.

제시할 수 있을 것이라고 본다.

넷째, 그동안 우리나라에서 시행해왔던 마을만들기를 바탕으로 좀 더 거시적이고 장기적인 안목에서 농촌이 나아갈 발전적인 방향을 제시한 점이다. 농촌의 지속적인 발전을 가능하게 하는 한국형 에코뮤지엄을 제안하고자 하였는데, 이는 향후에 농촌의 마을 만들기에 적용할 수 있는 모델로서의 가치가 있을 것이다.

지역에 대한 연구를 토대로 지역의 주민들이 스스로 지역에 대한 자긍심을 갖고 정체성을 찾는 작업의 일환으로 농촌에 주민 주도의 진정한 에코뮤지엄이 실현된다면 정부와 지자체의 관심과 지원을 필요로 할 것이다. 알랭 주베르는 리비에르의 발전적 정의를 해석하면서 '행정과 주인이 함께 구상하고 만들어 운영해가는 도구'라는 것의 의미는 행정은 전문가와 함께 수단과 자본을 제공하고, 주민은 정열을 갖고 지식과 대처 능력을 제공하여, 결국 지식과 대처 능력을 행정과 주민이 공유하는 것이라는 이념이라고 해석하였다. 각국의 에코뮤지엄의 사례를 보면 정부나 지자체의 지원이 없이 스스로 운영하는 경우도 있다. 그러나 본 연구에서 다루고 있는 농촌형 에코뮤지엄의 경우는 정부나 지자체의 소극적인 지원이 필요하다고 본다. 여기서 소극적이라는 표현은 뒷짐을 지고 지켜보라는 뜻이 아니라 너무 급하게 성과를 요구하거나, 너무 많은 간섭을 하지 말라는 뜻이다. 일단 주민 스스로 지역의 문제를 인식하고 해결해나갈 수 있는지 관찰하면서 그 과정에 어느 정도의 지원을 원할 경우 장기적인 안목을 갖고 해야 한다는 것이다. 한꺼번에 또는 단기간에 성과를 이루기 위해서 주민자치의 조직력을 흔들고자 한다면 차라리 무관심한 것이 나을 것이다. 그러나 진정으로 살기 좋은 농촌을 바란다면 몇 년이 걸리더라도 침묵하면서 도와줄 수 있는 배려가 필요한 것이다. 그렇게 되면 주민의 힘과 노력의 결과로 인하여 행정과 주민 모두가 공동의 선을 창출하게 될 것이다. 이것이 진정으로 농촌을 지속가능한 발전으로 이끄는 원동력이 될 것이다.

참고문헌

1. 단행본

강경란 외, 『프랑스 박물관 기행』, 예림기획, 2008.

강진갑, 『한국문화유산과 가상현실』, 북코리아, 2007.

고정민, 『문화콘텐츠 경영전략』, 커뮤니케이션북스, 2007.

국립국어원, 『표준국어대사전』, 두산동아, 1999.

국립민속박물관, 『조선대세시기 Ⅲ : 동국세시기』, 국립민속박물관, 2007.

국사편찬위원회, 『쌀은 우리에게 무엇이었나』, 두산동아, 2009.

강인희, 『한국의 떡과 과줄』, 대한교과서, 2005.

김승현, 『이야기가 있는 박물관』, 컬처클럽, 2002.

김영순 외, 『인문학과 문화콘텐츠』, 다할미디어, 2006.

김태경, 『한국의 축제 다시보기』, 한국학술정보, 2006.

김종대 외, 『이천 거북놀이』, 민속원, 2006.

김희진, 『일본 테마파크의 사례와 전략』, 커뮤니케이션북스, 2007.

농협중앙회 농업박물관, 『2007 농업박물관 기획전, 봄 농사』, 농협중앙회 농업박물관, 2007.

———, 『농민의 자부심, 농기』, 농협중앙회 농업박물관, 2009.

———, 『관람객이 뽑은 우리 농기구 24선』, 농협중앙회 농업박물관, 2010.

문화전략연구소, 『문화재 활용을 위한 정책기반 조성연구』, 문화재청, 2006.

류정아, 『축제 인류학』, 살림, 2007.

———, 『한국의 지역문화』, 대왕사, 2008.

박대순, 『농기구』, 빛깔있는책들, 2000.

박찬숙 외, 『유럽의 도시 공공디자인을 입다』, 도서출판 가인, 2010.

———, 『일본 경제 공공디자인으로 다시 살아나다』, 도서출판 가인, 2008.

박치완 외, 『글로컬문화콘텐츠, 어떻게 그리고 왜?』, 한국외국어대학교 출판부, 2009.

배기동, 『문화유산과 자연유산: 현실과 미래 비전』, 주류성출판사, 2006.

배영동, 『농경생활의 문화읽기』, 민속원, 2002.

서대석, 『한국신화의 연구』, 집문당, 2001.

서울대학교 불어문화연구소, 『프랑스 하나 그리고 여럿』, 강, 2008.

서울문화사학회, 『서울문화재 나들이』, 수서원, 2002.

성혜영, 『박물관이 나에게 말을 걸었다』, 휴머니스트, 2004.
심승희, 『서울 시간을 기억하는 공간』, 나노미디어, 2004.
양기호 외, 『일본 지역연구(下): 야마가타(山形) · 홋카이도(北海道) 지방을 중심으로』, 소화, 2004.
윤숙자, 『입맛 당기는 별미죽』, 질시루, 2010.
이기상, 『콘텐츠와 문화철학』, 북코리아, 2009.
_____, 『지구촌시대와 문화콘텐츠: 한국문화의 지구화 가능성 탐색』, 한국외국어대학교 출판부, 2009.
이난영, 『박물관학』, 삼화출판사, 2008.
이보아, 『박물관 영화를 유혹하다』, 미래의창, 2008.
_____, 『박물관학 개론』, 김영사, 2000.
이영진 외, 『박물관 전시의 이해』, 학문사, 2000.
이성아, 『겨레의 삶과 땀과 혼이 담긴 쌀박물관』, 푸른나무, 2008.
이춘근 외, 『문화재 활용 가이드북』, 문화재청, 2007.
인문콘텐츠학회, 『문화콘텐츠 입문』, 북코리아, 2006.
임영상 외, 『모현사람과 갈월마을』, 한국외국어대학교 출판부, 2010.
장규식, 『서울, 공간으로 본 역사』, 혜안, 2004.
전진성, 『박물관의 탄생』, 살림출판사, 2004.
조선일보사, 『집안 고구려 벽화』, 조선일보사, 1994.
최병식, 『뉴 뮤지엄의 탄생』, 동문선, 2010.
_____, 『박물관 경영과 전략』, 동문선, 2010.
최연구, 『문화콘텐츠란 무엇인가』, 살림, 2006.
최종호 외, 『한국 박물관교육학』, 한국 박물관교육학회 편, 문음사, 2010.
최진호, 『쌀을 먹어야 하는 40가지 이유』, 철학과현실사, 2003.
최혜실, 『테마파크의 스토리텔링』, 글누림, 2008.
하성규 외, 『지속가능한 도시론』, 보성각, 2003.
한국문화관광연구원, 『문화유산 관광과 지속가능한 발전을 위한 문화재 활용정책 연구』, 문화재청, 2007.
한국문화원연합회, 『문화역사마을 활성화 방안 운영 용역 보고서』, 2009.
한국사립박물관협회, 『국내외 사립박물관 실태조사 및 한국사립박물관의 장단기 진흥방안』, 한국사립박물관협회, 2007.
홍성모, 『동국세시기』, 정승모 역해, 풀빛, 2009.

2. 논문

강동진, 「경주 양동마을의 해석과 보전방법론 연구」, 서울대학교 대학원 박사학위논문, 1997.

곽동원, 「주민 주도형 마을만들기와 행정의 역할에 관한 연구: 전북 진안군 마을만들기 사례를 중심으로」, 전북대학교 농업개발대학원 농업개발학과 석사학위논문, 2008.

권영옥 외, 「향토문화 분류체계와 전자대전 항목구성체계의 접합방안」, 『인문콘텐츠』 제9호, 인문콘텐츠학회, 2007.

김건희, 「열린 박물관과 열린 사회: 에코뮤제와 지속가능성」, 『문화예술경영, 이론과 실제』 제1권, 문화예술경영학회, 2008.

김수미 외, 「에코뮤지엄 실현을 위한 청주 시민의 지역유산에 대한 보전의식 고찰」, 『대한건축학회』 제21권 1호, 2005.

김시범, 「캐릭터」, 『문화콘텐츠 입문』, 북코리아, 2006.

김진영, 「이주공동체를 활용한 다문화콘텐츠 개발방안 연구」, 한국외국어대학교 대학원 글로벌문화콘텐츠학과 박사학위논문, 2011.

김재호, 「무형문화유산으로서 전통생업지식의 가치와 보존의 필요성」, 『2008 한국민속학자대회』, 한국민속학술단체연합회 · 국립민속박물관, 2008.

김춘식, 「에코뮤지엄의 개념을 도입한 지역박물관의 활성화 방안: 부평역사박물관을 중심으로」, 명지대학교 대학원 박물관학과 석사학위논문, 2008.

류정아, 「지역문화콘텐츠 개발의 이론과 실제: 축제를 중심으로」, 『인문콘텐츠』 제8호, 인문콘텐츠학회, 2006.

미셸 L. 스테파노, 「무형유산 보호: 잉글랜드 동북부의 박물관들이 처한 다섯 가지 주요 난관」, 『국제저널 무형유산』 제4권, 2009.

박신의, 「21세기 박물관 진흥을 위한 법 · 제도적 지원방안 연구」, 『문화예술경영, 이론과 실제』 제2권 1호, 문화예술경영학회, 2009.

박정연, 「영국 오픈 에어 뮤지엄(Open-Air Museum)과 프랑스 에코뮤지엄(Ecomuseum)의 특징 비교연구」, 경희대학교대학원 미술학과 석사학위논문, 2010.

방한영, 「농촌 활성화를 위한 지역유산 활용 및 마을만들기에 대한 연구」, 청주대학교 대학원 박사학위논문, 2003.

방한영 외, 「농촌 활성화 정책과 지역 통째로 박물관, 에코뮤지엄」, 『한국농촌건축학회논문집』 제4권 3호(통권 12호), 2002.

배기동, 「한국 박물관의 100년의 현실과 미래박물관 정책」, 『2009 한국박물관대회』, 한국박물관협회, 2009.

배은석 외, 「종로 지역 박물관 활성화를 위한 뮤지엄 벨트 연구: 북촌 뮤지엄 벨트를 중심으로」, 『제1회 박물관 미술관 관련 학술논문 현상공모 수상 논문집』, 한국박물관협회, 2010.

백승국 외, 「지역문화 브랜딩 프로세스 모델 연구」, 『인문콘텐츠』 제12호, 인문콘텐츠학회, 2008.

변명식, 「향토사업 육성전략 연구」, 『장안논총』 제25집, 2005.

부소영 외, 「사용자 중심형 모바일 박물관 안내 시스템의 설계 및 구현」, 『한국정보과학회 2005 가을 학술발표 논문집(Ⅱ)』 제32권 2호, 한국정보과학회, 2005.

송주희, 「지역 활성화를 위한 에코뮤지엄 조성방안 연구: 강원도 영월군 주천면 술빛고을 에코뮤지엄을 중심으로」, 한국외국어대학교 대학원 글로벌문화콘텐츠학과 석사학위논문, 2010.

신현요, 「에코뮤지엄의 발전과정에 대한 연구」, 『청주대학교대학원 우암논총』 제28집, 2006.

심승구, 「한국 민속의 활용론과 문화콘텐츠 전략」, 『인문콘텐츠』 제21호, 인문콘텐츠학회, 2011.

안광선, 「박물관교육 평가기준 개발 연구: 가드너의 미래를 위한 다섯 가지 마음을 중심으로」, 한양대학교 대학원 박사학위논문, 2011.

안형순, 「지역자원의 향토산업화 과정 및 참여주체별 역할에 대한 사례연구: 담양대나무신산업과 광양매실산업을 중심으로」, 『한국도시행정학회 도시행정학보』 제20집 1호, 2007.

양유정, 「박물관 성장기반으로서의 스토리텔링 구조 연구: 국립민속박물관을 중심으로」, 중앙대학교 석사학위논문, 2007.

여경진 외, 「일본 에코뮤지엄의 형성과 목적」, 『농촌관광연구』 제14권 1호, 2007.

오명숙, 「생태박물관과 박물관 교육: 북촌을 생태박물관으로 볼 때 박물관 교육」, 『박물관학보』 제6권, 한국박물관학회, 2003.

오수지, 「살포의 기능과 상징에 관한 연구」, 『2008 한국민속학자대회』, 한국민속학술단체연합회 · 국립민속박물관, 2008.

유네스코 한국위원회 · 서울특별시, 「유네스코 아시아태평양 근현대 도시문화유산 보존 국제포럼: 일상 속 20세기 도시문화유산의 가치와 보존」, 유네스코 한국위원회 · 서울특별시, 2010.

윤유석, 「역사문화자원의 소통과 스토리텔링 방안 연구: 자서전 『백범일지(白凡逸志)』의 서사를 중심으로」, 한국외국어대학교 대학원 박사학위논문, 2010.

윤재웅, 「에코뮤지엄으로서의 미당시문학관의 발전가능성에 대한 고찰」, 『한국문학연구』 제36집, 2009.

이대영, 「다문화교육의 매트릭스: 박물관을 중심으로」, 『박물관과 다문화교육』, 한국박물관교육학회, 2011.

이민경 외, 「지역 활성화를 위한 농촌마을 간 네트워크 방안 연구: 일본 아산 라이브 뮤지엄을 대상으로」, 『한국농촌건축학회 논문집』 제6권 1호(통권 16호), 2004.

이보아, 「모바일 기술과의 융합을 통한 박물관 커뮤니케이션의 활성화 연구」, 『인문콘텐츠』 제7호, 인문콘텐츠학회, 2006.

이연희, 「모바일 PDA를 활용한 박물관 전시시스템에 관한 연구」, 연세대학교 석사학위논문, 2003.

이예나, 「문화원형 지향적인 박물관과 문화콘텐츠 지향적인 박물관의 비교 분석: 시장현황과 일반대중의 선호도에 따른 비교 분석」, 추계예술대학교 석사학위논문, 2005.

이정화, 「지속가능한 농촌지역 개발을 위한 마을 혁신사례의 비교분석 연구」, 강원대학교 대학원 농업자원경제학과 석사학위논문, 2007.

이재영 외, 「프랑스 에코뮤지엄 개념의 형성과 발전과정 연구」, 『EU연구』 제28호, 한국외국어대학교 EU연구소, 2011.

임세정, 「농촌자원의 콘텐츠 활용연구: 경기도 용인시 갈월마을의 농촌자원을 중심으로」,

한국외국어대학교 대학원 석사학위논문, 2010.

임영상, 「연변조선족의 문화중심 용정과 '문화루트' 개발」, 『인문콘텐츠』 제13호, 인문콘텐츠학회, 2008.

정수환, 「에코뮤지엄을 통한 지역 활성화 계획: 태백시 철암동을 중심으로」, 서울대학교 대학원 석사학위논문, 2005.

최경은, 「농촌지역발전과 학습 네트워크에 관한 연구: 경기도 이천 부래미 마을 녹색관광사업을 중심으로」, 서울대학교 환경대학원 환경계획학과 석사학위논문, 2006.

최경희, 「한국형 에코뮤지엄 정착 연구: 북촌 마을을 중심으로」, 경희대학교 석사학위논문, 2009.

최미홍, 「21세기 지식정보화 시대의 박물관 정책 연구」, 경희대학교 석사학위논문, 2004.

최정일, 「서울시 종로구 소재 사립박물관 · 미술관 운영 실태 및 현황 분석」, 경희대학교 미술대학원 석사학위논문, 2007.

최재희, 「에코뮤지엄(Ecomuseum) 개념을 도입한 공예박물관 연구」, 경희대학교 대학원 석사학위논문, 2002.

최종호, 「한국 도시역사박물관의 현황과 과제」, 『도시역사박물관의 현황과 과제』(제2회 국제심포지엄), 서울역사박물관, 2003.

_____, 「영월박물관 고을조성과 지역공동체 마케팅 전략에 관한 연구」, 『박물관학보』 제9권, 2005.

_____, 「한국 박물관 100년과 박물관 경쟁력 강화: 근대 이전의 박물관 단계, 여명기 · 혼란기의 박물관 발달사, 박물관 경쟁력」, 『박물관학보』, 2008.

_____, 「우리 시대의 여가문화로서 박물관 관람과 프로그램 참여」, 『실천민속학연구』 제13권, 2009.

_____, 「무형문화유산을 활용한 관광자원화 방향」, 『문화재관리학』 제7호, 한국전통문화학교, 2010.

_____, 「박물관학의 이해와 앞서가는 뮤지엄 경영」, 『제11기 초 · 중등 교원 박물관 문화연수』, 경기도박물관, 2010.

최효승, 「에코뮤지엄 개념의 농촌계획 적용가능성에 대한 연구」, 『청주대학교 산업과학연구』 제24권 2호, 2007.

최효준, 「서양미술제도사에서 '에코뮤지엄' 개념의 전개와 그 현재적 의미」, 『예술경영연구』 제1집, 2001.

황미경, 「다문화가정 아동의 부모애착, 또래애착 및 사회불안과의 관계 연구」, 부경대학교 교육대학원 교육심리전공 석사학위논문, 2010.

황정주, 「마을만들기에서 지역문화자원 활용에 대한 고찰」, 성공회대학교 문화대학원 문화예술학과 석사학위논문, 2009.

ICOM한국위원회, 「문화유산의 보호와 국제적 공조」, ICOM한국위원회, 2011.

3. 연구보고서

간호배 외, 『이천시지 제3권: 민속과 구비전승』,이천시지편찬위원회, 2001.

강남대학교 인문과학연구소 · 이천시문화원, 『이천시 율면 문화유적 · 민속조사보고서』, 1994.

강범석 외, 『이천시지 제5권: 사회와 문화』, 이천시지편찬위원회, 2001.

강영심 외, 『이천시지 제1권: 자연과 역사』, 이천시지편찬위원회, 2001.

곽행구 외, 『전남 전통한옥마을의 문화관광 활성화 방안』, 전남발전연구원, 2009.

구자인 외, 『마을이 살아야 농촌이 산다』, 진안군마을만들기지구협의회, 소박한풍경, 2010.

김미희 외, 『구전자원은 어떻게 스토리가 되는가?』, 농촌진흥청, 2010.

김성진, 『고가 · 종택 · 전통마을의 보전적 관광자원화 방안』, 한국관광연구원, 2001.

김창현 외, 『이천시지 제2권: 인물과 문화유산』, 이천시지편찬위원회, 2001.

농촌진흥청, 『민족과 함께 해온 쌀 이야기』, 농촌진흥청, 2004.

______, 『향토자원에 숨어있는 부(富)를 찾아라』, 농촌진흥청, 2010.

문화체육부, 『전통문화마을 보존 · 전승을 위한 모델개발연구』, 1994.

백선혜, 『북촌지역에 적합한 문화관광 프로그램』, 서울시정개발연구원, 2007.

송미령, 『농촌마을 관광모델과 주민참여 방안』, 한국농촌경제연구소, 2001.

살고싶은고을이천리추진협의회, 『두근두근 이천고을동화』, 살고싶은고을이천리추진협의회, 2003.

세종대학교박물관, 『세종대학교박물관학술조사총서』, 세종대학교박물관, 2004.

이천시농업기술센터, 『이천愛 농촌체험 여행』, 이천시농업기술센터, 2010.

이천쌀문화축제추진위원회, 『제12회 이천쌀문화축제 평가용역보고서』, 축제경영연구소, 2010.

전영옥, 『문화자원 개발과 지역 활성화 전략』, 삼성경제연구소, 2004.

정석, 『마을단위 도시계획 실현 기본방향(Ⅰ): 주민참여형 마을만들기 사례연구』, 서울시정개발연구원, 1999.

조순재, 『농촌 어메니티를 활용한 마을개발 모형』, 농업과학기술원, 2003.

황혜성 외, 「향토음식편」, 『한국민속 조사보고서』, 문화공보부 문화재관리국, 1984.

ICOM한국위원회, 『국제박물관협의회(ICOM) 박물관 윤리강령』, ICOM한국위원회 · 국립민속박물관, 2007.

4. 번역서

고토 카즈코, 『문화정책학』, 임상오 옮김, 시유시, 2004.

리처드 니스벳, 『생각의 지도』, 최인철 옮김, 김영사, 2009.

미르치아 엘리아데, 『세계종교사상사 1』, 이용주 옮김, 이학사, 2005.

세계환경발전위원회, 『우리 공동의 미래』, 조형준 · 홍성태 옮김, 새물결, 2005.
오하라 가즈오키, 『마을은 보물로 가득차 있다』, 김현정 옮김, 아르케, 2008.
오카다 데쓰, 『국수와 빵의 문화사』, 이윤정 옮김, 뿌리와이파리, 2006.
일레인 볼드윈 외, 『문화코드 어떻게 읽을 것인가?』, 조애리 외 옮김, 한울, 2004.
장 피에르 바르니에, 『문화의 세계화』, 주형일 옮김, 한울, 2000.
카를로 페트리니, 『슬로푸드, 맛있는 혁명』, 김종덕 외 옮김, 이후, 2008.
캐롤 M. 코니한, 『음식과 몸의 인류학』, 김정희 옮김, 갈무리, 2005.
피에르 구루, 『쌀과 문명』, 강길훈 외 옮김, 푸른길, 2010.
하비 콕스, 『바보祭』, 김천배 옮김, 현대사상사, 1973.
John H. Falk · Lynn D. Dierking, 『박물관교육의 기본』, 노용 외 옮김, 미진사, 2007.
Neil Kotler · Philip Kotler, 『박물관 미술관학: 뮤지엄 경영과 전략』, 한종훈 · 이혜진 옮김, 박영사, 2008.

5. 외국문헌

Fredric Bosc, *Tell Me azbout UNESCO*, UNESCO Publishing, 2002.
Hurbert, François, Ecomuseums in France: contradiction and distoritions, *Museum*, No.148, ICOM(UNESCO), 1985.
Janet Marstine, *New Museum Theory and Practice*, Australia: Blackwell, 2011.
Katy Deepwell, "Feminist Curatorial Strategies and Practices since the 1970s", *New Museum Theory and Practice*, Australia: Blackwell, 2011.
Leask & Fyall, *Managing world heritage sites*, Butterworth-Heinemann, 2006.
Lianne McTavish, "Visiting the Virtual Vuseum: Art and Experience Online", *New Museum Theory and Practice*, Australia: Blackwell.
Loic Tallon · Kevin Walker, *Digital Technology and The Museum Experience*, Altamira, 2008
Michaela Giebelhusen,"The Architecture is the Museum", *New Museum Theory and Practice*, Australia: Blackwell, 2011.
Nina Simon, *The Participatory Vuseum*, California: MUSEUM2.0, 2010.
Paul F. Marty · Katherine Burton Jones, *Museum Informatics*, Routledge, 2008
Peter Davis, *Ecomuseums A Sense of Place*, Continuum, 2011.
Rachel Barker & Patricia Smithen, "Conservation in the Twenty-first Century", *New Museum Theory and Practice*, Australia: Blackwell, 2011.
乾幸司, 「平野のまちづくり—町ぐるみ博物館」, 『まちづくりと創造都市』, 第13章, 晃洋書房刊, 2008.

6. 인터넷 사이트

http://www.museum.go.kr 국립중앙박물관

http://icom.museum 국제박물관협의회

http://ubin.krihs.re.kr 국토연구원세계도시정보 UBIN(UrBin Information Network)

http://www.moma.org/explore/exhibitions 뉴욕현대미술관

http://buraemi.invil.org 부래미 마을

http://www.ecomusee-de-la-bresse.com 브레스 부르기뇬 에코뮤지엄

http://www.saemungil.seoul.kr/festival/outline.asp 새문길 박물관길 축제

http://www.skansen.se 스칸센 야외박물관

http://kappa-no.net 시키 마을 통째로 박물관 갓파의 보물상자

http://asahi-ecom.jp 아사히마치 에코뮤지엄

http://www.ecomusee-alsace.fr 알자스 에코뮤지엄

http://www.unesco.org 유네스코

http://www.unesco.or.kr 유네스코 한국위원회

http://www.icheon.go.kr 이천시

http://yu.icheon.go.kr/site/yu/main.do 이천시 율면

http://www.ecomusee-creusot-montceau.fr 크뢰조-몽소 에코뮤지엄

http://www.culturecontent.com 문화콘텐츠닷컴

http://www.omoroide.com/index_em.html 히라노 에코뮤지엄

색인

ㅇ